KB143345

미래
공부

미래 공부

전례 없고,

불확실하며,

원치 않던 변화에 대응하는 방법

박성원 지음

글항아리

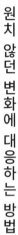

미래를 기대하는 것보다 과거로 돌아가고 싶다는 사람도 있을 것이다. 유럽에 '좋은 시절belle époque'이 있었던 것처럼 과거의 객관적 환경이 지금보다 더 나았을 수도 있다. 게다가 매우 불확실한 미래와 달리 과거는 기억하기 좋을 만큼 의미충만한 날들로 채워져 있을 수 있다. 그러나 나는 과거를 추억하기보다 기를 쓰고 새로운 미래를 열어보려는 청년들이 이 책을 읽었으면 좋겠다. 대체로 청년들에게 지나온 세월은 짧고 앞에 펼쳐진 시간은 길다. 미래의 그 많은 날을 그들이 큰 좌절 없이 잘 버텨주었으면 좋겠다. 내 젊은 시절 현희와 미래학이 곁에 있어 내가 잘 버텼던 것처럼.

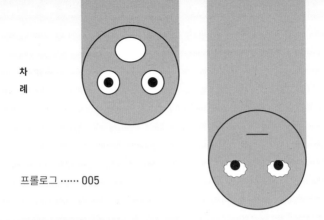

차
례

1장

가능성의 예술

우리는 행동하기 전에 늘 예측한다. 물건을 옮기기 전에, 집을 나서기 전에, 누군가를 설득하기 전에, 내일의 계획을 세우기 전에. 내가 그 일을 잘할 수 있을까, 그 행동을 했을 때 어떤 결과가 나올까, 누구에게 득이 되고 누구에게 해가 될까라는 질문을 던지면서 의식적, 무의식적으로 미래를 헤아린다.

미래보다 현재가 더 중요하고, 되지도 않을 꿈을 꾸느니 현재에 집중하는 삶을 추구한다는 것이 요즘의 세태라지만 이는 미래와 현재의 끊임없는 상호작용을 모르고 하는 말이다. 예를 들어 '불안'은 현대인의 마음 상태를 나타내는 주요 키워드인데, 불안은 '미래의 나future-self'를 떠올릴 때 일어나는 현재의 걱정이자 위기의식이다.

2005년 기자였을 때 나는 미래만 생각하면 불안했다. 1997

년 외환위기가 시작된 해부터 취재 현장을 누볐던 나는 기자라는 직업을 즐겼다. 거리의 노숙인부터 경제 부총리까지 사회 각계층을 만나 인터뷰를 했는데, 진실과 거짓을 밝히는 심층 취재의 현장은 늘 긴장되는 데다 짜릿했다.

그러던 어느 날 나는 동료 기자들과 특종을 놓고 경쟁하는 것에 자신감을 잃어버렸다. 몇 가지 사건이 겹치고 증폭된 결과였다. 2005년 즈음 경제 분야 고위 관료 L씨를 인터뷰하러 한남동 UN빌리지에 있는 그의 자택을 방문했을 때, 그곳 경비원들에게 끌려나오다시피 쫓겨난 적이 있었다. 나에 대한 경계심을 풀라고 경비원들에게 건넨 케이크는 곧장 쓰레기통에 처박혔다. 그 집 앞에 차를 대고 밤새 대기했지만 만날 수 없었다. 편집장에게 인터뷰해오겠다고 장담했던 내가 경박하게 느껴졌다. 좁은 차 안에서 자괴감에 빠져들었고, '나는 여기서 지금 뭐하고 있나'라는 생각으로 괴로웠다.

그해에 작심하고 추적했던 기사가 유난히 많이 어그러졌다. 다른 기자들은 나처럼 사람 쫓아다니는 취재보다 스스로 데이터를 구하고 만들어 분석하는, 요즘 용어로 하자면 빅데이터 분석으로 그동안 알려지지 않았던 현상의 이면을 들춰내는 혁신적인 취재 기법을 발휘하기도 했다. 개인 블로그나 홈페이지를 만들어 취재 내용을 공유하고, 흥미로운 제보도 받는 등 기술적으로 앞선 기자들도 있었다. 이렇듯 여러 급진적 변화 속에서 미래의 나를 떠올리니 이 업계에서 더는 버틸 자신이 없었다. 내 생존 노하우는 시대에 뒤떨어졌고, 덩달아 기자라는 직업에 대한 의미도, 열정도 사라져갔다.

피에르 왝Pierre Wack은 미래 연구자들에게 전설적인 존재다.[1] 업계 하위에 머물러 있던 석유회사 로열더치셸을 미래 예측을 통해 상위 그룹으로 끌어올린 탁월한 전략가였고, 남아프리카공화국의 넬슨 만델라를 도와 인종차별 정책을 철폐하는 데 기여하기도 했다. 그는 미래 예측이란 불가능한 것을 가능하다고 가정하는 데서 시작된다고 강조했다. 예측은 사회나 조직의 지배적인 시각을 바꾸는 전략적 활동이고 실효적 목표를 가져야 하며 다양한 상황을 고려해야 성공할 수 있음을 그는 몸소 보여주었다.

1997년에 작고했지만 지금도 살아 있는 증거다. 이 증거를 보전하기 위해 후학들이 피에르 왝 기념관을 지어 그의 사진, 글, 동영상 강의 자료를 전시하고 있다.[2] 왝의 기념관이 있는 영국의 옥스퍼드 사이드 경영대학은 미래 시나리오 방법론을 가르치는 곳이다.

어느 조직이나 사회든 통용되는 세계관이 있고 그 세계관을 기초로 가능과 불가능을 판단한다. 그러나 혁신은 종종 불가능을 가능으로 보는 태도에서 잉태되고, 그게 가능하다는 실질적인 증거가 쌓이면서 과거의 지배적인 세계관이 빛을 잃고 세상은 변한다. 미래 예측은 변화를 앞서 이해해 그에 대응할 뿐 아니라 필요한 변화를 일으키기 위한 것이다. 변화를 일으키려면 지배적인 시각에 저항해야 한다. 그러지 않으면 내일은 오늘의 반복이다.

왝은 '관행에 얽매이지 않는' 사람이었다. 미래 연구자 토머스 처맥Thomas Chermack이 2017년에 펴낸 그의 전기를 보면 왝은 천성도 그랬지만 시대 상황이 그를 관행대로 살게 내버려두지 않았다. 왝은 900만 명의 사상자를 낸, 역사상 가장 참혹한 전쟁(제1차 세계대전)이 끝나고 얼마 후인 1922년 프랑스에서 태어났다. 세계가 두 진영으로 갈려 벌인 전쟁이었고, 전쟁이 끝난 뒤 정치, 경제적으로 많은 변화가 일었다. 오스만 제국과 오스트리아-헝가리 제국이 해체되면서 발칸반도와 중동에서는 신생 국가들이 탄생했고, 국가 간 협력과 평화를 도모하는 국제연맹이 역사상 최초로 설립되었다. 사회적으로는 여성의 참여가 증가했고, 정치적으로 민주주의가 발달했으며 사회적 평등에 대한 관심도 높아졌다. 격동의 시대였다. 이런 시대에 그는 프랑스에서 고등학교까지 마치고 독일의 하이델베르크 대학에서 경제학을 공부했다. 졸업하기 전 프랑크푸르트 대학으로 옮겨 경제학, 정치학, 통계학, 수학 등 다양한 학문을 넘나들었다.

왝은 20대 백수였을 때 방랑을 일삼았다. 아르메니아 출신의 시인이자 요기, 영적인 철학자 G. I. 구르지예프를 만나 명상을 배우기도 했다. 1960년대 히피 문화에 큰 영향을 미쳤다는 구르지예프는 신비 사상, 점술 등을 전파했던 것으로 알려져 있다. 구르지예프는 인간을 구속하는 낡은 사고와 감정에서 벗어나는 방법을 찾는 데 몰두했으며 이는 왝에게 영향을 미쳤다.

왝은 구르지예프를 떠나 일본에 건너가 예술가로 추앙받는 정원사에게 배우기도 했다. 제2차 세계대전 이후 일본은 비록 패전국이었지만 빠른 속도로 경제적 부를 축적할 때였다. 그에게 정원 가꾸는 법을 가르쳤던 일본 정원사는 어느 날 왝을 정원의 숲으로 데려가 아무렇게나 놓여 있는 야채 밭을 보여주고는 말했다. "이것을 봐라. 이게 진짜다. 아름답게 꾸며진 정원보다 더 중요한 진실이 여기에 있다."[3] 왝은 그에게서 '진실'을 보는 새로운 시각을 깨우쳤다고 한다. 진실을 본다는 것은 온갖 화려한 포장지를 뜯어내고 드러난 실제 모습을 직시하는 것이며, 현실을 현실대로 보는 것을 의미했다. 왝은 이런 시각을 키워 미래를 예측하는 데 활용했다.

||||||||||||||||||||||||||||||||||||||||||||| **현실을 떠나야 비로소 보이는 것들**

미래학에는 여러 예측의 방법론이 있다. 방법마다 효과를 볼 수 있는 조건과 사회적 맥락은 다르다. 다른 학문과 마찬가지로 미

래학도 한 가지 방법으로 모든 대상의 미래를 예측하진 않는다. 다양한 미래의 가능성을 그려보는 시나리오 방법론이 필요할 때도 있고, 다양한 시각을 한 그릇에 담아내는 델파이 방법이 필요할 때도 있다. 이머징 이슈emerging issue가 트렌드에 어떤 영향을 미치는지 예측하는 트렌드 영향 분석trend impact analysis이 요구될 때도 있고, 하나의 사건이 미래에 미치는 영향을 다각도로 예측해보는 퓨처스 휠Futures Wheel이 적절할 때도 있다.[4]

하지만 이런 예측 방법론을 관통하는 단 하나의 원리가 무엇이냐고 묻는다면 왝이 줄곧 기본적인 태도로 지켜왔던, '현재를 현재대로 보는' 방법이라고 할 수 있다. 이게 무슨 뜻인지 최정호의 말을 빌려보자. 그는 미래학을 철학의 관점에서 조명했던 학자라서, 생각하고 본다는 인지적 활동이 무엇인지에 관해 이렇게 적었다.

생각한다는 것은 본다는 것이다. 사상의 구체적인 표현인 이론 theory은 어원적으로 '본다'고 하는 그리스어 '관조, 시찰theoria'에서 나온 말이다. 보기 위해서는 그러나 현실에 묻혀 있어서는 안 된다. 보기 위해서는 소여所與(주어진)의 현실에서 벗어나지 않으면 안 된다. 지금 이곳에 있는 것에 대해 거리를 가짐으로써 그를 대상화해야 비로소 볼 수 있는 것이다. 그렇기에 본다는 것은 이미 현실에 대하여 내재적인 입장으로부터 몸을 일으켜 주어진 현실에 대하여 초월적인 입장이 된다는 것이다. 그런 의미에서 모든

사상은 본시 이단적이고 초월적이라고 할 수 있다. 그렇지 않은
사상은 이미 사상이 아니라 같은 말의 복창이요, 반복이다.[5]

현재에서 벗어나야 현재를 더 잘 볼 수 있다는 주장은 사실
우리가 일상에서 경험하는 것이기도 하다. 뭔가 일이 잘 풀리지
않을 때 자리에서 일어나 주위를 걸어보면 알 것이다. 고민하던
자리를 떠나 밖으로 나가는 순간, 고민의 본질이 더 잘 이해되
곤 하기 때문이다. 여행엔 내가 치열하게 고민하는 장소로 되돌
아오기 위한 잠깐의 쉼이란 의미도 있지만, 내가 안고 있는 고민
을 다른 각도에서 바라보기 위한 목적도 있다. 다른 사람, 다른
문화, 다른 언어권에서 내 문제를 어떻게 바라볼까를 생각하다
보면 고민의 해결책이 달리 보일 때가 있다.

최정호의 말에서 더 주목되는 것은 현실을 더 잘 볼 수 있도
록 도와주는 이론이 현실에서는 초월적, 이단적으로 느껴져야
한다는 주장이다. 그렇지 않으면 기존의 시각대로 현실을 보는
것이며, 여전히 부족한 상태로 현실을 볼 수밖에 없다는 것이다.

사실 우리가 지금 느끼고 있는 현재는 변화의 진행형을 보여
주는 매우 역동적인 시간이자 공간이며, 변화 그 자체다. 우리
는 현재를 '지금'이라고 지목하지만, 지목하는 순간 그것은 과
거가 된다. 지금, 지금, 지금을 반복해서 말해봐야 현재가 아닌
과거만 붙잡을 뿐이다. 현재는 1초 전과 다른 현재이고, 어제와
다른 현재이며, 지속해서 변화한다. 현실을 현실답게 보는 것은

그래서 어려운 과제다. 보는 순간 과거가 되는 현실을 현실답게 보기란 쉽지 않다.

그런 까닭에 어제의 눈으로 오늘의 변화를 해석하기엔 뭔가 부족하다. 어제까지 애벌레였던 녀석이 오늘 우아한 나비가 되어 훨훨 날아다닌다면, 애벌레를 관찰하던 기존 시각은 버려야 한다. 나비를 관찰할 수 있는 시각으로 전환해야 한다. 이 시각은 어제 애벌레를 관찰하던 관행에서는 이단적이고 초월적인 것으로 비친다.

왝이 셸에서 일했던 1960~1970년대는 어제와 오늘이 크게 다른 시대였다. 자고 일어나면 인류 역사에 한 획을 긋는 뉴스가 쏟아졌다. 1969년 인류는 역사상 처음으로 우주선을 타고 달에 착륙했다. 과학기술이 사회를 바꾸는 거대한 원동력이 되고 있음을 두 눈으로 확인할 수 있었다. 경제 분야에서는 패전국 일본이 최강의 경제대국으로 급부상했고, 기업들은 무한 경쟁의 시장으로 나아갔다. 미국에서는 흑인 인권운동뿐 아니라 페미니즘 운동 등 사회적 평등을 요구하는 목소리가 거세졌다.

왝이 몸담았던 에너지 업계에선 석유 자원의 무기화가 가장 큰 이슈였다. 자원 확보를 두고 벌이는 전쟁은 인류 역사에서 새로울 게 없지만 석유 자원의 무기화는 파급력 면에서 이전의 어떤 사례도 견줄 수 없을 만큼 컸다. 1960년에 결성된 석유수출국기구OPEC는 1973년 10월 6일 제4차 중동전쟁에서 이스라엘을 지지하는 나라에 석유 수출을 금지하면서 석유 전쟁을 일으켰다. OPEC 회원국들은 산유량을 대폭 줄이고 미국 등 이스라엘 지원 국가에는 원유를 공급하지 않았다. 비록 5개월 만에 석유 금수 조치는 해제되었지만 1차 석유파동으로 세계 경제는 큰 타격을 받았다. 1973년 초 배럴당 2.59달러였던 중동산 원유 값은 1년 만에 11.65달러로 4배나 급등했다. 한국 등 석유 소비국은 인플레이션 심화, 국제수지 악화, 불황, 실업 증가라는 겹겹의 고통에 그대로 노출됐다. 세계대전 이후 줄곧 성장 곡선을 그렸던 세계 경제는 처음으로 성장의 쇠퇴라는 길목에 접어들었다.

제2차 세계대전 후 셸은 여느 석유 업체와 다를 바 없이 10년간 생산력을 높이기 위해 유조선을 건조하고, 송유관과 정유 시설을 건설하는 데 자원과 인력을 집중했다. 석유 산출과 수요가 급속히 증가했기 때문이다. 1955~1965년 셸은 이런 경쟁에서 생존하기 위해 프로젝트별로 적절한 재정을 지원하는 데 온 힘을 쏟았다.

1965년 셸은 수요예측시스템UPMUnified Planning Machinery을 도입했다. UPM은 채굴한 원유를 유조선에 싣고, 정유 시설을 거쳐 나라별·지역별 주유소까지 운반하는 데 필요한 세부 계획을 짜고 그 내용을 의사 결정자들에게 제공하는 데 활용되었다. 이 시스템은 통상 6년 앞을 예측하는데, 첫해는 매우 세부적으로, 그다음 5년은 폭넓게 예측하도록 고안됐다.

왝은 이 시스템을 그리 좋아하지 않았다. 이 시스템을 통해 도출된 예측의 결과가 의사 결정자들에게 익숙한 미래의 이미지만 제공한다고 판단했기 때문이다. 세상은 급변하고 현실은 시시각각 변화하는데 예전의 관행대로 보려고 하면 변화하는 현실을 놓칠 뿐 아니라 미래에 대한 준비도 부실해질 터였다.

1970년대 들어 셸의 경영자들도 UPM만으로 급변하는 경영 환경을 이해하기에는 한계가 있다고 판단했다. 그래서 좀더 장기적인 시각으로 미래를 예측하기 위해 '서기 2000년 미래'라는 프로젝트를 진행했다. 그 결과 현재처럼 석유 생산을 확대하는 계획은 지속 가능하지 않다는 결론을 내렸다. 석유 시장의 미래는 소비자에게서 생산자로 그 중심이 옮겨가고 있으며 원유의 대체 에너지원으로 천연가스가 등장하면서 연료 간 경쟁 구도도 변할 조짐이었다. 또한 원유의 생산과 소비가 급증하면서 석유 기업의 몸집은 거대해지겠지만 과거 공룡이 환경 변화에 대응하지 못해 멸종했듯 거대 석유 기업들도 새로운 환경에 적응하는 데 실패해 생존하지 못할 것으로 예측되었다.

이런 예측을 계기로 셸은 6년 앞을 보던 관행을 벗어나 15년이라는 장기적 시계로 미래를 예측해야 한다는 공감대를 형성했다. 셸은 '호라이즌 이어 플래닝Horizon Year Planning'을 실행하기로 결정했는데, 이는 미래 시나리오 플래닝으로 이름을 알린 허먼 칸Herman Kahn의 조언 덕분이었다. 칸은 1950~1960년대에 미래학자로 유명세를 떨친 인물이다. 물리학을 전공한 그는 미국의 랜드연구소 재직 시절, 시나리오 기법을 통해 소련과의 핵전쟁에서 이기는 법 등을 연구해 일약 유명 인사가 되었다. 전 세계를 돌며 강연했던 칸은 한국도 방문해 박정희 전 대통령에게 미래사회 관련 자문을 하기도 했다. 그런 칸을 왁도 만났는데,

<그림 1-1> 시기별 석유 수요량 추이의 예측과 실제

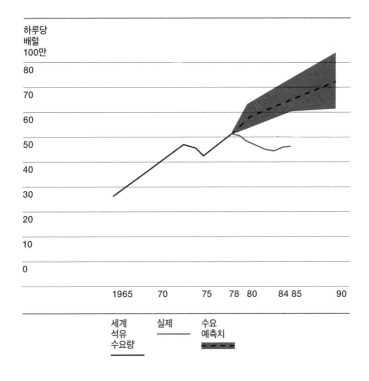

실제는 예측을 종종 비웃는다. 경제 분석가들은 1981년과 1982년 초, 경기 불황과 인플레이션의 영향을 과소평가해 석유 소비량의 급감을 예측하지 못했다. 점선과 그 주변의 음영은 예측치, 파란 선은 실제 생산량. 출처: Wack, 1985, p.75

칸은 왝에게 미래 예측은 "생각하지 못한 것을 생각해내는 것"이 핵심이라고 귀띔했다.

왝은 1971년 1월 시나리오 플래닝을 활용한 첫 번째 미래 보고서를 작성했다. 왝은 석유 산업에 영향을 미치는 외부 환경을 파악해 이를 1차 미래 시나리오에 담았다. 그다음으로 누가 이 산업에 관여하고 영향을 미치는지 조사했다. 특히 산유국들을 개별적으로 파악하려고 노력했다. 이란의 이해관계와 사우디의 이해관계가 다르듯, 개별적인 이해관계가 미래에 어떤 영향을 미칠 것인지 예측해봤다. 예를 들어 시간이 갈수록 원유 생산이 증가해 저장량이 줄어든다면, 이란이나 사우디는 생산량을 줄이고 원유 가격을 올리거나 아예 생산하지 않는 게 이익이라고 판단할 것이다. 그러나 인구가 많은 인도네시아라면, 경제발전을 위한 자금이 필요하기 때문에 비록 저장량이 줄어도 생산을 늘릴 것이었다. 이처럼 시나리오에서는 국가별로 대응하는 수준과 정도가 다름을 밝혀내야 했다.

왝은 시나리오를 쓸 때, 인구 증감이나 경제성장률 등 딱딱한 데이터hard data뿐 아니라 정부에 대한 국민의 신뢰도나 소비자 태도 등 말랑말랑한 데이터soft data도 활용했다. 예를 들어 1970년대에 신흥 경제대국으로 등장한 일본은 석유 산업에서 중요한 플레이어였다. 연간 10퍼센트 넘는 성장세를 지속한 일본에게 석유 수입은 매우 중요한 경제발전의 요소였다. 만일 중동에서 석유 수출 금지 조치가 발령되면 일본은 커다란 고통을 겪을 테고, 사회적 긴장감은 치솟을 수밖에 없었다. 일본 기업은 자국 우선이라는 충성심을 지녀 석유가 부족할 때 일본 석유 수입상들은 다른 나라 기업들의 사정은 모른 척하고 자국의 기업들에 우선해서 석유를 공급할 가능성이 높았다. 이런 소프트 데이터는 향후 전개될 석유의 수요와 공급의 역동적인 상황을 예측하는 데 긴요했다.

왝은 미래 시나리오를 작성할 때 현재 불확실한 요인이 무엇인지 스스로 묻고 또 물었다. 각기 다른 경제성장률 속에서 원유의 수요, 원유 가격 상승이 각국에 미치는 영향은 무엇일까. 각 나라는 수입과 인플레 균형의 관점에서 원유 가격의 변동에 어떻게 대처할 것인가. 원유 가격 상승이 연료 간 경쟁에 미치는 영향은 무엇인가. 천연가스를 더 많이 채굴할 것인가, 아니면 원자력 에너지 개발을 가속화할 것인가 등 질문이 꼬리에 꼬리를 물었다.

왝은 변화하는 현실의 본래 모습이 이해되지 않아 답답할 때면 그가 일본에 머물 때 만났던 화가이자 스님이 한 말을 떠올렸다. 당시 그가 스님에게 "인생에서 중요한 것이 무엇이냐"고 묻자, 스님은 "돌을 대나무 숲에 던져 그 소리를 들어보라"고 조언했다. 몇 개의 돌을 던졌으나 소리가 들리지 않자 스님은 대나무 정중앙에 맞혀야 소리가 난다고 했다. 그 소리를 들어야 질문에 답을 얻을 것이라는 스님의 말에 왝은 몇 번이고 대나

무에 돌을 던졌다. 왁은 동료들에게 시나리오 플래닝에서 가장 중요한 것은 변화하는 현실을 파악하는 일인데, 이는 대나무의 정중앙을 맞히기 위해 수없이 돌을 던지는 행위와 비슷하다고 강조했다. 변화의 본질과 방향을 이해하기 위해 왁은 대나무에 수많은 돌을 던지듯 스스로 많은 질문을 하면서 답하고자 했다.

변화에 대한 심리적 저항

1972년 왁은 다양한 상황을 가정한 시나리오를 작성하기 시작했다. 미래를 다양한 가능성으로 파악하려는 이유는 앞서 언급했던 대나무의 정중앙을 맞히기 위해 수없이 돌을 던지는 행위로 이해할 수 있다. 그는 셸의 매니저와 이해 관계자들을 A그룹과 B그룹으로 나눠 시나리오 작업에 참여시켰다. A그룹은 1975년까지 전개될 것으로 예상되었던 테헤란 조약6의 이행(석유 공급의 중단)에 따른 대응을 모색하도록 했다. 이 그룹에게는 에너지 위기를 예상하고, 세 가지 가정(A1: 민간 기업 대응, A2: 정부 개입, A3: 아무 조처가 없는 경우)으로 나눠 해결책을 찾도록 했다. 그 결과 에너지 위기가 현실화되면, 석유 매장지를 찾아 채굴에 나서거나 정유 시설의 추가 건설, 또는 유조선 추가 등으로 시장을 확대할 수 있다는 의견이 제시되었다. 이는 당시 빈번하게 논의되던 것이었다.

왝은 이처럼 뻔한 의견이 나올 것에 대비해 B그룹을 운영했다. B그룹은 풍부한 석유 공급을 가정했다. 예를 들어 B1 시나리오는 향후 10년 동안 저성장 국면에 처해 석유 수요는 충족될 것으로 예측되었다. 당시 저성장이 10년 동안 계속된다는 가정에 코웃음을 치는 사람이 많았다. 단기적으로 저성장 국면이 나타날 수는 있겠지만 곧 회복되리라는 게 지배적인 견해였다. 셸의 매니저들도 그렇게 봤다. 그러나 왝은 이 시나리오를 통해 이들의 세계관을 흔들어댔다.

B2 시나리오는 세 가지 기적이 만들어낸 풍부한 석유 공급을 가정했다. 첫 번째 기적은 석유 매장지의 잇따른 발견과 생산량의 확대였다. 두 번째 기적은 사회정치적 가정이었는데, 모든 산유국이 소비국의 열망에 맞춰 석유가 없어질 때까지 공급하는 것이었다. 주요 석유 소비국인 서구 세계가 사실상 제국주의적 행동을 하고 산유국들이 이에 굴복하는 경우였다. 세 번째 기적은 전쟁이 일어나지 않으며 피크 오일Peak Oil(석유 추출의 최대점)도 없다는 것이었다. 피크 오일이 없다는 가정은 석유를 무한대로 이용할 수 있다는 뜻이다. 시나리오에서도 밝혔듯 이런 가정은 '기적'과도 같은 것이었다.

미래를 예측하는 데 기적 같은 상황을 가정했던 이유는 무엇일까. 왝은 셸의 매니저들이 '불가능의 가능'이라는 시각을 훈련하도록 유도했다. 석유 공급 측면에서 갑작스러운 변화나 붕괴가 일어날 수도 있음을 인식하도록 했다. 말하자면 변화의 규모나 영향력에 대한 이해력을 높이기 위해 극단적인 가정을 활용한 것이었다. 치밀하게 연습할수록 실전에서 흔들리지 않듯 왝은 매니저들의 세계관이 말랑말랑해지도록, 변화에 신속하고 유연하게 대처하도록 시나리오를 통해 훈련시켰다.

불가능을 가능으로 보는 훈련은 창의력 향상에도 도움을 준다. 우리가 언제 가장 창의적이었던지 떠올려보자. 영국의 저널리스트 팀 하퍼드Tim Harford는 지금까지 통용되던 것에서 벗어나는 붕괴, 파열disruption이 우리를 더욱 창의적으로 만든다고 주장한다. 하퍼드는 우연히 주어진 좌절스런 상황, 막다른 길, 불필요하게만 느껴지는 변화된 환경 등이 일의 효율성을 높이고, 나아가 새로운 발견으로 연결된다고 주장한다.[7]

그가 제시한 사례를 보자. 미국의 피아노 연주자 키스 재럿은 독일에서의 초청 공연 직전에 피아노를 점검해보려고 무대에 올랐다. 피아노 덮개를 열고 건반을 누른 순간 그는 경악하지 않을 수 없었다. 음이 맞지 않을 뿐 아니라 건반도 끈적끈적했던 것이다. 한눈에도 연주하기 불가능한 피아노였다. 그를 초청한 주최측의 어처구니없는 실수였다. 재럿이 이런 피아노로 무슨 연주를 하겠느냐며 공연장을 나가려는 순간, 공연을 기획한 열일곱 살의 소녀가 뛰어나와 그를 붙잡았다. 소녀는 독일 청중을 위해 한 곡이라도 연주해줄 수 없겠냐고 간곡히 부탁했다. 재럿의 마음이 움직였다. 무대에 올라선 그는 주로 음역대가 낮은, 그나마 피아노 음이 맞는 영역대에서 연주했고, 수많은 사람이 피아노 음을 잘 듣게 하려고 꾹꾹 눌러서 쳤다. 엉망진창이 될 뻔했던 이 연주는 청중에게 새로운 느낌을 주는 재즈 음악으로 받아들여졌고, 그의 인생에서 가장 많은 앨범을 판매한 연주로 기록되었다.

재럿처럼 연주가 불가능한 상황에서도 연주하려는 시도는 이전에는 상상하지 못했던 새로운 기회를 가져다주었다. 미래 연구에서 불가능을 가능으로 가정한 시나리오는 여러 극한적 상황에서 생존을 모색하게 하고, 그러다보면 생각지 못했던 방식을 고안하거나 개발할 수 있다. 1970년대에 석유파동이 일어났을 때 셸만큼 적절하게 대처한 석유 기업이 없다는 점을 상기한다면, 왝이 실행한 '불가능의 가능' 가정 훈련은 매우 유용했다고 평가할 수 있다. 예측력도 근력처럼 평소에 훈련하고 발달시키지 않으면 늘어지고 퇴화된다.

|||||||||||||||||||||||||||||||||||||||||||||||||| **나는 무리 중 제일 앞서 있는가**

셸의 매니저들이 변화에 유연하고 능동적으로 대처하는 데에는 오랜 시간이 걸렸다. 왝은 왜 사람들의 멘털 모델mental model(인식 모형 또는 세계관)이 바뀌지 않는지에 관해 깊이 연구했다. 그는 조직도 개인처럼 멘털 모델이 있음을 알았다. 기업마

다 현실의 변화를 파악하는 시각은 다르다. 그에 따라 투자 전략도 달라진다. 결국 변화에 적응한다는 것은 변화를 보는 시각의 교정을 의미했다. 왝은 미래 시나리오팀에서 만든 예측 보고서를 서로 공유하기보다 셸 매니저들의 멘털 모델을 바꾸는 것이 더 중요하다고 생각했다. 현재를 보는 시각은 교정되어야만 했다. 이들의 마음속에 깊이 자리잡은 지배적인 세계관을 바꾸는 전략이 필요했다. 왝은 바뀐 실제, 좀더 실제 같은 실제를 기반으로 새로운 전략을 수립하도록 돕는 것을 미래 예측의 목표로 삼았다.

미래 시나리오는 아직 가보지 않는 길을 열어 보이는 것이다. 그곳으로 가는 데 필요한 다리를 놓아야 한다. 좋은 시나리오는 새로운 곳에 대해 불안함을 느끼는 사람들의 심리적 저항을 충분히 고려하면서 외부 환경을 정확히 이해할 수 있는 증거들을 제시해야 한다. 왝은 일본 정원에서 일한 경험을 살려 세계적인 변화는 나무의 몸통이고 국가나 기업의 변화는 몸통에서 뻗어나가는 굵은 가지, 그리고 대응 전략은 얇은 가지에서 나온 열매로 비유했다. 미래 예측의 고객들에게 급변하는 흐름을 보여주고 그로부터 파생되는 굵직한 가능 미래를 공유하며, 미래별로 어떤 열매(전략)를 맺을 것인지 제시하도록 노력했다.

1970년대에 왝의 시나리오팀은 세계가 1) 호황과 불황boom and bust의 반복 2) 억제된 성장constrained growth 3) 공황에 근접depression contingence이라는 세 가지 방향의 미래 앞에 놓여 있다고 요약했다. 이 시나리오들은 제2차 세계대전 이후 지속적인 경제성장의 시대는 끝났다는 것, 지금부터는 느린 성장, 저성장을 경험하게 된다는 점을 강조했다. 셸은 저성장의 시대를 일찌감치 내다보고 준비했으며 그에 따라 적절한 전략(예를 들어 새로운 유전 발굴에 들이는 노력보다 오일의 품질을 높인다든지)으로 업계의 선두로 올라섰다. 왝은 셸에게 위기가 될 호황과 불황 시나리오는 다행히 일어나지 않았지만 셸 매니저들이 최악의 상황에 대비하도록 했다는 점에서 매우 유용했다고 고백한 바 있다.

세간에선 1973년 제1차 석유파동이 일어나기 1년 전, 왝의 예측 팀이 석유 가격 급변 시나리오를 내놓은 것을 두고 미래를 정확하게 예측한 기념비적인 보고서라고 평가하지만 실제로는 그렇지 않다. 왝이 발표한 보고서는 다양한 가정(정부의 개입, 저성장, 석유 초과 공급 등)에서 석유 가격이 급락하거나 급등할 수 있음을 분석한 것이었다. 왝은 훗날 『하버드 비즈니스 리뷰』에 쓴 글에서 1972년 보고서는 의사 결정자들이 기존 사고에서 벗어나 석유 가격을 결정하는 새로운 요인들(국가별 예산이나 인플레이션 추이, 오일 수급 변화에 따른 국가별 대응의 차이)을 고려하도록 인식의 틀을 전환하려는 노력이었다고 회고했다.

그는 10년 동안 예측 팀에서 정확한 예측의 수치를 제시하기보다 기존의 경영 관행에 심각한 의문을 갖도록 다양한 정보를 제공했다. 최종 의사 결정자들이 미래에 대한 우려를 넘어 새로운 미래로 건너가도록 끊임없이 대화했다. 그의 뒤를 이어 피터 슈워츠, 반 더 헤이덴 등 시나리오 플래닝의 대가들이 예측 팀을 이끌었고 로열더치셸의 미래 예측은 일상적인 경영활동으로 정착되었다. 셸에 미래 연구의 DNA를 심어준 왝은 스스로 이런 질문을 던지면서 답하려 했다고 전해진다.

나는 초원을 내달리는 늑대 무리에서 전방을 주시하는 눈의 역할을 한다. 갑자기 뭔가 새로운 것이 보인다. 위협적으로 보이기도 하고, 반대로 달콤한 먹이 같기도 하다. 판단하기 힘들다. 무리는 내가 본 것을 보지 못한 듯하다. 어떤 늑대보다 내가 먼저 새로운 것을 본 것인가. 이럴 때마다 나는 스스로 묻는다. 나는 무리 중 제일 앞서 있는가.[8]

2장

상상하지 않는 세대

2006년 봄, 한 미래학자가 방한했다는 소식을 들었다. 1970년대부터 하와이 대학에서 미래학을 가르친 짐 데이터Jim Dator라는 다소 특이한 성姓을 가진 교수라고 했다. 당시 한국은 미래학을 학문이라기보다는 일종의 유행어로 받아들이던 때였다. 어떤 학문이든 미래를 예측한다고 볼 수 있으니 특별히 미래가 '학'이라는 거창한 타이틀을 달 필요는 없었다. 게다가 우리나라는 서구 사회를 이상적인 미래상으로 추구하던 때여서 미래를 이론화하거나 공부할 필요는 없었다. 그냥 서구 사회를 방문하고 그들의 생각과 행동을 정교하게 모방하면 그게 우리의 미래사회가 되고, 미래 산업이 되었다.

데이터 교수의 미래학 이야기를 기사로 쓰고 싶었던 나는 인터뷰 요청을 했다. 그래서 만나게 된 그는 아메리칸 인디언을 떠올리게 하는 매부리코, 움직일 때마다 찰랑거리는 은빛 머리카락, 100킬로그램이 넘어 보이는 거대한 몸집, 걸걸한 목소리, 그리고 기분 좋게 하는 유쾌한 웃음소리의 소유자였다. 데이터 Dator라는 성이 특이해 물어보니 "영어엔 없고 스웨덴 말로 컴퓨터라는 뜻"이라면서 "미국에선 내가 유일한 데이터 가문"이라고 답했다.

당시 그에게서 들은 말 중 가장 인상 깊었던 것은 "미래학자는 사회에 주요 이슈로 부각되지 않은 문제를 연구한다"였다. 소수의 사람만이 나누는 주제, 미래를 앞서 볼 수 있는 단서 같은 것을 연구한다는 말에 나는 매료될 수밖에 없었다.

10년 남짓 언론사 생활을 하면서 '기자는 영화관을 들락거리는 사람'이라는 게 내 생각이었다. 이미 1시간 30분 전쯤 영화가 시작돼 이제 결말을 향해 가고 있는 영화관에 불쑥 들어온 사람, 게다가 그는(기자는) 5분 만에 영화를 보고 나와서 그 줄거리의 인과관계와 끝을 예상해야 하는 숙제를 안고 있다. 쫓기듯 진실을 추구하는 삶이 꽤 버거워졌을 때, 데이터 교수의 말은 '차라리 영화 만드는 일부터 관여해보는 것이 어떻냐'는 권유로 들렸다. 사회적으로 부각될 이슈를 초기부터 추적하고 그 궤적을 예측하면서 미래사회의 방향을 가늠하는 직업이 미래학자라는 말에 선뜻 그런 삶을 살겠노라고 속으로 다짐했다. 그리고 1년을 준비해 2007년 여름, 데이터 교수가 있는 하와이 대학으로 짐을 꾸려 떠났다.

|||||||||||||| 중2 법칙: 우리 모두는 미래의 나를 만난 적이 있다

우리 사회에서는 '중2'를 독특한 시기로 본다. '중2병病'이 단적인 표현이다. 그들은 갑자기 화를 냈다가 갑자기 웃고, 감정의 기복이 심하며, 무슨 생각을 하는지 짐작조차 하기 힘든 존재다. 중2병은 사춘기의 소년 소녀가 겪는 심리 상태를 빗댄 조어다. 자아 형성 과정에서 자신이 '남보다 우월하다'는 착각에 빠져 허세를 부리거나, '자신은 남과 다르다'고 생각한다. 이 말은 일본에서 건너온 것으로, 한 포털 사이트에 따르면 그 유래는 이렇다.

> 일본 라디오 프로그램 '히카루의 심야의 바보력伊集院光 深夜の馬鹿力'에서 처음 등장했다. 1999년 1월 11일 방송분에서 진행자인 히카루가 나는 아직 중2병에 걸려 있다고 말했다. 그다음 주 방송분부터 '걸린 걸까?'라고 생각하면 중2병'(1999년 1월 18일~3월 22일)이라는 코너를 만들고 청취자로부터 들어온 모든 증상을 체계화했다. 그리고 중학교 2학년 정도의 연령대에 있음 직한 일이라는 의미로 투고 소재를 삼아 프로그램을 전개해갔다.

자신이 중2병에 걸렸는지 판별하는 문진표도 인터넷에 떠돈다. 예를 들어 인수분해 따위가 인생에 무슨 도움이 되지라고 생각하면 2점을 얻는다. 자살을 생각해본 적이 있다면 2점, 내가 꽤나 불행한 측에 속한다고 생각하면 3점이다. 뜻도 모르면서 멋있다고 생각하는 대사를 떠들어댄다면 120점이고, 자기 취향만 최고로 생각해 다른 사람들의 취향을 마구 깐다면 400점을 얻는다. 이처럼 제시된 여러 질문에 답하면서 총점이 500점 이상이면 중2병으로 진단된다.

이렇듯 인생에서 가장 혼란스럽고 엉뚱한, 때로는 우울증에 빠질 수도 있는 시절에, 어떤 사람들은 운 좋게도 자기 미래와 만난다. 자기 일에 만족하면서 주변으로부터 실력을 인정받는 사람들 중 상당수가 자신의 직업을 중2 때 찾았다. 기자 시절 인터뷰했던 일부 사람이 그런 부류였다. 일부라고는 하지만 왜 하필 중2 때부터일까가 궁금해졌고, 유명 인사들의 인터뷰 기사를 검색하면서 이 가설이 어느 정도 맞는지 확인해보았다. 그 과정에서 흥미로운 점을 발견했다. 유명인들이 대략 13~15세에 미래의 자신을 발견했다고 고백한 것이었다. 그렇다면 중학교 2학년 시절은 사회적으로 우려되는 심리적 불안정성을 극복하는 때가 아니라, 미래의 자신을 발견할 수 있는 매우 귀중한 시기가 된다. 수많은 사례 중 몇 가지만 살펴보자.

2009년 과천시립아카데미오케스트라 상임 지휘자로 임명된 한국 최초 여성 상임 지휘자 김경희 숙명여대 교수는 부산 동래여중에 다닐 때 우연히 TV에서 본 베를린 필하모니 오케스트라의 연주가 눈에 들어왔다. 김경희는 "폰 카라얀의 격정적인

지휘를 보는 순간, '나도 저 자리에 서야겠다'는 생각이 들었다"
며 "나중에 크면 꼭 베를린에 가서 공부해야겠다, 그래서 꼭 지
휘자가 되겠다"고 마음먹었다. 처음엔 철없는 동경처럼 느껴졌
으나, 시간이 흐를수록 열망은 더 강해졌다. 중학교 때 강렬한
경험을 한 뒤로 김경희는 단 한 번도 그 꿈을 잊은 적이 없다고
고백했다.1

　　부산영화제의 화제작 「바람」이라는 영화를 감독한 이성한씨
가 영화감독을 꿈꾼 건 중학교 1학년 때였다. 성룡의 「쾌찬차」
를 본 뒤 영화감독이 되겠노라 결심했다. 그러나 집안의 반대로
예술고교와 대학 연극영화과에 진학하지 못했다. 꿈을 버리지
못해 직장을 다니면서 영화 쪽 일을 시작하려고 했지만 이마저
7년간 사귄 연인이 "영화 하면 결혼하지 않겠다"고 하는 바람
에 접어야 했다. 그러나 큰애가 태어난 뒤 그는 훗날 아이들에
게 자신의 꿈 이야기를 자신 있게 할 수 있겠다 싶어 영화아카
데미의 문을 두드렸다. 이성한도 김경희처럼 중학교 때 품었던
꿈을 잊지 않았다.

　　2012년 12월 28일자 「무한도전」에서 개그맨 박명수는 "중
2 때 유로댄스를 듣고 그걸 꼭 작곡하고 싶었다"고 털어놓았다.
박명수는 30년 전의 자신의 바람을 기억하고 있었고, 그의 바
람대로 '어떤가요'를 만들어 많은 인기를 모았다. 방송인 전현
무는 과거 「무릎팍도사」에 출연해 "중학교 때부터 텔레비전을
많이 보면서 방송을 분석했다. MBC는 버라이어티가 강했고,

KBS는 코미디 쪽이 셌다. (중학교 때) 나는 코미디보단 말 잘하는 MC 쪽으로 가자고 생각했다. 결국 아나운서가 돼 웃기는 것으로 주목받아서 MC로 전향하는 틈새 전략을 세웠다"고 털어놓았다. 웹툰 작가 정술은 지금 그녀가 그리는 모든 만화의 원초적 구상들은 중학교 시절 창작 노트에서 비롯됐다며 "지금도 고향집에는 소녀의 키 높이만큼 쌓인 콘티북과 습작노트가 남아 있다"고 말했다.[2]

영화감독 스티븐 스필버그도 열세 살이던 1959년, 첫 작품인 「라스트 건파이트」를 찍으면서 영화감독의 꿈을 키웠다. 그때 그는 보이스카우트에 속했었는데 대원들의 활동 중 하나로 사진 촬영이 있었다. 그런데 하필 그의 집에 있던 카메라가 망가졌다. 스필버그는 사진 대신 아버지의 무비 카메라로 「라스트 건파이트」라는 짧은 영화를 찍었고, 이를 인정받아 우수대원 배지를 받았다.[3] 세계적인 영화감독이 된 그의 꿈이 시작되는 순간이었다.

어째서 중학교 시절 자신의 미래와 만나게 되는 걸까. 이들은 어떻게 미래의 자신을 알아본 것일까. 그때 발견한 자기 미래를 잊지 않고 어떻게 간직할 수 있었을까. 사실 자신이 무엇을 좋아하는지 발견하는 과정은 끝이 없다. 죽을 때까지 내가 무엇을 잘하는지 모르고 사는 사람도 많다. 좋아하는 일이 매번 바뀌기도 한다. 중학생 때 자신이 어떤 일을 하면 행복하고 인정을 받을 것인지 작은 단서를 찾았던 사람들은 행운아다. 행여 발견했다고 해도 당장 그걸 성취하는 일은 쉽지 않다. 불교방송에서 라디오 프로그램을 진행하는 비구니 정목 스님은 자신이 어떻게 스님의 길로 들어섰는지 이렇게 설명한 적이 있다.

> 중2 때 헤르만 헤세의 『싯다르타』를 읽었어요. 그 책의 한 대목에서 '네가 인생에 궁금한 점이 있다면 흘러가는 강물에 물어봐라. 그러면 강물은 씩 웃을 것이다'라고 했지요. 저는 이걸 읽고 인생의 답은 스스로 찾아야 하는 것이구나 깨달았어요. 한순간 얻은 답은 시간이 흘러가면 더 이상 답이 아니라고 생각했어요. 그래서 불교를 알게 됐고, 헌책방에 가서 불교 관련 서적을 훑어보는데, 책방 손님이 인천에 묵언 스님(송담 큰스님)을 찾아가봐라 하는 거예요. 그길로 인천까지 가서 묵언 스님과 이런저런 대화를 하는데 가슴이 시원한 느낌을 받았고, 또 아주 재미있다고 생각했어요. 그길로 비구니가 되기로 결심했고 중3 때 머리를 깎았지요.

내가 만일 중2 딸을 둔 아버지인데, 그 딸이 어느 날 스님이 되겠다고 하면 어떤 반응을 보이게 될까. 정목 스님의 부모도 부모지만, 정목 스님의 의지 역시 대단했다. 그는 미래의 자신이 되는 길을 주저 없이 걸었다. 내가 만난 성공적인 직업인들도 어렸을 때 발견한 자신의 미래를 포기하지 않았다는 공통점이 있

2장 상상하지 않는 세대

었다. 자신이 발견한 미래를 이들은 '고집'했다.

『온도계의 철학』이라는 책을 펴낸 장하석 케임브리지대 교수의 이야기는 꿈의 고집이 얼마나 중요한지 잘 보여준다. 그는 프레시안과 한 2013년 11월 22일자 인터뷰에서 이렇게 말했다.

중학교 2학년 때 「코스모스」 다큐멘터리를 애청했고, 중학교 3학년 때부터 번역본을 사서 열심히 여러 차례 읽었습니다. 몇 번이었는지는 알 수 없습니다. 제일 마지막 장 '누가 지구를 위해서 말하나'는 정말 열 번쯤 봤을 겁니다. 그 당시 군사 독재 하에서 받던 국수주의적 학교 교육에 막연히 반발하고 있던 저에게 칼 세이건의 세계주의는 정말 신선한 충격이었습니다. 그러고 나서 중학교 3학년 때 원서를 구해 꼭 1년 걸려서 다 읽었습니다. 1980년대 초 한국 중학생의 영어 실력이란 형편없는 것이라 엄청난 무리를 했던 것이지요. 그러나 이미 번역서를 통해 내용을 다 알고 있었기 때문에 가능했습니다. 전문을 수동 타자기로 쳐 내면서 미친 듯이 읽었던 기억이 납니다.

장하석도 중2 때부터 과학자가 되기로 결심했고, 망설임 없이 그 길로 들어섰다. 그의 이야기를 좀더 들어보자.

저는 중학교 3학년 때부터 이론물리학을 너무나 사랑했고, 아인슈타인이나 적어도 파인만 정도의 큰 이론을 내놓는 학자가 되겠다고 야심을 키우면서, 꿈에 그리던 캘리포니아 공대로 갔습니다. 그런데 제가 생각했던 물리학과, 학부 교육에서 접하는 물리학은 너무 달랐습니다. 제 머릿속에 꽉 차 있던 것은, 예를 들자면 앨버트 아인슈타인이 말하는 대로 시간과 공간이 정말 절대적인 기준이 없고 관측자의 상태에서 좌우되는 상대적인 것인가, 양자역학에서 나오는 대로 빛이나 전자가 동시에 입자와 파동이라는 것이 정말 무슨 의미인가, 또 우주가 어느 순간 빅뱅으로 생겨났다면 그 바로 전에는 어떤 것이 있었을까, 이런 질문들이었습니다. 그런데 그런 의문을 참을성 있게 들어준 교수도 가끔 있었지만, 대부분은 학부생 주제에 철학적인 소리 지껄이지 말고 숙제나 해라 그런 반응이었습니다.

장하석은 자신의 꿈을 실현하는 과정에서 주위의 놀림도 받고 여러 우여곡절을 겪었지만 정목 스님처럼 제 꿈을 고집하면서 한 단계씩 올라섰다. 캘리포니아 공대에서 이론물리학과 과학철학을 공부한 뒤, 스탠퍼드 대학에서 양자물리학으로 박사 학위를 받았다. 지금은 케임브리지 대학에서 과학철학을 가르치고 있다.

다시 중2병이라는 주제로 돌아가보자. 기성세대가 이해할 수 없는 행태를 보인다고 청소년기의 독특한 행태를 중2병으로 간주하는 것은 사실상 사회적 폭력이다. 이 조어에는 우리 사회의 조급증이나 변화에 대한 저항이 스며 있다. 틀에 박힌 사회 운영도 모자라 조금의 변화나 변형의 노력도 병적으로 질색하는 기성세대의 완고한 태도가 엿보인다. 목적 중심의 사고, 일중독, 경쟁 중심의 사회는 청소년들에게서 발견되는 정신적 방랑, 엉뚱한 상상, 멍 때리기 등을 효율적이지 못하다고 평가한다.

오랫동안 놀이와 창의력, 상상력 향상의 관계를 연구한 스튜어트 브라운은 저서『플레이Play』에서 유태보존의 중요성을 강조한다.4 유태보존은 성인이 되어도 미성숙함을 지닌다는 의미지만, 브라운은 달리 해석한다. 유태보존의 시기에 인간은 가장 유아적이고, 가장 유연하며, 가장 가소성(변화에 적극적인)이 높다는 것이다. 브라운은 인간이 가장 장난기 넘치는 생명체가 됐기 때문에 다양한 환경에 적응하는 능력을 개발할 수 있었다고 주장한다. 그는 왜 어른이 되면 놀지 못하는가라고 반문하면서 노는 능력이 퇴화되면 환경 적응능력도 퇴화되고 더 이상 진화하지 못한다고 경고한다.

인간은 다른 동물과 비교해 유태보존의 시기가 가장 길다. 생명의 진화에 대해 다각도로 조명하는 방송 프로그램을 제작한

김시준 등(2015)은 "사람은 침팬지나 고릴라, 오랑우탄과 비교해 진화 과정 자체가 유태보존의 과정이었다"고 설명한다.[5] 유태보존의 기간이 길었기 때문에 인간이 다른 동물과 비교해 뛰어난 진화를 보였다는 것이다. 인간이 태어나 성인으로 진입하는 첫 시기를 13세 전후로 본다면, 13년 동안 인간은 부모의 품에서 아이로서 양육된다. 동물들은 통상 태어나고 얼마 지나지 않아 성숙한 개체가 되어 사냥에 나선다. 그러나 인간은 성인이 되기까지 숱한 시간을 학습에 쏟아붓는다. 이 시기가 긴 까닭에 다양한 변화에 적응할 수 있어 진화에 용이한 것이다.

중2병을 이런 관점에서 다시 본다면 성인이 되기를 거부하는 저항감이 가장 극대화된, 유태보존의 마지막 시기에 겪는 고통이다. 물론 아이는 사회적 자아를 형성하고 자신의 행동에 스스로 책임을 지는 성숙한 인간이 되어야 한다. 그러나 브라운은 어른이 되면서 잃어버리지 않아야 할 것도 있다는 점을 강조한다. 그것은 틀에 박히지 않은 사고다. 우리 사회는 중2 시절에 보이는 '사회적 통념에 대한 저항감'을 빨리 거세하려고 한다. 이 사회의 질서에 재빠르게 순응할 것을 요구한다. 이들의 저항이 새로운 시대를 열어갈 단초가 될 수도 있음을 무시하거나 간과하는 것이다.

중학교 때부터 자신의 미래를 알아보고 삶의 방향을 정할 지적 능력이 있다면 미래학 교육은 이때부터 이뤄져야 한다. 해외 사례를 봐도 청소년기에 미래를 예측하는 방법을 가르친다.[6] 영국은 교육부 주관으로 14세 학생들을 대상으로 디자인과 기술 시간에 미래 예측을 가르친다. 핀란드는 초등학교 때부터 미래 연구 방법론을 교육하고 미래 신문을 만들거나 미래 세대에게 편지 쓰기를 하면서 미래지향적 사고를 개발한다. 뉴질랜드는 정부와 유네스코가 공동으로 주관해 12~15세 학생들을 대상으로 사회 과목 시간에 다양한 미래 변화를 이해하도록 돕고 문화의 미래를 예측하는 프로그램을 운영한 바 있다. 미국은 비영리 단체인 미래재단Foundation for Our Future 주관으로 초중고 학생들에게 미래 시나리오 플래닝, 지속 가능한 사회를 위한 미래 연구 등을 가르친다. 우리나라도 2013년과 2014년 서울크리에이티브랩과 과학기술정책연구원 미래연구센터가 공동으로 주관해 서울 소재의 고등학생들에게 미래 연구 방법론, 시나리오 플래닝을 가르쳤다.

|||||||||||||||||||||||||||||||||||||||||||| **영국의 청소년 미래 예측 프로그램**

청소년들에게 어떻게 미래 예측을 가르치는지 영국의 사례를 살펴보자. 청소년 미래 예측 프로그램은 2000년부터 시범 사업으로 시작해 지금은 영국 전역의 정규 교육 과정으로 정착했고, 이후 유럽의 여러 나라로 확산되었다.[7] 우리나라로 치면 중

2에서 중3 시기에 12주 과정으로 구성된 디자인과 기술이라는 정규 과목에서 미래 연구를 배운다. 학생들은 미래 기술의 이해를 바탕으로 미래사회를 예측하고 그 미래가 원하는 서비스나 제품을 디자인해서 지속 가능한 사회를 구현하는 데 참여한다. 물론 이 시간에 직접 제품을 제작하지는 않는다. 제작까지 한다면 부담감 탓에 창의력을 저하시킬 수 있기 때문이다. 게다가 이들이 디자인하려는 것은 현존 기술로는 구현할 수 없는 게 대부분이다.

학생들은 혼자가 아니라 그룹을 지어 미래 서비스나 제품을 디자인한다. 지금의 사회는 매우 복잡해 융합적 접근으로 문제를 해결하도록 요구받으므로 학생들도 다양한 친구와 협업해야만 한다. 여기서 중요한 것은 개인이나 가족 또는 현재의 시장 market을 위해 디자인하지 않는다는 점이다. 청소년 미래 예측활동은 학생들이 미래세계를 이해하고 그 세계에 기여할 방안을 찾도록 하는 것이 목적이지 개인의 이익을 위한 활동이 아니라는 점을 분명히 한다.

교사들은 각 지역에서 활동하는 다양한 산업계 대표들의 도움을 받아 학생들을 지도한다. 학생들은 기존 기술이 아닌 장차 떠오를 미래의 기술을 예측하고, 이 기술이 등장해 변화될 사회를 고려하면서 미래의 제품을 디자인한다. 이들은 스스로 예측한 미래사회상을 발표하면서 그 사회에서 어떤 수요가 있을지 자신의 제품 디자인을 통해 설명한다. 또 자신이 디자인한

<그림 2-1> 영국의 청소년 미래 예측 프로그램 웹사이트

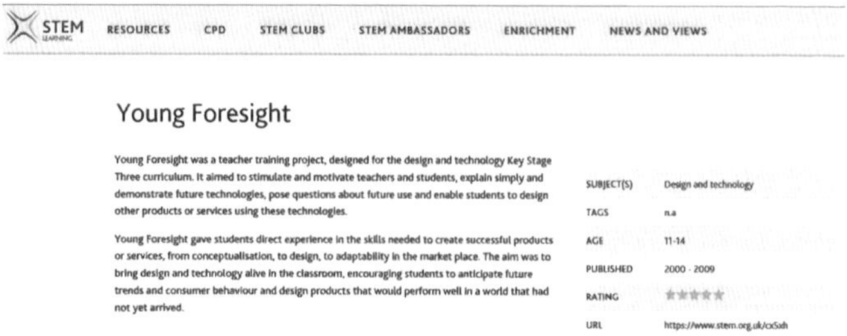

출처: https://www.stem.org.uk/resources/collection/4015/young-foresight

것을 친구들, 교사, 산업계 대표, 혁신 전문가들 앞에서 다양한 커뮤니케이션 툴을 활용해 발표한다.

매우 성공적인 학교 프로그램으로 발전한 영 포사이트Young Foresight는 영국 교육고용부, 산업통상부, 과학기술예술기금과 포드, 재규어, 롤스로이스 등 여러 민간 기업이 지원한다. 영국의 원격학습대학인 오픈 유니버시티 소속 교육 전문가들이 청소년 미래 예측 프로그램을 평가하고, 이들의 평가를 바탕으로 프로그램을 수정·보완한다.

|||||||||||||||||||||||||||||||||||||||||||||||||||||||||| **상상하지 않는 청년들**

언제부터인지 한국 사회의 청년들은 포기하는 세대로 알려져

있다. 연애와 결혼, 출산을 접었다고 해서 3포세대였는데, 집 장만과 인간관계마저 포기했다고 해서 5포세대가 되더니, 꿈과 희망 그리고 모든 삶의 가치까지 포기해 드디어 엔$_n$포세대가 되었다. 과연 한 개인도 아니고 한 세대의 특징이 '모든 것을 포기한 세대'로 평가될 수 있는 걸까.

누구나 하던 일을 포기하고 싶을 때가 있다. 나에게 부여된 기대는 큰데, 그만큼 해낼 자신이 없을 때 그만두고 싶다. 물론 포기하는 것도 용기를 필요로 하며, 때론 빠른 포기가 더 나은 결과로 이어지기도 한다. 그럼에도 일반적으로 포기는 사회에서 금기시되는 행동이다. 나의 포기로 피해를 보거나 실망할 사람들이 있기 때문이다. 또 포기가 반복되면 자신감이 떨어지고 자아 존중감도 낮아진다.

이런 부정적 인식과 효과를 지금의 청년 세대가 모르진 않을 것이다. 그런데도 포기만 하는 이유는 무엇일까. 청년 세대 연구자들은 지금의 청년들이 높은 실업률, 낮은 임금, 불확실한 앞날 등으로 빈곤하고 불안한 삶을 살며, 미래에 대한 희망을 갖지 않기 때문이라고 분석한다. 청년들이 무기력을 일상적으로 경험하며 삶의 동기를 잃어간다는 분석도 있다. 이들에게 미래라는 단어는 격차, 서열화, 대립, 삭막, 소통 부재, 암울 등 부정적 의미 일색이다.[8] 우리 사회의 청년 세대는 미래가 오지 않았으면 좋겠다고 생각하고, 받아들이기 싫은 미래지만 그 미래를 스스로 바꿀 수도 없다고 믿는다. 그러다보니 무엇을 시작하기보다는 앞으로의 계획을 포기하는 것에 더 익숙하다.

새로운 시도를 하는 청년들에게 포기만 한다는 세간의 평가가 억울할 수도 있겠다. 내가 연구과정에서 만난 일부 청년은 적극적으로 무엇을 하려는 욕망이나 의지를 내비치기도 했다. 그러나 미래에 대한 청년들의 부정적인 인식만큼은 사실인 듯하다. 그 이유가 무엇인지 사례를 통해 좀더 탐색해보자.

과학기술정책연구원 미래연구센터 연구책임자로서 나는 연구원들과 함께 2013년부터 2015년까지 미래 인식 조사를 세 차례 했다. 국민이 20년 뒤의 미래를 긍정적으로 인식하는지 부정적으로 인식하는지, 그 이유는 무엇인지 조사하는 것이었다. 전국의 20~65세까지 1000명 이상의 시민을 대상으로 했다. 우리 사회의 미래를 물어보기 위한 방법으로는 여러 가지를 활용했다. 다양한 그림을 보여주고 20년 뒤의 한국 사회와 가장 부합해 보이는 것을 고르게 한 뒤, 그 이유를 300자 이상 쓰도록 했다. 다양한 그림 중에 자신이 예상하는 미래 이미지를 선택할 때 왜 그런 미래를 상상했는지 생각하고, 글로 그 느낌을 풀어 쓰도록 했다. 그런 뒤에 응답자들에게 자신이 적은 내용이 긍정적인지 부정적인지 선택하도록 했다.

미래의 이미지만 물은 것은 아니다. 또 다른 그림 세트를 보여주고 현재 한국 사회를 대표하는 그림을 선택해, 그 이유를 300자 이상 적도록 했다. 미래 이미지를 묻는 질문과 마찬가지로 현재 이미지를 선택하고 이유를 쓰도록 한 뒤, 자신이 기술

한 현재 사회의 이미지가 긍정적인지 부정적인지 고르도록 했다. 이로써 우리 사회의 문제점이 무엇인지, 두려운 것은 무엇인지, 기회는 무엇인지 파악하려고 했다.

현재는 의사결정을 할 수 있는 시간이자 공간이다. 현재를 긍정적으로 평가하는 이들은 사회에 문제가 있어도 그 문제를 풀어줄 사람이 있거나 본인이 그 문제를 푸는 데 참여하고 있는 사람으로 볼 수 있다. 반면 현재를 부정적으로 평가하는 사람들은 사회에 문제는 산적해 있는데 도무지 해법도 안 보이고 풀어낼 사람들도 보이지 않는다고 판단하는 사람이다.

〈그림 2-2〉 당신의 현재와 미래는 어디에 속하는가?

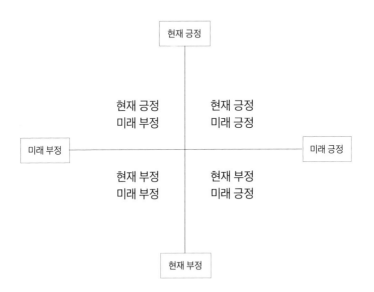

<표 2-1> 연령별 현재 및 미래 인식 교차 분석

			연령					합계
			만 20-29	만 30-39	만 40-49	만 50-59	만 60-64	
현재 미래 인식	현재 부정- 미래 부정	빈도	117	116	114	81	22	450
		(%)	60.9%*	51.3%*	43.3%	33.9%	27.5%	45.0%
	현재 부정- 미래 긍정	빈도	62	85	104	102	34	387
		(%)	32.3%	37.6%	39.5%	42.7%*	42.5%*	38.7%
	현재 긍정- 미래 부정	빈도	5	5	8	3	1	22
		(%)	2.6%	2.2%	3.0%	1.3%	1.3%	2.2%
	현재 긍정- 미래 긍정	빈도	8	20	37	53	23	141
		(%)	4.2%	8.8%	14.1%	22.2%*	28.8%*	14.1%
합계		빈도	192	226	263	239	80	1000
		(%)	100.0%	100.0%	100.0%	100.0%	100.0%	100.0%

x^2=71.812, df=12, *p=.000   자료: 박성원 외, 2015

<표 2-2> 현재 부정-미래 부정과 현재 긍정-미래 긍정 그룹의 연령별 비교 추이

			연령					합계
			만 20-29	만 30-39	만 40-49	만 50-59	만 60-64	
2015년	현재 부정- 미래 부정	빈도	117	116	114	81	22	450
		(%)	60.9%*	51.3%*	43.3%	33.9%	27.5%	45.0%
	현재 긍정- 미래 긍정	빈도	8	20	37	53	23	141
		(%)	4.2%	8.8%	14.1%	22.2%	28.8%	14.1%
2014년	현재 부정- 미래 부정	빈도	113	121	115	78	23	450
		(%)	47.9%	41.9%	36.3%	26.3%	24.7%	36.5%
	현재 긍정- 미래 긍정	빈도	37	51	87	111	45	331
		(%)	15.7%	17.6%	27.4%	37.4%	48.4%	26.9%

자료: 박성원 외, 2015

<표 2-1>에서 정리한 조사 결과를 보자. 청년층으로 볼 수 있는 20대와 30대는 다른 세대와 비교해 현재와 미래를 부정적으로 인식하는 비율이 매우 높았다. 그러나 이들은 현재와 미래를 모두 긍정하는 비율은 매우 낮았다. 20대는 4.2퍼센트만이, 30대는 8.8퍼센트만이 현재와 미래를 모두 긍정적으로 봤다. 반면 50대는 22.2퍼센트가, 60대는 28.8퍼센트가 현재와 미래를 모두 긍정적으로 인식했다. 50대와 60대는 현재와 미래를 모두 부정적으로 인식하는 비율도 다른 연령대와 비교해 가장 낮았다는 점 역시 확인된다.

<표 2-2>는 2014년과 2015년 조사 결과를 비교했는데, 청년층이 현재와 미래를 모두 부정적으로 인식하는 비율이 증가했음을 보여준다. 현재와 미래 인식 조사에서 성별, 지역, 소득, 학력 변수는 인식의 차이를 유의미하게 설명하지 못했다. 세대를 나타내는 연령만이 현재와 미래의 인식 차이를 설명해주는 변수였다.

왜 현재와 미래에 대해 부정적인 시각을 갖는지 그 의견을 들어보며 이들의 마음 안으로 들어가보자.[9]

서울에 거주하는 20대 남성은 "경쟁사회에서 서로를 짓밟아야 상위층으로 올라갈 수밖에 없는 구조이고 앞을 내다볼 수 있는 사람은 한정돼 있다"며 현재를 부정적으로 보는 이유를 적었다. '앞을 내다볼 수 있는 사람은 소수'라는 말은 미래에 다가올 기회를 보고 싶은데 그렇지 못하다는 뜻이고, 그 미래의 기회를 앞서 보는 사람들은 경쟁사회에서 승리한 소수의 상위층 그룹임을 넌지시 가리킨다. 이 20대 남성은 머지않은 미래에 우리 사회는 "서로를 헐뜯고 짓밟고, 윗자리까지 올라갔다고 좋아하지만 결국엔 전부 다 침몰하고 말 것"이라며 매우 부정적인 의견을 적었다. 수많은 희생을 대가로 경제적 성공을 얻는 사회는 붕괴될 것이란 예측이었다.

서울에 거주하는 또 다른 20대 남성의 의견을 들어보자. 그는 "약자에 대한 배려가 부족하고 사회 전반적으로 이기주의가 뿌리 깊게 퍼져 있다"며 "세계에서 경쟁력을 얻을지언정 내면은 계속 썩어간다"고 적었다. 이 남성이 표현한 '내면은 계속 썩어간다'와 앞서 20대 남성이 '전부 침몰할 것'이라는 표현은 사실 같은 내용이다. 우리 사회가 내세우는 성장의 이면을 이들은 매우 불안한 시각으로 보고 있는 것이다. 사회 내면의 부실은 곧장 몸과 정신의 부실로 나타난다. 이 남성은 우리 모두가 "사다리를 타고 위로 올라가려 하지만 결국 지친 몸만 남는다"며 미래의 자신을 부정적으로 묘사한다.

계층 상승의 사다리를 올라가는 과정은 험난하다. 사실 이들은 계층 상승은 바라지도 않는다. 이들의 삶엔 생존이냐 아니냐의 갈림길이 있을 뿐이다. 대구에 거주하는 20대 여성은 "대한민국은 1등만 지향하는 사회로 다른 사람을 밟고 일어서야 한다"며 "성인뿐만 아니라 청소년과 유아기까지 심한 경쟁사회에 돌입하면서 고름이 터지기 일보직전"이라고 적었다. 우리 사회가 성장의 한계에 직면하고 있다는 인식은 서울과 지방을 가리지 않고 비슷했다. 그 한계는 경쟁지상주의에서 비롯된다. 우리가 경쟁을 통해 물질적인 부富를 이뤘을지언정 마음과 정신은 황폐해졌다는 인식이 지배적이었다. 대구에 사는 이 여성은 "우리는 분명히 첨단 시대를 살고 있지만 더 고독하고 외롭고 혼자일 것"이라고 했다. 미래사회는 겉으로 발전한 듯 보이지만 그 사회를 사는 사람들이 감내하는 삶은 전혀 다를 거라는 전망이다.

경쟁을 통한 혁신, 효율성의 증대라는 이론에 토를 다는 사람은 많지 않을 것이다. 그러나 경쟁을 통해 일궈낸 혁신과 효율성의 과실은 일부에게만 돌아간다. 게다가 경쟁 그 자체도 공정하지 않다. 경기도에 거주하는 30대 남성은 "사회 구성원 중 일부에 불과한 대기업과 가진 자들이 부와 권력을 움켜쥐고서 사회에 부도덕한 행위를 일삼고 서민들의 재산을 착취한다"며 현재를 부정적으로 보는 이유를 적었다. 서울에 거주하는 30대 여성은 "승자는 한 명이고, 나머지는 기타 등장인물"이라고 적었다. 승자 외에 '기타'라는 말로 묶이는 사회가 이들에게 긍정적일 리 없다. 경기도에 거주하는 30대 여성은 "능력을 발휘할 기회가 없는 건 물론 능력만큼 일해도 보상을 받지 못한다는 느낌이 많이 든다"며 "올바른 과실이나 열매가 하나도 없이 앙상한 나무와 같은 사회는 곧 말라죽을 것"이라고 적었다. 공정한 기회를 주지 않는 사회에 남아 있고 싶은 사람은 없을 것이다. 20대와 30대가 느끼는 현재와 미래의 부정적 인식에는 경제와 정치적인 문제가 주로 연관되어 있고, 차별, 격차, 갈등, 대립, 계층, 경쟁 등이 주요 키워드로 등장했다. 특히 차별과 격차는 매우 빈번하게 출현하는 단어였다.

이들이 미래를 비관적으로 보는 또 다른 이유로 변화의 속도와 방향의 혼란을 들고 있다는 점이 눈에 띈다. 경기도에 거주하는 30대 여성은 "변화의 속도가 빠르고 방향을 짐작할 수 없다"며 "많고 많은 길에서 선택도 어려워질 뿐 아니라 선택한 길을 온전히 따라가는 삶도 어려울 것"이라고 적었다. 이들에게 미래라는 단어는 '피로감'과 결부됐다. 현재의 삶을 지속하는 것도 쉽지 않은데, 빠른 변화가 예고되는 미래는 따라가기가 꽤 버겁게 느껴진다. 무언가를 계속 배워야만 시대에 뒤처지지 않을 것이란 강박으로 이들은 체하기 직전까지 밥숟가락을 입에 넣는다.

더 걱정스러운 것은 그렇게 허덕거리며 선택한 길이 막다른 골목일지도 모른다는 불안감이다. 되돌릴 수 없는 게 인생인데, 한 번의 실수는 영원한 실패로 이어질지도 모른다. 그래서 이들은 선택하지 못하고 머뭇거린다. 왜 머뭇대냐고 물으면 '후회하지 않기 위해서'라고 답한다. 기대한 만큼 결과가 돌아오지 않으니 아예 시작하지 않는다고 말한다. 이런 이유로 청년들은 계속 포기하는 것처럼 비춰진다.

현재든 미래든 부정적으로 인식하는 20대와 30대에게서 공통되게 엿보이는 또 다른 마음은 다양한 삶에 대한 존중이었다. 인천에 거주하는 30세 남성은 "직업의 다양성을 인정하고 존중해주며 다양한 개성과 성격을 배려하는 사회가 됐으면 한다"는 바람을 나타냈다. 경상남도에 거주하는 27세 여성은 "다른 사람의 말에 진심으로 귀 기울여주는 사회가 되었으면 좋겠다"며 "그러려면 다른 사람에 대한 존중이 필요하다"고 적었다. 이들은 누구나 존중받는 사회를 원했다. 이들은 주목받기를 원했다. 주목받을 만큼 자신에겐 개성 있다는 것이며 무엇을 해도 기대만큼 잘해낼 수 있다는 자신감도 있다.

그러나 사회적 잣대는 몇 명을 추려내는 데 머물러 있다. 경기도에 거주하는 31세 여성은 "수직적이고 위계적인 사회에서 다양성은 존중받지 못한다"며 "천편일률적인 잣대와 기준을 가지고 사람들을 판단하는 방식으로 사회가 체계화되어 있기 때문에 그 기준에 조금이라도 못 미치는 사람은 온갖 스트레스와 불안을 경험한다"고 털어놓았다. 이런 사회에서 청년들은 미래의 자신을 밝게 볼 수 없는 것이다. 경기도에 거주하는 또 다른 30대 여성은 "자신이 좋아하는 것에 열중하며 사는 사람이 많아졌으면 좋겠다"면서 "동일한 결과보다는 혼합되는 다양한 색의 조합을 자랑하고 서로 흥분하며 격려하는 사회를 바란다"고 적었다.

우리 사회 청년들은 포기만 일삼는 세대가 아니다. 그렇게 비췌질 뿐이다. 이들이 원하는 미래상도 명확하다. 앞서 언급한 30대 여성처럼 '다양한 색을 자랑하며 서로 흥분하고 격려하는 사회'다. 이 미래상을 국가의 미래 비전으로 내세워도 손색없다. 우리는 언제부터인가 모여 살면서 더 힘들어졌다. 모여 살면서 다양한 개성을 자랑하지 못하고 한 사람만 찬양하게 되었다. 모여 살면서 더 재미있어지지 않고 서로를 더 흥미롭게 여기지 않았다. 더 격려하기는커녕 더 비난하고 있다.

청년들이 미래를 어떻게 인식하고 있는지는 미래 연구에 있어 중요한 주제다. 이들이 조만간 사회의 주체가 되기 때문에 이들이 미래를 어떻게 보느냐에 따라 사회의 모습은 바뀐다. 1960년대에 청년이었던 419세대는 물질적으로 풍요로운 미래를 꿈꾸면서 산업화를 일궈냈고, 1980년대에 청년이었던 386세대는 정치적 자유를 꿈꾸면서 민주화를 일궈냈다. 그렇다면 지금의 청년 세대는 어떤 세대로 기억될까. 그것은 이들이 어떤 사회를 상상하는가에 달려 있다.

미래
공부

3장

붕괴의 필요성

2007년 8월, 커다란 여행가방 8개와 함께 하와이 호놀룰루 공항에 도착했다. 하와이 대학 미래학 연구소에서 보낼 유학생활의 시작이었다. 구글 지도를 펼쳐보면 하와이는 아메리카 대륙과 아시아 대륙 사이 태평양 한가운데에 점처럼 존재한다. 사방팔방에 아무것도 없다. 항해술이 발달하지 않았더라면 발견되지 않았을 외롭고 고립된 섬이다. 지금도 하와이에 생필품을 가득 실은 배가 오지 않으면 100만 명 주민의 생존에 심각한 영향을 미친다. 물고기와 토란의 알줄기를 찧고 갈아서 끓인 포이를 주식으로 생존하던 때가 아니어서 쌀과 고기, 각종 야채와 생수병을 실은 화물선이 매일 들어와야 한다. 기후변화로 해수면 상승이 급격하게 진행되는 요즘엔 생존의 불안이 더 심각하다. 해변을 중심으로 길게 늘어서 있는 수많은 집이 바닷물에 휩쓸릴 것이란 예측도 있다. 세계적인 해변으로 손꼽히는 와이키키 해변의 백사장도 해수면 상승으로 바닷물에 휩쓸려나가 외부에서 수차례 모래를 수입해 보충하고 있다.

이렇듯 미래에 대한 불안은 하와이가 역설적으로 미래 예측의 선구자가 되도록 부추겼다. 1970년 하와이 주지사의 주도로 입법부와 언론계는 물론이고 세계적인 학자들을 초청해 하와이의 2000년을 예측하는 대형 프로젝트를 진행했다. 시민들만 2000명 넘게 참여했으며, 세계적인 미래학자 앨빈 토플러, SF소설가로 유명한 아서 클라크, 하버드대 사회학자이자『후기산업사회의 도래』를 쓴 대니얼 벨, 미국경제학회장을 지낸 케네스 볼딩, 세계미래학연맹의 산파였던 오스트리아 출신의 언론인 로버트 융크 등이 참여했다. 우리 쪽에서는 서울대 행정대학원과 한국미래학회를 만들고 경제부총리를 역임한 고故 이한빈 박사가 이 프로젝트에 참여했다.

동서양을 넘나드는 선각자들과 정부, 시민이 참여해 만든 이 프로젝트는 경제·사회·정치·과학기술·문화 등 다방면의 예측을 바탕으로 7가지 대안적 미래사회를 창조하는 데까지 나아갔다. 작은 섬 하와이에서 시작한 이 프로젝트는 미국 전역에 영향을 미쳐 아이오와Iwoa 2000(1972), 오리건Oregon 2000(1978), 텍사스Texas 2000(1981), 콜로라도Colorado 2000(1989) 등 28개 주의 중장기 미래 전략 프로젝트로 확산되었다. 무려 20여 년간 영향을 주었던 셈이다. 1970년 하와이주 입법부는 하와이 2000 프로젝트를 계기로 하와이 대학에 미래학 연구소를 세우고 학부와 대학원에 미래학 과정을 설립하며 운영할 것을 요청했다. 짐 데이터 교수는 1971년 초기 연구소장을 맡아 44년 동안 미래학을 가르쳤고 2015년 은퇴했다.

불확실한 미래에 대처하는 방법

미래학에선 미래가 불확실하다는 의미를 인지적 불확실성과 규범적 불확실성으로 구분해 파악한다. 미래에 대해 인지적 불확실성이 있다는 의미는 앞으로 무슨 일이 일어날지 모르겠다는 뜻이다. 이유는 여러 가지다. 과학기술의 급진적 발달, 사회적 역동성, 경제적 부침, 다양한 문화 간 충돌 등으로 현재의 지배적인 흐름이 단절되는 거시적 변화 때문이다. 또 미래에 대한 개인들의 서로 다른 예측과 그에 따른 행동도 미래 예측을 더 복잡하게 만들고 있다. 예를 들면 2008년 미국의 경제적 위기나 2010년 아랍의 봄 등을 예측하지 못한 이유는 인지적 불확실성 탓이다.

규범적 불확실성은 한 사회의 지배적 이념, 가치, 규범 등이 혼란스러울 때 높아진다. 사회 구성원들이 바라는 미래상의 변화, 사회적 가치, 이해 관계자의 변화로 규범적 불확실성이 발생한다. 선진국이 아니라 문명국이 되는 비전을 추구해야 한다는 주장,1 근면보다는 유희, 소비보다는 보존이 사회적 가치가 되어야 한다는 인식의 전환, 각종 국책 사업에서 시민단체나 지역 이해 관계자가 참여해야 한다는 최근의 경향 등은 우리가 기존에 당연시했던 규범을 흔들어대는 요인이다. 규범이 흔들린다고 꼭 나쁜 것은 아니다. 사회가 발전하면서 겪는 과정일 수 있다.

미래학계는 미래 불확실성을 이해하고 대응하는 방법으로 미래워크숍이란 프로그램을 개발했다. 미래워크숍에 참가한 사람들은 사회를 변화시키는 동인을 이해하고 이러한 동인들이 자신이 살고 있는 사회를 어떻게 변화시킬지 예측하면서 다수가 바라는 미래사회를 찾아가는 길을 모색한다. 워크숍은 토론 의제에 따라 소요되는 비용이나 참석자들의 처지에 따라 몇 시간 만에 끝낼 수도 있고, 1년 넘게 진행할 수도 있다. 10~20명의 참여자가 미래를 탐색하는 소규모도 있고, 수백 명이 참여하는 워크숍도 있다.

집단으로 모여 공동의 이해를 추구하고 지혜를 모아 미래의 대안을 만들어내는 미래워크숍을 미래 연구 방법으로 개발한 미래학자는 오스트리아에서 활동한 로버트 융크Robert Jungk다. 그는 미래워크숍을 통해 일반인도 전문가 못지않게 미래에 대한 자신의 생각과 감정을 표출하고 미래를 예측할 아이디어를 내놓을 수 있다고 믿었다. 융크는 길거리에서 사람들을 모아 미래워크숍을 정기적으로 개최했다. 호기심에서 참여한 사람들은 비록 모두 처음 만난 사이지만 더 나은 미래를 위해 문제를 제기하고 대안을 논하면서 그 미래를 자신의 세계와 연결시키는 경험을 맛봤다. 융크의 방법을 따라 지금도 미래학자들이 일반 시민들과 미래에 관한 통찰을 나누고, 사회 변화를 다각도로 이해하는 연구를 진행하고 있다.

우리는 이러한 미래워크숍의 이론과 방법, 경험을 바탕으로 시민들과 미래에 대해 의논하는 연구 프로젝트를 실행했다. 2013년부터 2015년까지 서울과 5대 광역시(인천, 대전, 대구, 부산, 광주)에 거주하는 20~50대 시민 523명을 미래워크숍에 참여시켰다. 성별, 연령별, 직업별 균형을 맞춰 한 번에 20명씩 짝을 지어 만났다.

우리가 만난 20~50대는 정치적, 경제적으로 현재 우리 사회를 움직이는 중심 연령층이다. 이들은 다가올 미래의 다양한 가능성을 탐색하며, 자신이 바라는 사회의 모습을 논의했다. 미래에 대한 논의가 뜨거워 격론을 벌이기도 하고, 예상치 못한 새로운 사회에 대해 당혹스러워했다. 시민들은 저마다 가능하다고 믿는 미래상이 달랐다. 자신이 바라는 미래를 지지하거나 동의해주는 사람을 만나면 기뻐했다. 미래가 실현되면서 나타날 이익뿐 아니라 위험도 논의했다. 새로운 미래의 다양한 문제를 예상해봤고, 그 문제를 풀어낼 대안에 대해서도 토론했다. 이런 숙의 과정을 통해 20~50대는 각자 선호하는 미래상을 선택하고 표현했다.

우리가 시민들과 어떤 과정을 함께했고, 이들이 어떤 의견을 내놓거나 기존의 생각을 바꿨는지 좀더 자세히 소개해보려 한다(진행 과정은 표 3-1 참조). 먼저 참가자들이 20년 뒤의 미래를 상상할 수 있도록 여러 장치를 마련했다. 사실 미래를 상상한다는 것은 말처럼 쉽지 않다. 하루 종일 대학에서 수업을 듣거나 아르바이트를 전전했을 수도 있고, 일터에서 갖은 스트레스를 받으며 녹초가 되도록 일한 참가자들에게 대뜸 미래가 어떻게 될 것 같은지 묻는 것은 미련한 일이다. 현재에서 미래로 가는 여러 돌다리를 놓고 하나씩 건너갈 수 있도록 세심하게 이끌어야 한다.

<표 3-1> 미래워크숍 진행 과정 및 세부 내용

미래워크숍 단계 및 시간 배분	세부 내용
5분: 미래 자기효능감 설문	참가자들에게 설문지(pre-test)*를 나눠주고 작성 요청
5분: 각자 소개	이름 및 미래 관심사 소개
20분: 미래워크숍 과정 소개	참가자들이 오늘 해야 하는 과제와 과거·현재·미래를 변화시키는 동력 설명
50분: 4개 팀별 미래 탐색	팀별로 각각 다른 미래 시나리오를 읽고 그 미래사회의 특징, 사회적 가치, 현재 사회의 문제를 풀어낸 대안, 새로 발생할 문제들 토론
40분: 팀별 발표	팀별로 2쪽짜리 미래 시나리오를 읽어주고 토론한 내용을 정리해 발표
10분: 투표	모든 참여자에게 네 가지 미래 중 (1) 20년 뒤 실현 가능성이 가장 높은 미래와 (2) 꼭 실현되기를 바라는 미래를 선택하도록 함

30분: 다섯 번째 시나리오	가장 가능성 높은 미래의 모습을 상상하면서, 이 사회에서 가장 바라는 미래를 실현할 수 있는 방법을 토론. 다양한 가능성 중에서 바라는 미래를 실현할 요소를 예측
10분: 실천 방안	바람직한 미래를 위해 스스로 실천할 수 있는 목록 작성
10분: 질의 응답 및 설문조사	미래 자기효능감 설문 조사(post-test)*

*미래 자기효능감 설문조사(pre/post test)는 미래워크숍 참가자들이 미래 예측활동을 통해 사회의 변화를 이해하고 바람직한 미래의 실현을 위해 자신이 사회에 영향을 미칠 수 있음을 인식했는지 조사하는 과정이다. 참가자들은 미래워크숍 전에 설문지에 응답하고, 워크숍 경험 후에 다시 같은 설문지에 응답해야 한다.

　참가자들은 미래워크숍 장소 입구에서 네 가지 색종이 중 하나를 골라야 한다. 우리는 참가자가 고른 색종이가 오늘 경험할 네 가지 미래 중 하나임을 알려준다. 말하자면 자신의 선택에 따라 자신이 경험할 미래가 결정되는 셈이다. 그렇다고 색깔에 어떤 의미를 부여한 것은 아니라는 점도 알려준다. 무작위로 놓인 색깔을 골라 오늘 경험할 미래를 정하는 것은 마치 우리가 이 세상에 태어나는 과정과 비슷하다. 우리 모두는 특정한 시기와 장소, 특정한 부모를 골라 태어나지 않았다. 무작위로 태어난 환경에서 생존하기 위해 투쟁한다. 미래로 떠나는 여행도 비슷하다. 자신이 선택했지만, 선택지를 모르기 때문에 그 미래로 가서 최선을 다해 환경을 파악하고 생존을 모색해야 한다. 잘못 골랐다고 미래를 바꿀 수도 없다. 참가자들은 이런 의도를 눈치 챘는지 색종이 하나 고르는 데에도 신중을 기했다. 이들에게 미래에 대한 궁금증을 유발하는 데 어느 정도 성공한 셈이다.

다들 처음 본 사이라 어색하다. 어색하면 자유로운 논의가 이뤄지기 어렵다. 참가자들은 네 테이블에 나눠 앉고, 테이블마다 진행자가 한 명씩 앉아 있다. 이 진행자는 어색한 분위기를 바꾸기 위해 서로 인사를 시킨다. 이때 간단히 이름과 사는 동네 정도만 공유한다. 너무 많은 정보의 공개는 바람직하지도 않고, 시간도 많이 소요된다. 각 테이블의 진행자들은 참가자들에게 오늘 20년 뒤의 미래사회를 토론할 텐데, 생각보다 재미있다고 너스레를 떤다. 어려운 과학기술 용어를 써야 하는 딱딱한 미래가 아닌, 생존을 위해 힘겹게 투쟁해야 하는 살벌한 미래도 아닌, 재미있는 미래라는 점이 중요하다. 미래는 아직 결정되지 않았으며 어떤 엉뚱한 이야기라도 통용될 수 있음을 참여자들에게 알려준다.

본격적으로 미래사회를 탐색하기 전, 20여 분 동안 미래 예측의 기본적인 방법론에 대해 설명한다. 이 과정은 매우 중요하다. 우리는 상상만 하면 미래로 훌쩍 떠날 수 있을 거라 여기지만 이론과 틀이 없으면 부분적인 미래의 모습만 상상하게 된다. 방송이나 영화에서 본 이미지, 언론에서 떠들어대는 파편화된 미래상을 얘기하기 쉬운데, 이는 균형 잡힌 미래의 모습이 아니다.

각자 갖고 있는 생각의 틀을 깨고 예상치 못했던 미래를 상상하기 위해 쉽고 재미있는 그림을 한 장 보여준다. 그림 3-1이다. 참가자들에게 "이 그림이 무엇을 상징한다고 생각하는가"라고 묻는다. 의자라는 대답도 나오고, 지수함수라는 답도 나온다. 무언가 솟구쳐 올라가는 모습이라는 답변도 나오고, 뱀이라는 얘기도 나온다. 우리는 이 그림은 과거와 현재를 그린 그림이라고 답변한다. 인간이 수렵채집 시절부터 농경사회를 지나 산업사회를 거쳐 지금의 사회를 만들면서, 인구는 천천히 증가하다가 19세기 이후 급격히 증가했음을 상기시킨다. 말하자면 인류의 지난 궤적이자 세계 인구수다. 이렇게 설명하면 참가자들은 고개를 끄덕인다. 그리고 우리는 그림 3-1에 표시된 것처럼 과거와 현재를 지나 어떤 미래를 예상하느냐고 묻는다. 각자 현재를 나타내는 그래프 맨 오른쪽의 꼭지점을 시작으로 앞으로 100년 동안 어떤 미래가 예상되는지 제멋대로 그려보라고 한다. 다만 시간을 거슬러 올라갈 수 없으니 오른쪽 방향으로 그려야 한다고 강조한다.

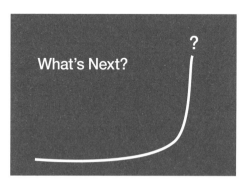

<그림 3-1> 다음은 어떻게 될까요?

미래를 그려본다? 참가자 대부분은 처음 겪는 일일 것이다. 유치원이나 초등학교 미술 시간에 한번 그려봤을까. 그것도 대부분 로봇이나 로켓, 그리고 달나라로 가는 뻔한 미래를 그렸을 것이다. 그러나 지금 자신에게 요청된 미래의 모습은 과거와 현재를 지나 미래를 선으로 그리는 것이다. 많은 참가자가 망설인다. 눈을 지그시 감는 참가자도 있다. 옆사람에게 물어볼 수도 없다. 혼자 그려야 한다. 1분, 2분이 흘러도 아직 손을 못 댄 참가자가 많다. 30초를 더 줄 테니 직관적으로 그려보라고 요청한다. 그제야 볼펜을 들고 미래를 그리기 시작한다.

대부분은 두 가지 미래 그래프를 그린다. 하나는 계속 위로 올라가는 그래프, 다른 하나는 아래로 떨어지는 그래프다. 위로 향하는 그림을 그린 사람들은 지금까지 그랬던 것처럼 지속적으로 인구가 증가하고 과학기술과 경제도 성장하며 발전한다고 예측하는 것이다. 반면 아래로 향하는 그림을 그린 사람들은 지금까지와는 반대로 미래가 전개된다고 예측하는 것이다. 인구는 감소하고, 경제발전은 지체되거나 쇠퇴하며, 과학기술은 인류의 생존에 해가 되는 쪽으로 전개된다.

그런데 드물게 어떤 사람들은 미래의 방향을 한 개가 아닌 두 개, 혹은 세 개를 그리기도 한다. 대부분은 한 줄인데, 이 사람들의 선은 다양하다. 왜 이렇게 그렸냐고 물어보면 한 방향으로 정할 수 없었다고 답한다. 이렇게 될 것 같기도 하고, 저렇게 될 것 같기도 하단다. 이런 사람을 만나는 날이면 우리는 마치 친구라도 만난 양 반갑다. 당신은 미래 예측을 배우지도 않았는데, 어떻게 미래학의 핵심을 꿰뚫고 있느냐고 칭찬해준다. 우리는 영어로 미래를 퓨처future가 아닌 복수 형태의 퓨처스futures라고 말한다. 아직 실현되지 않은 미래를 예측할 때는 다양한 가능성에 주목해야지 한 가지 미래를 알아맞히는 것이 아님을 강조한다. 미래가 한 가지 방향임을 떠들어대는 사람들은 사기꾼이나 장사꾼이라고 말해준다. 미래는 열려 있는 시공간이지 지금 확정할 수 없음을 주지시킨다. 미래가 단일하지 않고 여러 개라는 인식은 매우 중요하다. 다양한 가능성이 열려 있는 사회와 그렇지 않은 사회는 천지 차이다. 어떤 미래에 살고 싶은지는 물어보나 마나다. 당연히 다양한 가능성이 열려 있는 사회다.

　그렇다면 우리가 인지할 수 있는 미래는 몇 개나 될까. 사람마다 생각이 다르다고 가정하면 이 세상에는 인구수만큼 다양한 미래가 있을 것이다. 그러나 이를 정리해보면 네 가지로 압축된다. 하와이 미래학연구소는 미래를 네 가지 이미지로 분류한다. 흥미롭게도 우리가 미래워크숍에서 만난 500여 명의 참가자가 그린 미래 그림을 분류해도 네 가지로 나타난다. 경험적으로 이 네 가지를 벗어나는 미래는 타임머신이 발명되지 않는 이상 당분간 없을 것 같다. 미래학 강연 시간에 우리는 참가자들에게 네 가지 미래를 간략히 설명한다. 그것은 우리가 세상의 변화를 보는 시각이자 미래를 예측하는 틀이다. 네 가지 시각으로 미래의 다양한 가능성을 균형 있게 볼 수 있을 것이다.

<그림 3-2> 미래는 어떻게 될까? 네 가지 미래상을 나타낸 그래프

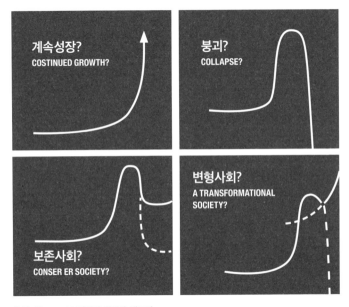

출처: (Dator, 2009)에서 필자가 재구성

네 가지의 미래 이미지는 계속성장Continued Growth, 붕괴 Collapse, 보존사회Conserver Society, 변형사회Transformative Society로 나타난다. 각 미래의 특징을 살펴보면 다음과 같다(그림 3-2 참조).

←계속성장 이 미래에선 우리 사회가 경제적으로 계속 성장한다고 가정한다. 사실상 지구상의 모든 정부나 기업은 계속성장의 미래를 원한다. 계속성장의 미래를 예상하려면 예측의 대상이 지속해서 성장할 수 있는 중심 동인, 예컨대 인구의 지속적 증가, 과학기술의 발달, 기업 활동의 자유, 문화적 역동성 등의 증거를 찾아야 한다.

←붕괴 한 사회의 붕괴는 경제적 위기, 자원 고갈, 환경 재앙, 전쟁, 도덕적 타락, 전염병의 창궐 등 다양한 원인으로 벌어진다. 붕괴를 예측하는 사람들은 "이대로 가다가는 낭떠러지로 떨어진다"고 경고한다. 붕괴의 미래를 예측하려면 예측 대상이 미래의 어느 시점에서 기능이나 역할이 사라질지 설득력 있게 논거를 제시해야 한다.

←보존사회 이 미래를 예상하는 사람들은 앞으로 미래사회가 계속성장과 붕괴 사이에 놓이거나, 놓여야 한다고 주장한다. 이들은 "이대로 가다가는 붕괴되지만 아직은 시간이 있다"고 믿는다. 과거의 경제개발 방식이 환경을 파괴하고 자원을 고갈시키며 경제적 양

극화를 확대시켜 사회는 지속 가능하지 않다고 강조한다. 1970년 대 로마클럽에서 내놓은 '성장의 한계', 2015년 파리 기후협약 등은 보존사회를 향한 전 지구적 전략으로 볼 수 있다.

←변형사회 이 미래를 예측하는 사람들은 "우리가 모르는 무엇인가가 벌어지고 있다"는 시각을 갖고 있다. 음모론은 아니다. 일어나고 있는 변화가 빠르고 엉뚱해 그 결과를 예측할 수 없다는 불안감이 배어 있으면서도 한편으로 새로운 세상이 오고 있다는 기대감도 있다. 매우 양가적인 감정을 가질 수밖에 없는 미래다. 기술 낙관론자들이 그리는 신세계가 그 대표적 사례다. 인공지능, 로봇공학, 생명공학, 나노 기술, 우주공학 등이 융합하면서 이전에는 볼 수 없었던 새로운, 매우 변형적인 사회가 창조되는 것이다.

<그림 3-2>는 네 가지 미래를 상징한다. 각 그래프는 과거와 현재, 미래를 모두 포함하고 있다. 그래프의 시작점은 인류의 탄생을 의미하며, 시간에 따라 인구의 증감을 나타낸다. 따라서 가로축은 시간(수렵채집 시대부터)을, 세로축은 인구의 증감(또는 경제성장률)을 표시한다. 그래프의 끝점이 미래다. 경제의 계속성장 그래프는 이전 경로에서 벗어나지 않고 지속적으로 인구가 증가하고 경제가 성장한다. 반면 붕괴를 나타내는 그래프는 꼭짓점을 시작으로 미끄럼을 타고 내려오듯 하강하고 있다. 보존사회를 나타내는 미래는 하강하는 중간에 다시 안정기를

찾아나가는 모습을 보여준다. 그러나 이전처럼 그래프가 하늘로 올라가는 모습은 아니다. 마지막으로 변형 미래는 과거로부터의 흐름에서 단절의 구간이 있고, 이 구간을 기점으로 인류가 걸어보지 못한 전혀 새로운 방향으로 끝점이 향하고 있음을 암시한다. 예를 들면 농경사회에서 산업사회로, 산업사회에서 정보화 사회로 마치 퀀텀 점프하듯 삶의 방식이 급변한 것을 들 수 있다.

물론 정보화 사회라고 해서 농경사회나 산업사회의 모습이 완전히 지워진 것은 아니다. 세 가지 사회가 공존하고 있다. 그러나 농경사회에서 일하는 방식과 산업사회에서 일하는 방식, 더 나아가 정보화 사회에서 일하는 방식은 크게 다르다. 일하는 방식뿐 아니라 거주 형태, 부富를 축적하는 수단, 의사소통의 방법, 가족과 공동체의 구성 형태, 지배계층, 활용되는 과학기술의 종류 등에서 매우 다른 양상을 보인다.

네 가지 미래 이미지는 가정이 다르고 그에 따라 추구할 수 있는 사회적 가치, 규범, 전략도 다르다. 또 어느 미래의 실현 가능성이 높다든지 낮다든지 판단할 수 없다. 물론 붕괴나 변형사회의 경우 누구나 당장은 실현되지 않을 것으로 보겠지만, 시계를 20년 뒤로 돌리면 가능성의 측면에선 모든 미래가 거의 동일하다. 2008년 미국발 경제위기나 2011년 일본의 후쿠시마 원전 사고를 떠올린다면 비록 붕괴 미래라도 섣불리 그 가능성이 낮다고 주장할 수는 없을 것이다.

나는 이 네 가지 미래상을 배우고 적용하면서 미래 예측의 의미와 가치를 새롭게 깨달았다. 우선, 미래 예측가가 변화를 추적하는 시간의 영역이 매우 넓음을 알게 되었다. 인류의 미래를 예측하려면 도시를 세워 모여 살기 전, 수렵채집의 시대부터 살펴봐야 한다. 인류는 왜 흩어져 있다가 모여 살게 되었을까. 모여 살면서 나타난 변화는 무엇일까. 다시 인류가 흩어져 산다면 동인은 무엇이고, 그 현대적 형태는 어떻게 될까. 우주로 나아가는 먼 미래에 지구의 삶을 고집하는 인간들은 우주적 스케일의 관점에서 흩어져 사는 것으로 비춰질까.

이렇게 긴 시간의 변화를 추적하고 이해하는 이유는 변화의 연원을 찾고 싶어서다. 긴 시간에 걸쳐 형성된 도도한 변화의 흐름을 이해할 수 있을 뿐 아니라, 시간이 지나도 변하지 않는 인류의 특징도 이해할 수 있다. 그러자면 역사가의 시각과 인류학자의 시각, 과학기술의 발전에 따른 사회의 변화를 탐색하는 사회학적·과학기술사적 시각도 요구되고, 인간의 정신적 측면을 다루는 심리학의 시각도 요구된다.

둘째, 네 가지 미래상을 배우면서 미래의 불확실성에 대해 엄격하게 거리감을 두는 미래 예측가의 태도에 놀랐다. 네 가지 미래상을 개발하고 연구한 데이터 교수는 어느 자리에서도 네 가지 미래 중 어떤 미래가 더 가능하다고 단언하지 않는다. 모두 가능성이 있다고만 언급한다. 듣는 사람에 따라서는 애매한 답변이라고 느낄 수 있다. 또는 모든 가능성을 열어둠으로써 정작 전문가의 식견은 드러내지 않는 위험회피적 태도로 비칠 수도 있다. 그러나 이렇듯 미래의 가능성을 열어두는 이유는 하나의 미래에 갇힐 위험성을 사전에 차단하기 위해서다. 네 가지 미래 중 어느 하나가 더 가능성 있다고 누군가 단언하는 순간, 다른 미래들은 휴지통 속에 버려진다. 덜 가능한 미래에 신경 쓸 여유가 없기 때문이다. 그러나 우리가 경험한 많은 미래는 과거에 가능성이 낮다고 판단된 것들이었다. 1969년 인류의 달 착륙, 1990년 구소련의 붕괴, 2007년 미국발 경제위기, 2011년 동일본 대지진으로 인한 사태 등 굵직한 사건만 들춰내도 우리의 가능성 판단에 많은 오류가 있었음을 자인하지 않을 수 없다.

물론 사회나 국가, 또는 조직의 전략적 측면에서 본다면 네 가지 가능성을 모두 가능하다고 내버려둘 순 없다. 하나의 방향을 정해 그걸 실현하는 전략을 내놓아야 한다. 그러나 하나의 방향을 정하는 것은 미래 예측가가 담당할 역할이 아니다. 방향을 정하는 것은 사회 구성원들의 몫이다. 이들이 논의를 통해 결정해야 한다. 한 방향이 정해졌다고 해서 미래 예측가의 일이 끝나는 것은 아니다. 사회나 조직은 정한 방향대로 가겠지만 미래 예측가는 다른 방향의 미래들이 출현할 가능성을 백지상태에서 다시 탐색해야 한다.

네 가지 미래는 서로가 서로에게 대안이 된다. 예를 들어 경제가 지속적으로 성장하지 못할 때 보존사회나 붕괴는 그 결과로 어쩔 수 없이 맞이하는 미래가 아니다. 이때 보존사회는 무리하게 경제성장만 고집하는 것보다는 또 다른 성장의 방향이 있음을 제안할 수 있다. 우리나라처럼 인구가 계속 줄어드는 상황에서 예전과 같은 규모의 경제성장은 불확실하다. 경제성장이라는 목표에 전환적 사고가 필요하다는 근거는 인구 감소뿐 아니라 전 세계가 직면한 기후변화에서도 찾을 수 있다. 지난 2015년 파리 기후변화 협약 이후 우리 정부가 제시한 목표는 2030년까지 온실가스 배출 전망치(8억5000만 톤) 대비 37퍼센트를 감축하는 것이다. 37퍼센트를 감축하면 2030년 우리가 배출할 수 있는 온실가스는 5억4000만 톤으로, 3억1000만 톤을 줄여야 한다.[2] 이것이 경제성장에 미치는 효과는 작지 않다. 온실가스를 줄이려면 화석연료를 덜 사용해야 하는데, 철강 화학 등 산업 부문에서 4억 톤 이상을 배출하고 있는 터라 3억 톤 이상을 줄이자면 공장 가동을 멈춰야 할지도 모른다.

보존사회라는 미래상은 경제적 성장이라는 목표를 벗어나 사회적, 문화적 성숙이라는 목표로의 전환을 요구한다. 이어령은 『생명이 자본이다』라는 책에서 지금까지 우리 사회가 생명을 죽여 경제를 성장시켰다면 이제는 생명을 살려 새로운 가치를 창출해야 한다고 주장한다. 그는 생명자본주의의 목적을 "옛날엔 나무를 잘라서 장작을 만들어야 가치 있는 거였다. 그러나 이젠 나무를 심고 가꿈으로써 가치를 창출해낸다. 생명을 살려 기쁨과 감동을 주자는 거다"라고 설명한다.[3] 담양의 대나무 숲이나 함평의 나비축제 역시 생명을 살리면서 지역사회가 경제적 이익도 얻었던 사례다. 성장만 추구하던 때는 자연과 환경, 생명을 경시했지만 성숙의 단계로 넘어가려면 '인간 혼자'가 아닌 '자연과 함께'의 정신이 요구된다.

이처럼 미래 연구자들은 다양한 미래의 가능성과 대안을 연구해 사회에 제공해야 한다. 그래야 구성원들이 좀더 균형 잡힌 미래를 내다볼 수 있고, 그에 따라 적절하게 변화에 대응할 수 있다.

마지막으로 나는 이 네 가지 미래에 담긴 변화가 사실상 모든 변화를 대표한다는 생각에 이르렀다. 미래 예측의 적정성 여부는 다양한 변화를 효과적으로 포착하느냐에 달려 있다. 네 가지 미래 예측법은 인류가 지금까지 경험한 변화를 압축적으로 분류한다. 계속성장의 국면이 있고, 성장이 포화되어 정체되는 국면이 있으며, 정체 뒤에 특별한 도약의 단계가 없을 경우 마침내 쇠퇴한다. 이는 인간의 삶에 대비시켜도 마찬가지다. 태어나 어른이 될 때까지 성장하고 나이가 들면 죽는다. 그러나 네 가지 미래 예측 방법론에는 한 가지가 더 있다. 바로 변형의 과정이다. 인간도 성인이 되면서 육체적 성장을 멈추지만 사람에 따라 정신적 성장은 지속된다. 급기야 깨달음을 얻으면 성인의 반열에 오르기도 한다.

변형은 애벌레가 나비가 되는 과정으로 비유할 수 있다. 애벌레는 땅이나 나무 위를 기어다니는 존재지만, 나비가 되면 날개가 생겨 공중을 날아다니는 존재가 된다. 삶의 양식이 완전히 다른 존재가 되는 것이다. 기업 같은 조직으로 비유할 수도 있다. 오랫동안 생존한 기업은 시대에 따라 극적인 전환을 이뤄낸다. 설탕을 팔던 기업이 화학제품이나 의료제품 등을 생산하다가 전자산업으로 주력 업종을 전환한 사례나 주류, 음료를 판매하던 업체가 중공업 분야로 옮겨간 경우도 있다. 전기청소기를 판매하던 업체가 자동차를 생산하겠다고 선언하는 것도 변형적 미래상에 부합한다.

　미래는 적어도 네 가지 가능성이 있다는 우리 설명을 들으면서 참여자들은 생각의 틀을 바꾸려고 한다. 미래 그리기 시간에도 사람들은 제각각 그리지만 서로의 그림을 살펴보면 미래가 적어도 한 가지 이상임을 알게 된다. 때로는 네 가지 유형이 모두 나타났다. 이론적으로나 경험적으로 참가자들이 미래가 복수複數임을 확인하면 사실상 미래 예측은 절반의 과정을 마친 셈이다.

　여기까지 도달하면 우리는 참가자들에게 자신이 고른 색종이의 색깔별로 모여 앉으라고 한다. 테이블은 네 개, 테이블별로 색깔이 부여되어 있음을 그제야 알게 된다. 주섬주섬 짐을 챙겨 일어난 참가자들은 자신이 선택한 미래의 테이블로 옮겨간다. 이 과정도 중요한데, 미래를 함께 살아갈 사람들을 만나는 의미가 있기 때문이다. 미래에는 과학기술만 있지 않다. 사람이 있다. 미래에는 원하지 않은 변화의 파고를 함께 헤쳐나갈 사람들, 필요한 변화를 함께 일으킬 사람들이 있다. 이들이 있다면 뭐가 걱정이겠는가.

모두 각 테이블로 옮겨간 것을 확인하면 우리는 참여자들에게 눈을 감으라고 한다. 전등을 잠시 끈다. 본격적으로 20년 뒤의 사회를 탐색하기 전, 마음을 정리하기 위해서다. 마음으로 타임머신을 타고 미래로 가는 느낌을 주기 위해 워크숍 진행자 한 명이 눈을 감은 참여자들에게 속삭이듯 얘기한다. '20년 뒤 여러분은 어디에 있을까요? 어떤 사회가 떠오릅니까? 누구와 함께 있나요? 그 미래는 여러분이 바라던 모습인가요? 20년 전 예상했던 모습인가요? 마음에 들지 않는 것도 있나요? 그 미래에서 여러분은 무엇을 하고 있을까요? 기다렸던 일을 하고 있나요? 새로운 친구도 보이나요? 그 미래가 즐겁습니까? 우울합니까? ……자, 이제 눈을 뜹니다.'

우리가 예측하려는 미래는 유토피아도, 디스토피아도 아니다. 실현 가능해야 하며, 지금보다는 바람직하나, 여전히 사회 문제를 안고 있는 미래다. 우리가 살고 싶은 미래는 어떤 가치를 지향해야 하며, 그에 따라 어떤 기회와 위협 요인이 있을 것인지 예측하는 게 핵심이다. 그러자면 미래를 상상할 때 비판적이어야 한다. 동화책에 나오는 장밋빛 미래를 그리는 것이 아님을 분명히 해야 한다. 미래 상상을 통해 현재의 문제를 더욱 분명하게 보는 훈련을 하는 것이다.

이제 네 가지 미래 시나리오를 읽고 토론할 시간이다. 각 미래 시나리오는 A4 용지 2쪽으로 압축해서 서술돼 있으며, 시나리오의 논리성, 일관성, 타당성 등을 검증하기 위해 미래 연구 전문가, 사회 변화에 참여하고 있는 학자, 언론인 등에게 시나리오를 검토하도록 했다.[4] 우리는 이들의 자문을 반영한 총 8쪽짜리 미래 시나리오를 활용했다. 20여 명의 참가자는 네 그룹으로 나뉘어 각자의 미래 시나리오를 읽었다. 그리고 그 미래사회의 장점과 문제점 등을 토론했고 그룹별로 정리해 발표했다(그림 3-3 참조). 이런 과정을 통해 참여자 전원이 네 가지 미래의 특징을 이해하도록 유도했다. 이것을 이해한 참가자들은 20년 뒤 한국의 모습으로 가능성이 높은 미래와 20년 뒤 실현되면 좋을 미래 시나리오를 각각 선택했다.

가능 미래와 선호 미래의 차이를 구별하는 것은 중요하다. 가능 미래는 현재의 추세가 지속되면 맞이할 미래다. 선호 미래는 현재의 문제점을 풀어낼 대안 미래다. 통상 가능 미래와 선호 미래는 다르다. 그래서 두 미래 간에 차이가 생기고, 그 차이를 좁히기 위한 전략과 정책을 논의하게 된다. 만일 가능 미래와 선호 미래가 같다면 이는 매우 이상적인 상황이다. 가고자 하는 미래가 실현 가능하다는 것을 믿고 있기 때문이다. 자신감 넘치고 긍정적인 사회의 모습이 아닐 수 없다. 그러나 대부분의 경우 선호 미래와 가능 미래는 다르다.

<그림 3-3> 미래워크숍이 진행되는 모습

　선호 미래를 선택할 때 우리는 특별히 참여자들에게 '당신들이 미래의 방향을 결정할 중요한 사람들'임을 강조한다. 오늘의 선택이 미래를 만들어가는 중요한 계기임을 상기시킨다. 선호 미래가 실현됐을 때 맞는 기회는 누구에게 돌아갈 것이며, 누가 소외될 것인지도 충분히 생각하도록 한다. 자신뿐 아니라 미래 세대에게도 바라는 미래인지 생각해볼 것을 요청한다. 이를 통해 미래는 우리가 함께 만들어가는 것임을 깨닫게 한다.

　선호 미래 선택은 무기명 투표로 진행한다. 남의 눈치를 보지 않고 온전히 자신의 의견을 개진하도록 한다. 미래를 선택하는 것은 치열한 정치적 과정이다. 자신이 추구하는 가치를 실현하려는 것 자체가 정치적 행위다. 대통령이나 국회의원을 선출할때 무기명 투표를 하는 것처럼 우리는 선호 미래를 선택할 때도무기명 투표로 한다. 투표 결과 공개에 긴장감이 흐른다. 다수의선택이 어떤 미래를 원하는지 몹시 궁금한 눈치다. 자신의 선택을 지지한 사람들은 누구인지, 몇 명이나 되는지도 무척 궁금한사안이다. 우리는 핏줄로 맺어진 가족 공동체를 구성하기도 하지만 가치를 공유하는 공동체도 만들기를 원한다. 내가 추구하는 가치를 지지하는 사람들을 만나면 반가운 이유다.

실제 미래워크숍 현장에서 선호 미래 투표 결과를 공개할 때참여자들은 탄성을 지른다. 사회가 통상적으로 추구한다고 여기는 미래상이 선호 미래로 선택되지 않았을 때다. 또한 전에는논의해본 적도 없는, 어쩌면 엉뚱해 보이기까지 한 미래가 예상보다 많은 선택을 받았을 때 놀라워한다. 3시간의 미래워크숍은 거의 끝나가는데 참여자들은 본격적으로 토론을 할 태세다.왜 이런 미래가 선택됐는지 궁금하기 때문이다. 마치 비밀 회합에서 사회의 은밀한 부분이 발가벗겨진 기분이라는 평가도 있었다. 우리 사회가 숨겨왔던 욕망을 드러내놓고 얘기할 수 있었다는 평가도 있었다.

사실 이제부터가 본격적인 미래 예측이다. 참여자들의 생생한 마음을 들여다볼 기회다. 투표로 선택된 선호 미래는 1위가있고, 2위가 있다(물론 3위, 4위도 있다). 우리는 1위에 오른 선

미래공부

호 미래와 2위에 오른 선호 미래를 선택한 사람들에게 이유를 묻는다. 꽤나 치열한 논리 다툼이 전개된다. 이 논의에서 건져야 하는 것은 현재의 문제를 풀어낼 대안이다. 1위든 2위든 선호 미래에는 우리 사회의 현안들을 풀어낼 방법과 방향이 녹아 있다. 참여자들이 문제를 풀어낼 두 가지의 대안을 이야기하다 보면 제3의 대안이 어렴풋이 등장한다. 이 대안은 앞서 언급한 대안들보다 한 단계 더 진화된 것으로, 선호 미래 1위 지지자와 2위 지지자 사이에 협력의 다리를 놓는 과정일 수도 있다. 이렇게 미래 예측은 논의를 통해 진화하고, 뜻하지 않은, 미처 생각하지 못했던 대안을 발견하게 된다.

마지막으로 우리는 선호 미래를 위해 각자 당장 실천할 수 있는 것이 무엇인지 묻는다. 오늘부터 할 수 있는 것을 물어봄으로써 미래 예측이 단순히 미래를 미리 보는 활동이 아니라, 내가 스스로 원하는 미래를 만들어야 하는 활동임을 깨닫게 한다. 참여자들은 회사를 그만두고 여행을 떠나겠다, 집 잃은 반려견을 데려다 키우겠다, 자신의 가치를 실현하는 사회적 단체에 가입하겠다, 새로운 가치를 지향하는 정당을 만들어보겠다, 책을 사서 읽겠다, 집에 가서 가족들과 오늘 나눈 선호 미래상을 공유하겠다 등의 다양한 의견을 주었다. 변화의 과정에 동참하는 것, 변화의 과정을 주도하는 것만큼 흥미로운 일도 없을 것이다. 우리는 변화에 뒤처질 때, 변화를 지켜보고만 있을 때, 대책 없이 원하지 않는 변화에 끌려가고 있을 때 화가 나고 무기력해진다.

|||||||||||||||||||||||||||||||||||||||||||||||||||||||||||||||||||||| **붕괴와 새로운 시작**

2013년부터 2015년까지 3년 동안 미래워크숍을 진행하면서 우리는 시민들이 특정 미래를 선호하는 경향을 발견하고는 놀라움을 금치 못했다. 참여자들이 가장 많이 선택한 미래 시나리오는 '붕괴'(40퍼센트)였다.[5] 그 뒤를 이은 것은 '경제계속성장'(28퍼센트), '변형사회'(19퍼센트), '보존사회'(13퍼센트)였다. 이유가 무엇일까. 왜 붕괴 시나리오를 선호하는 미래로 선택했는지 참여자들의 인터뷰를 살펴보자.

   2013년 7월 8일 서울에서 진행한 미래워크숍 참가자 김승현씨(가명)는 30대 초반의 직장인인데, 붕괴라는 미래상을 선호미래로 택했다. 이 미래상의 시나리오 제목은 '느림의 나라'였다. 이 시나리오에서 제시한 미래를 요약하면 이렇다. 세계적 경제 위기가 닥치고 유가 폭등, 대량 실업으로 나라가 혼란에 빠진다. 도시 환경은 심각하게 오염되고 이에 따라 귀농 인구가 대폭 증가한다. 지역별 자급자족 공동체가 형성되고 대의제 민주주의는 쇠퇴하며 지역별 직접 민주주의가 시행된다. 승현씨는 왜 이 미래를 마음에 들어했을까.

승현씨는 시나리오에서 우리 사회가 붕괴되는 시작점이 한가로움에 대한 열망이 치솟을 때라고 가정한 점이 가장 마음에 들었다고 했다. 느린 사회에서는 방랑하거나 머뭇거릴 수 있는 자유가 느껴졌다. 그는 세간의 시선을 의식하지 않고 자신이 원하는 삶을 살고 싶다고 했다. 시나리오에 나온 표현처럼 "바람도 아닌 것에 흔들리고 뒤척이기 싫다"고 했다. 자신을 흔들어 댔던 수많은 사회적 평가에서 살아남는 것이 힘들다는 얘기도 했다. 물질적 성장을 측정하는 각종 경제지표가 아닌 국민행복지수가 도입돼 국정 운영의 지표로 삼는다는 대목도 이 시나리오를 선호하는 이유였다. 여느 시나리오들과 달리 이 시나리오에는 경쟁이 없다. 무한경쟁에 지쳐 있는 승현씨는 경쟁이 없는 미래에 단번에 끌려들어갔다.

승현씨는 유년기부터 사회가 무서웠다고 한다. 초등학교를 다녔던 1990년대 말과 2000년대 초반 그는 경쟁적으로 사교육을 받았다. 부모로부터 공부 열심히 하지 않으면 거지가 된다거나 아파도 병원에 갈 수 없다는 말을 듣고 자랐다. 청소년기에도, 대학에 가서 많은 스펙을 쌓아야 생존할 수 있다는 얘기를 들었다. 세상에 대한 두려움이 커서 세상을 바꾸겠다는 생각은 해본 적이 없다. 현실이 싫어도 체념하는 게 더 안전해 보였다. 그가 원하는 세상이 아니기에 뒤집혔으면 좋겠지만 천재지변이 일어나야 가능한 일이다. 삶을 새로 시작하고 싶지만 그럴 수 없는 현실에서 승현씨는 세상에 대한 공격성이 내재해 있다고 고백했다. 그러나 마음속에서만 일어나는 분노일 뿐이다.

승현씨는 성장 과정에서 자율이나 자립, 자존의 경험을 충분히 갖지 못했다. 우리는 승현씨의 말을 듣고, 과연 승현씨 같은 청년 세대에게 우리 사회를 유지하는 시스템이 설령 붕괴되어 새롭게 시작할 자유가 주어진다고 해도 다른 사람들과 연대하고 협력하면서 잘 만들어갈 수 있을지 궁금했다. 한 대학교수는 "청년 세대의 가장 큰 문제점은 자존감이 없는 것"이라며 "이들은 많이 배운 엄마들 밑에서 끊임없이 사육된 세대여서 과연 어떻게 상상하고 실천할 것인지 믿을 수 없다"고 말했다.[6]

승현씨는 새로운 세계를 꿈꾸고 만들어갈 수 있을까. 사실 승현씨도 청년 세대를 향한 기성세대의 부정적 시각을 잘 알고 있었다. 예컨대 변화에 소극적인 태도를 보이거나 꿈이 없다는 식이다. 이런 시각에 일부 동의하지만 승현씨는 다른 견해를 밝혔다. 기성세대는 경제발전이라는 꿈을 꾸고 이를 성취했다면, 지금의 청년층은 경제발전이라는 비전에 동의하지 않는 선택을 했다는 것이다. 쉬고 싶다, 경쟁하는 데 지쳤다는 의견을 제기하는 것 자체가 청년층의 용기라고 했다. 우리는 승현씨에게 쉬고 싶다거나 주류 사회의 시각에서 벗어나고 싶다는 자의식을 갖는 것은 매우 긍정적이지만 실제 청년들은 변화를 일으키지 못하고 있지 않느냐고 되물었다.

그러자 승현씨는 변화라는 것이 갈등이 발생하고 난 뒤에 온다고 가정한다면, 지금 청년층과 기성세대의 갈등은 변화를 예고하는 것이라고 말했다. 경제발전보다는 붕괴와 새로운 시작이 매력적이라고 주장하는 것, 또는 경제발전이라는 비전에만 맞춰서 사는 삶을 포기하는 것도 청년층의 도전이자 선택이라고 주장했다.

승현씨의 말을 듣고 보니 느림의 나라로 표상되는 시나리오는 청년들이 도전해볼 만한 긍정적인, 그러나 매우 적극적인 용기를 필요로 하는 미래상으로 여겨졌다. 경제성장이라는 비전은 기성세대에게는 생존의 문제였다. 기성세대에게 의식주를 해결한다는 것은 치열한 삶의 문제였기에 경제성장을 버릴 수 없다. 그러나 지금의 청년 세대는 경제성장을 선택의 문제라고 생각한다. 이런 생각 자체가 새로운 세대의 등장을 예고한다.

물론 이들도 나이가 들면서 물질주의적 삶이 얼마나 필요한지 다시 생각할 수도 있을 것이다. 그러나 한편으로, 물질적 가치보다 정신적 가치 또는 문화적 가치를 중시한다면 기존의 사회를 변화시킬 수도 있을 것이다. 대학에서 정치학을 가르치는 한 교수는 이런 시각에 대해 "느림의 나라를 선택한 청년들은 앞으로 새로운 민주주의나 따뜻한 자본주의 등을 선호할 것"이라고 전망했다.[7] 이는 청년 세대가 기존 대의제 민주주의와 자본주의 체제에 대한 부정으로 새로운 자본주의나 민주주의를 만들어낼 세대가 될 수 있다는 기대 섞인 평가다.

느림의 나라는 발전과 성장주의적 전략을 버리고 인간과 자연의 공존을 바라는 매우 생태주의적인 전략이다. 대의제 민주주의에서 직접 민주주의로, 거대 국가 단위에서 소규모 마을 공동체 단위로, 자급자족 사회와 느림의 미학을 지향한다는 것은 우리 사회에서 생소한 목표이자 가치다. 이런 사회를 경험해보지 못한 지금의 청년들이 과연 이런 미래를 실현해낼 수 있을까. 이들 청년은 글로벌 시대를 몸소 경험한, 경쟁주의적 사고에 길들여져 있다. 자신의 노력으로 무엇이든 할 수 있다고 배웠던 자기개발 세대다. 대학에서 문학을 가르치는 교수는 "청년 세대는 자신만 열심히 하면 빌 게이츠도 될 수 있다고 믿는 세대"라며 "후기 산업사회의 최후의 인간형이라는 자기개발 주체가 지금의 청년 세대인데, 이 세대가 과연 생태사회로 가기 위한 각성을 한 것인지 묻고 싶다"고 말했다.[8]

지금의 청년 세대를 개인주의적이라고 평가하지만, 예전의 개인주의와 지금의 개인주의는 다르다고 보는 견해들이 있다. 지금의 개인주의는 이기적인 것도 아니고, 사회와 고립된 개인도 아니다. 또한 집단에 갇혀 있는 개인도 아니다. 우리 사회를 네트워크라는 시각으로 본다면 수없이 다양한 네트워크가 만들어지고 없어지는 사회다. 예전처럼 시위나 집회도 기존 조직들이 움직이는 것이 아니라 각종 소셜네트워크를 통해 순간적으로 동원했다가 집회의 목적이 달성되면 사라진다. 각자가 네트워크에 소속되어 있고, 새로운 네트워크를 조직할 수 있다. 개인이 중심이면서 다른 한편 조직원이기도 하다. 어떤 사건에 대응해서 네트워크가 생겨날 때는 매우 역동적이고 에너지가 넘치지만, 사건이 종료되면 수증기처럼 증발한다.

승현씨는 인터뷰를 끝내면서 우리에게 "Inaction is action" (행동하지 않는 것이 행동하는 것)이라는 수수께끼 같은 말을 남겼다. 한동안 이 말이 무슨 뜻인지 생각해봤다. 마치 청년들의 속마음을 살짝 엿본 기분이 들었는데, 또 한편으로는 청년들과 세대의 벽이 느껴지는 기분도 들었다. 왜 행동하지 않는 것이 행동하는 것이라고 말한 걸까. 이 과제에 참여했던 30대 연구원들은 승현씨의 말을 사회 변화의 현장에 청년 세대가 보이지 않는다고 해서 이들이 변화에 동참하지 않는다고 생각해서는 안 되는 뜻이라고 해석했다. 네트워크 시대에 변화의 물리적 현장에 나타나는 것은 별 의미가 없다는 얘기다. 각종 소셜네트워크를 통해 이들은 충분히 변화에 참여하고 있다고 했다. 나는 이 해석이 맞는다는 생각을 하면서도 여전히 이해되지 않는 구석이 있었다. 온라인으로 참여하는 것도 움직이는 것인데, 굳이 온라인에서의 활동을 움직이지 않는다고 승현씨가 표현한 것일까.

그러다가 승현씨의 말을 다른 각도에서 해석할 기회가 있었다. 2016년 어느 날 '청년들의 미래 인식'이라는 제목으로 강연할 때, 나는 승현씨가 우리에게 했던 말을 소개하면서 여전히 이 말이 무슨 뜻인지 모르겠다고 털어놓았다. 그랬더니 청중 한 사람이 그의 말은 "소비 중심의 성장사회 패러다임에서 벗어나는 단서일지도 모른다"고 했다. 그는 "기후변화와 환경오염 문제가 가장 심각한데, 이 문제를 푸는 방법은 탄소저감 기술의 개발이나 탄소세 도입 등 제도적 해결 방법뿐 아니라 시민들의 생활습관 변화에도 있다"며 "덜 쓰고 덜 움직이는 방법을 모색해야 한다"고 주장했다. 그의 말에 따르면 승현씨의 움직이지 않는 것이 움직이는 것이란 의미는 '덜' 움직이는 것이 환경보존을 위해 우리가 할 수 있는 최대의 행동이라는 뜻이 된다.

덜 움직이는 삶이 현재 우리 사회에서 가능한가. 아니, 덜 움직이는 것이 나와 사회에 도움이 되는가. 물리적으로 가능하다고 해도 경제적으로 손해라면 누구도 하지 않을 게 뻔하다. 사실 이동한다는 것은, 아니 이동할 수 있다는 것은 우리 사회에서 '능력'으로 통한다. 내가 더 나은 월급과 조건을 위해 직장을 옮길 수 있는 능력, 내가 원하는 시간에 국내외 어디로든 여행 갈 수 있는 능력, 내가 살고 싶은 곳으로 이사갈 수 있는 능력 등이 그렇다. 이동mobility의 능력은 어느덧 삶의 성공과 밀접한 관계를 맺고 있다. 이런 사회에서 덜 움직인다는 것은 삶의 다양한 이득을 포기한다는 뜻이고, 자신의 능력이 부족하다는 것을 뜻하기도 한다. 승현씨의 말은 '붕괴와 새로운 시작'이라는 미래상에는 어울리지만 현재 우리 사회가 추구하는 삶에는 맞지 않는 방식이다. 어쩌면 현재 삶에 어울리지 않기 때문에 '붕괴와 새로운 시작'이라는 미래상에 맞는지도 모르겠다. 새로운 시대를 맞이하려면 새로운 삶의 방식이 필요한 것은 맞지만, 현재로선 그것이 어떤 삶의 방식인지 상상하기 쉽지 않다. 실천의 영역으로 들어오면 더 애매하다. 여전히 승현씨의 말은 말끔하게 이해되지 않는다.

청년 세대가 '붕괴와 새로운 시작'이라는 미래상을 선호한다는 우리의 연구 결과는 여러 언론에서 다뤄졌다. 예컨대 어떤 60대는 "경제성장의 중요성을 깨닫지 못하는 세대가 안타깝다"[9]는 의견을 내놓는가 하면, "역설적으로 우리 청년들이 여전히 새로운 시작을 바라고 있다는 것은 그들의 진취적인 도전정신이 아직은 식지 않았음을 의미"[10]한다고 보는 사람들도 있었다. "출구를 찾지 못한 절망이 차오르고 있다"[11]는 우려 섞인 분석도 있었고, "청년들은 우리가 어떤 미래로 나아가야 할지 그 답을 알고 있다"[12]는 긍정적 평가도 있었다.

이때 한 언론사로부터 연락이 왔다. 경향신문 사회정책팀의 송윤경 기자는 청년의 미래 인식을 공동으로 조사해보자고 제안했다. 기자들이 직접 청년들의 의견을 들어보고 싶다는 것이었다. 특히 이번에는 광역시가 아닌 중소도시 중심으로 미래워크숍을 해보자고 제안했다. 서울은 포함시키기로 했다. 나는 한 번의 워크숍으로 끝내지 말고 1년 동안 장기적으로 청년들의 목소리를 들어보고, 실제 청년들이 지면에 자신들의 의견도 쓸수 있도록 하자고 제안했다.

나는 우선 기자들이 미래워크숍에서 일반 청년 참가자들과 함께 미래를 상상할 수 있도록 훈련시켰다. 기자들이 균형 잡힌 시각과 다양한 미래에 대한 이해를 갖추지 않고서는 청년들의 의견을 객관적으로 수렴하지 못할 거라는 판단에서였다.

이렇듯 미래워크숍의 실행 준비가 갖춰지자 우리는 2015년 10~12월 서울, 경기, 천안, 전주, 경주 등 대도시와 중소도시에 거주하는 20~34세 청년 103명을 만나 미래워크숍을 개최했다. 기자들도 이 워크숍에서 만난 청년들의 목소리를 듣고는 우리 사회의 미래가 예상외로 매우 불투명하고 어렵다는 생각을 하게 되었다. 청년들의 마음을 들어본 기자들은 한마디로 '부들부들'이라고 표현했다. 미래가 '막막하고' '두렵고' '답답하고' 그래서 '분노한다'는 표현의 집약으로 이 단어를 떠올린 것이다. 이 내용은 경향신문 2016년 1월 1일자 신년호에 담겼다.

이 기사에서 기자들은 "조사 결과는 기성세대의 상상을 넘어섰다"며 "절반에 가까운 청년들이 '붕괴와 새로운 시작'(46.4퍼센트)을 원했다"고 했다. 청년들은 "과도한 경쟁, 비교, 물질만능주의에서 벗어나고 싶어한다" "지나친 경쟁사회에서 삶의 의미를 생각하기보다 그저 살아가기를 요구받고 있다"고 전했다. "원하는 사회를 말할 때는 행복과 여유, 정신적인 만족, 다양성의 존중, 공동체, 소통 등을 꼽았다"는 의견도 보도했다.13

'계속성장'을 택한 청년들은 28.7퍼센트였는데, 이들도 '공정' '합법'의 가치를 중시했고, 무조건적 성장보다는 투명하고 공정한 성장을 원하는 것으로 나타났다. 기자들은 "청년들이 화나고 답답할 때 쓰는 '부들부들'은 수동적인 반응만을 담은 표현이 아니다"라며, "자신을 옥죄는 구조를 마주했을 때의 분노가

스며 있다"고 지적했다. 이 분노를 기성세대가 이해하지 못한다면, 또한 분노를 일으키는 사회적 구조를 바꾸지 않는다면 우리 사회는 세대 간에 심각한 갈등을 겪을 것임을 경고했다.

우리는 청년의 미래 선택을 조사한 뒤, 2015년에는 40~50대를 만났다. 서울과 5대 광역시에 거주하는 40~50대 124명을 만나 같은 방법론으로 이들의 선호 미래를 알아봤다. 회사원, 자영업자, 주부, 연구원, 사회복지사, 서비스업 종사자 등 직업군은 다양했고, 평균 나이는 49.6세, 성별로는 남성 67명, 여성 57명이었다. 나이와 거주 지역별로 선호 미래는 약간의 차이를 보였으나 전체적으로 보면 다수인 37.9퍼센트가 붕괴 미래를 상징하는 '느림의 나라'를 선택했다. 20~30대 청년과 선호 미래 선택이 같았다. 이들은 왜 이런 미래를 선택했는지 궁금하지 않을 수 없었다.

대구에서 만난 40대 중반의 신상철(가명)씨는 '붕괴'를 선호하는 미래상으로 꼽았다. 이유는 경쟁사회에 대한 피로감 때문이었다. 1990년대 초반 서울 소재 대학에 진학한 상철씨는 전자공학을 공부했다. 대구에서 나고 자랐지만, 대학은 서울에서 다니고 싶었다. 고교 시절, 성적이 상위권이었던 상철씨는 이른바 명문대는 아니지만 공과대학으로 유명한 대학에 합격했다.

고향을 떠나 서울로 처음 입성한 날, 그는 서울 사람들의 빠른 발걸음에 놀랐다고 했다. 빠른 발걸음만큼 빠른 생각의 속도를 따라잡는 것은 버겁게 느껴졌다. 대구에서는 보지 못했던 문화 트렌드나 유행어도 생소했다. 서울에서 태어나고 자란 친구들을 보면 자신은 시대에 뒤처져 있다고 여겨졌다. 처음 1년은 대학 근처 하숙집에서 생활하다가, 군 제대 후 복학해서는 생활비를 아끼려고 당시 월세 10만 원의 고시원으로 옮겼다. 책상 하나와 작은 옷장이 있는 방이었다. 10개의 방이 모여 있는 곳에는 신식 에어컨도 있었다. 밥은 고시원에서 해줬고 반찬만 몇 가지 사다놓으면 한 끼 해결은 충분했다.

타향에서의 삶은 이따금 외롭고 힘들었지만 고시원에서 만난 친구들 덕분에 견딜 수 있었다고 했다. 기술고시나 사법시험을 준비하는 친구, 창업에 필요한 자격증을 따려는 친구, 대학원에 진학하려는 친구, 취업 준비하는 친구 등 당시 고시원은 꿈 있는 청년들이 함께 지내는 공간이었다고 했다. 이들은 같이 모여 쉴 수 있는 공간에서 TV로 월드컵 축구 경기도 보고, 두 달에 한 번 고시원 사장의 배려로 옥상에서 삼겹살을 구워 먹기도 했다.

1997년 초, 대학을 졸업한 상철씨는 서울에 있는 전자회사의 마케팅팀으로 입사했다. 일하고 싶었던 회사는 아니지만 전자업계에서는 3~4위를 다투던 곳이었고, 무엇보다 본격적으로 사회생활을 시작한다는 생각에 흥분했다. 결혼을 하고, 집도 장만하고, 가끔 가족들과 해외여행도 갈 수 있을 거라는 꿈을 꾸었다.

이런 꿈은 그해 말 벌어진 외환위기로 조금씩 금이 가기 시작했다. 자신이 다니던 회사에 그렇게 많은 은행 빚이 있으리라고는 상상도 못 했다. 수천억 원의 은행 부채는 물론이고, 회사 회장이었던 A씨는 서울 평창동에 20억 원짜리 집을 담보로 900억 원이 넘는 돈을 대출했다는 게 언론 기사를 통해 알려졌다. 서민으로서는 상상도 못 할 이권과 특혜를 누렸다는 것을 짐작하고도 남았다.

외환위기가 발생한 지 1년, 상철씨 회사는 구조조정을 단행했다. 상철씨처럼 신입 직원도 구조조정 대상에서 예외는 아니었다. 2년을 더 버텼지만 그는 이 회사에 더 이상 비전이 없다고 판단해 중소기업 기술지원과 대리로 이직했다. 서울 구로구에 있는 회사인데, 전국적으로 제품을 판매해 출장이 잦았다. 그즈음 친구의 소개로 결혼도 하고 아이도 둘 낳았다. 구로동에서 전세 2500만 원의 옥탑방에 신혼집을 마련한 상철씨 부부는 열심히 일해 2년 만에 봉천동의 전세 5000만 원짜리 방 두 칸으로 옮겼다. 아이가 둘 생기자 상철씨는 부모에게 3000만 원을 빌렸고, 20평대 아파트 전세로 옮겼다. 고시원과 옥탑방, 빌라 등을 전전하다가 처음 아파트로 이사 가던 날 상철씨는 이제야 서울 시민이 된 것 같았다고 말했다.

두 아이의 부모가 되면서 상철씨의 부인도 직장을 찾을 수밖에 없었다. 처갓집이 지방에 있어 양육에 도움을 청하기도 어려웠다. 상철씨가 지방으로 출장 가면 아내는 두 아이를 돌보느라 정신이 없었다. 경기도 안양에서 직장생활을 하던 아내는 육아 때문에 월차도 자주 사용했다. 출퇴근 시간이 길어 퇴근하자마자 아이들을 어린이집에서 데려오고 저녁을 차려주면 저녁 9시가 넘었다. 둘이 버는 돈은 해마다 올라가는 전셋값 충당, 생활비, 자녀 양육비 등으로 남김없이 빠져나갔다. 저축은커녕 빚이 안 늘어나는 것을 다행으로 여겼다.

상철씨도 이때가 가장 힘들었다고 한다. 자신과 함께 대학을 졸업하고 비슷한 직장에 들어간 몇몇 친구는 부모의 도움으로 강남이나 목동에 집을 마련했고, 집값은 지속적으로 올라 이들의 자산은 집값만 10억 원이 넘었다. 2000년대 중반 자신은 여전히 1억2000만 원짜리 전세에 살고 있는데 말이다. 이런 친구들과는 자연스럽게 사이가 멀어졌다. 아이들 교육 환경은 물론 문화생활 수준에서도 차이가 벌어졌다. 타고 다니는 차도 급이 달랐다고 한다. 자신이 다니던 회사는 늘 경영 상태가 좋지 않다며 월급은 겨우 물가상승분만 반영해 올렸고, 진급도 가능한 한 늦췄다. 자신과 처지가 비슷했던 한 친구는 다니던 회사를 그만두고 미국으로 유학을 떠난다고 했다. 유학은 핑계였고, 실제 목적은 이민이었다. 그 친구는 한국에서 더 살다가는 죽지도 못하고 그렇다고 사는 것도 아닌 좀비가 될 것 같다며 한국을 떠나는 게 살길이라고 했다.

그 친구가 한국을 떠나던 날, 상철씨도 서울을 떠나기로 결심했다. 아내는 물론 양가 부모에게도 서울을 떠나 고향으로 내려가는 것이 좋겠다고 이야기했다. 주위에서는 한 번 서울을 떠나면 다시는 돌아올 수 없을 것이라고 했지만 더는 생존하기 어려울 것 같았다. 한창 아빠의 손길이 필요한 두 아이들과도 놀아준 적이 없으며, 주말에도 회사에 나가 일한 적이 많았다. 스트레스는 술로 달랬고, 술을 마시면 거칠어졌다. 한번은 저녁 늦게까지 술을 마시고 집에 들어왔는데, 아이들이 갖고 놀던 원숭이 인형 풍선이 거실에서 뒹굴고 있는 게 보였다. 그 원숭이 풍선을 보자 무슨 이유에선지 화가 나서 발로 밟아 터뜨렸다. 속이 시원했다. 이튿날 아이들이 그 풍선을 찾자, 아이들에게 터져서 버렸다고 거짓말한 상철씨는 자신이 점점 괴물이 되어가는 것을 느꼈다고 한다. 20여 년 지내온 서울의 삶을 깨끗하게 실패로 인정하고 고향으로 떠나고 싶었다.

그는 2010년 대구로 다시 내려왔고, 지금까지 중소기업에서 일한다. 서울에서 받던 월급보다는 적지만 삶의 질은 더 높아졌다고 했다. 어렸을 때 놀던 친구들도 있고, 출퇴근에 걸리는 시간도 훨씬 짧다. 서울만큼 빠른 걸음걸이도 없고, 주말이면 아이들과 근처 공원이나 산에 오른다. 그가 좋아하는 가수 김광석의 노래를 들을 수 있는 거리에도 자주 간다. 여름이면 부산에 가는데, 집에서 멀지 않아 좋다. 그러나 아이들이 커가면서 들어가는 돈은 만만치 않다. 만약 아이들이 자신처럼 서울에서 대학을 다닌다면 학비와 생활비도 꽤 들어갈 것 같다. 그렇다고 자신이 1990년대 고시원에서 생활했듯 아이들도 그런 곳에서 살게 하고 싶지는 않다. 햇볕도 들지 않는 반지하방에서 살게 하고 싶지도 않다. 앞으로 들어갈 돈 씀씀이는 더 커질 것 같다. 서울보다 여러 면에서 취업 기회가 많지 않은 지방에서 지속적으로 일자리를 지켜가는 것도 쉽지 않아 보인다. 자신의 아이들도 자신과 같은 길을 걸을 수밖에 없는 현실은 빠져나올 수 없는 미로 같다. 자신이 서울에 살면서 어려울 때 의지할 사람이 거의 없었듯 아이들도 그런 삶을 살 것임에 틀림없다. 그렇다고 대구라는 지역에 아이들을 가둬둘 수도 없다.

상철씨는 우리 사회가 붕괴되기를 바라는 것은 아니라고 분명히 선을 그었다. 그러나 붕괴되지 않으면 지금의 삶이 바뀌지 않을 것으로 확신했다. 끊임없는 경쟁, 마음의 불안, 남이 만들어놓은 미래로 끌려가는 듯한 삶, 공동체의 붕괴, 개선의 여지가 보이지 않는 정치권 등은 앞으로도 계속될 것 같다. 그렇다고 이런 사회 시스템을 바꿀 용기도, 힘도, 대안도 없다. 누구와 함께 이런 사회를 바꿔나갈 수 있는지도 모르겠다. 이런 얘기를 주위 사람들과 해봤자 푸념만 나올 뿐 행동으로 연결되지 않는다는 것도 상철씨는 잘 안다.

우리는 상철씨에게 어떤 변화가 와도 우리 사회가 지켰으면 하는 가치가 무엇이냐고 물어봤다. 이런 질문을 통해 '붕괴와 새로운 시작'이라는 미래상을 원하는 시민들이 바라는 미래 가치가 무엇인지 파악하려고 했다. 상철씨는 윤리, 인간의 존엄성,

책임성, 신뢰 등이 어떠한 시대적 변화에도 지켜졌으면 하는 공공 가치라고 대답했다. 윤리를 가장 우선시하는 가치로 답한 이유는 결과 중심의 사회 구조가 바뀌려면 높은 윤리의식이 요구된다는 점 때문이다. 도둑질을 하든, 사기를 치든 결과가 좋으면 된다는 식으로는 우리 사회가 지속 가능하지 않다고 했다. 상철씨는 서울에서 중소기업에 다니던 시절, 대기업의 노조를 막는 활동에 참여한 적이 있다. 그 대기업의 하청 기업이었던 상철씨 회사는 젊은 직원들을 차출해 대기업의 직원으로 위장시켜 노조의 시위를 막도록 했다. 대기업 노조가 파업하면 그 영향은 고스란히 하청 기업으로 전가되고, 하청 기업의 공장도 멈춘다. 이걸 막자면 대기업 노조를 막아야 한다는 것이 상철씨 회사의 논리였다. 생존을 위해서라면 무슨 일이든 해야 했다. 대학 시절 배웠던 정의와 공정성, 윤리 등은 생존 중심주의 사회 현장에서 쓸모가 없었다.

상철씨는 인간의 존엄성에 대해서도 목소리를 높였다. 과학기술이 발전해도 기계가 인간의 노동을 대체한다거나 안전성 여부도 확실하지 않은 생명과학기술이 이윤을 목적으로 인간을 실험 대상으로 활용하는 것은 금해야 한다고 말했다. 일과 삶의 균형, 여가와 삶의 질을 중시하는 노동 문화도 인간의 존엄성을 지키는 데 필요하다고 주장했다. 경제성장주의에 대한 비판도 빼놓지 않았다. 상철씨는 어느 신문에서 읽었다면서, 네팔에서는 국민행복지수라는 것을 도입해 물질적 성장이 아닌 정신적 만족을 국정의 운영 지표로 삼는다고 했다. 우리 사회도 국내총생산GDP 같은 경제성장을 측정하는 지표가 아닌 국민행복지수 같은 지표를 도입할 필요가 있다고 말했다.

승현씨나 상철씨로 대표되는 미래워크숍 참가자들 중 40퍼센트는 '붕괴와 새로운 시작'이라는 미래상을 선호했다. 이들은 계층화, 획일화된 사회를 떠나 인간의 존엄성과 다양한 가치가 인정되는 사회, 경제개발 중심의 성장보다 무너진 공동체의 복원과 환경 보전도 함께 중시하는 성장, 효율성과 전문성을 넘어 공정성과 투명성이 더욱 중시되는 사회, 경쟁중심주의보다 나눔이나 느림, 안전을 고려하는 사회를 추구해야 할 때가 임박했다고 주장했다(<표 3-3> 참조).

<표 3-3> 시민들의 '붕괴와 새로운 시작' 시나리오 선호 이유와 기대하는 내용

혁신이 필요한 현재의 문제	새롭게 시작할 선호 미래
계층화, 획일화	인간의 존엄성 추구, 다양한 가치 인정
경제성장의 압박, 경쟁 스트레스	행복지수 도입, 포용적 사회, 나눔과 느림의 미학
도시화, 개발중심주의	공동체 복원, 환경 친화적 공생
위험사회	낮은 범죄율, 사회 안전성
정치권 불신, 부패	시민이 참여하는 적극적·직접적 정치 구조

자료: 박성원·황윤하(2013); 박성원 외(2014); 박성원 외(2015)를 참조하여 작성

이런 참가자들의 문제의식은 다음의 몇 개 문단으로 요약할 수 있다. 우리 사회 시민들 중 상당수는 현대 문명의 이점을 누리면서도 성과중심주의 사회에서(도시화, 개발중심주의) 바쁘게 살아가지만(경쟁 스트레스) 경제적/시간적 부를 축적하지 못하고(계층화) 삶의 여유 없이 같은 삶이 반복된다(획일화). 과도한 삶의 피로는 시민들 간의 폭력과 범죄로 이어져(위험사회: 예컨대 층간소음 분쟁, 보복 운전 등) 사회 혼란을 가중시킨다. 이러한 사회 문제가 해결되기를 바라며 시민들은 국가 권력을 보유한 정치권의 행동을 기대하지만, 그 기대와는 다른 과정과 결과로 실망을 반복하고 있다(정치권 불신, 부패).

||||||||||||||||||||||||||||||||||||||||||||||||||||||||||||||||||||||||||||| **반복되는 문제들**

앞서 제기된 문제들은 고질적이며 고약하다. 문제를 문제로 인식하면서도 푸는 방법에서 뾰족한 수를 찾지 못해서다. 왜 그럴까. 치명적인 딜레마가 있는 것은 아닐까. 우리는 이 딜레마가 사회 진보라는 고정관념에서 비롯됐다고 본다.

우리는 지난 20세기를 사회의 근대화에 바쳤다. 물질적 풍요로 대변되는 경제성장은 우리 사회의 가장 우선적인 목표이자 추구해왔던 가치다. 이를 성취하는 것이 사회 진보였다. 그러나 지금 우리가 맞닥뜨리는 문제들, 시민들이 혁신을 요구하는 문제들은 사회 진보의 대가다. 달리 말해 사회가 더 발전할수록 치러야 할 희생과 대가도 커진다. 우리가 물질적 풍요를 더 원하면 원할수록 혁신을 요구하는 문제들은 딜레마에 빠진다.

예를 들어보자. 우리는 과거에 더 많은 일자리, 더 나은 교육, 더 질 높은 의료 혜택을 받기 위해 농촌을 버리고 도시로 이주했다. 도시가 커질수록 사회는 진보하는 것처럼 보였다. 실제 경제 규모는 계속 커졌고 일자리는 늘었으며 교육의 질이나 의료 수준도 높아졌다.

그러나 이젠 도시에서 더 많은 일자리, 더 나은 교육, 더 질 높은 의료 혜택을 기대하기 힘들다. 비정규직이 증가하고 있으며 청년들은 파트타임과 아르바이트를 전전하고 있다. 교육 현장은 치열한 전쟁터로 변했다. 도시 환경은 오염되고 도시 속에서 삶의 질은 낮아져 스트레스로 도시민들의 건강은 지속적으로 나빠지고 있다.[14] 우리는 도시 확대를 사회 진보로 등치시켰다. 그러나 도시가 발달할수록 그에 따른 '부정적 외부효과'도 커지고 있다.

외부효과externality는 한 개인이나 조직의 행동이 다른 개인이나 조직에게 의도치 않은 혜택을 주거나 손해를 입히면서도 이에 대한 대가를 받거나 지불하지 않는 상태를 말한다. 예컨대 부정적 외부효과는 환경오염, 음주운전 등 다른 개인이나 조직에 손해를 끼치는 것이다. 긍정적 외부효과는 연구개발이나 예방접종 등으로 혜택을 제공하는 것이다. 경제학에서는 외부효과의 원인을 시장 실패로 보고 정부의 직접 규제나 조세 정책 등으로 이를 완화시켜야 한다고 주장한다.[15]

그러나 우리가 지적하는 부정적 외부효과는 어떤 행동에 이미 부정적 효과가 내재돼 있어 그 행동을 하면 할수록 부정적 효과는 더 커진다는 것이다. 이 행동에 이미 사회적으로 가치가 부여되어 있어 멈출 수가 없다. 그래서 이 행동의 부정적 대가도 함께 커진다. 게다가 이 부정적 대가는 행동의 결과로 기대되는 사회적 혜택을 넘어서고 있다. 행동의 결과로서 부정적 외부효과를 완화시켜야 하는 과제가 아니라, 우리 행동 자체에 문제가 있음을 시인하는 과제여서 근본적인 성찰을 통해 새로운 행동이 요구된다.

사회가 발전하고 복잡할수록 우리 사회의 안전을 위협하는 사건들은 더욱 예측하기 힘들고 피해 규모도 상상을 초월한다. 하루에도 크고 작은 사건이 수도 없이 벌어진다. 임현진과 이재열(2005)은 1990년대 한국 사회가 겪은 대형 사고는 단기적 이득을 극대화하는 경향, 사회적 조정과 협력의 실패, 뇌물을 통한 타협 등 부패 및 관료적 권력의 사유화와 밀접한 관계가 있었다고 분석했다. 1990년대까지 우리 사회는 안전보다 속도, 내실보다 외형 위주, 미래에 부과될 비용보다 현재의 비용을 절감하는 행태를 보였던 것이다.

그러나 2000년대 들어 나타난 대형 사고들은 갑자기 발생한 것이 아니라 오랜 기간에 걸쳐 위기가 배양돼 터져나온 것이 대부분이다. 또 시스템 결함으로 벌어진 단순/증폭형 사고가 복합되어 돌발형 사고로 급전환되고 있다. 시스템을 설계할 때 의도했던 것과 다른 방식으로 전개되는, 예상치 못한 부분을 계산에 넣지 못하거나 유연한 사고가 부족해서 발생하는 특징을 갖고 있다.

여기에 사회 공동체가 무너지면서 발생하는 재난도 포함된다. 2005년 기자 시절, 나는 방화放火를 광적으로 일삼는 사람들의 이야기를 보도한 적이 있다.[16] 예컨대 강원도 출신의 A씨는 신학대학을 졸업한 목사였다. 경기도의 한 소도시 골목에서 그를 체포한 수사관은 "그가 촌스럽고 어수룩해 보였다"고 인상을 기술했다. 그러나 A씨는 오전 11시쯤 집을 나가 오후 3시까지 주택과 자동차, 교회에 100여 차례나 불을 지른 이른바 방화광이었다. A씨의 아내는 그가 선교하러 나간 줄만 알았지 불을 지르고 다닐 줄은 꿈에도 상상 못 했다고 전했다. 그가 불을 지른 원인은 이랬다.

수도권에서 개척교회를 짓고 선교활동을 하던 그는 심각한 우울증에 빠져 있었다. 순박하지만 말주변이 없는 탓에 그는 교인을 모으지 못했다. 불을 지르기 전까지 교인이라고는 그의 식구를 빼고 딱 한 명이었다. 하나님의 응답이 올 때까지 겪는 시련의 시기로 여겼지만 시간이 가도 신도는 늘어날 기미가 보이지 않았다. 그러면서 은연중에 정체 모를 적개심이 그의 마음을 꼬드기기 시작했다. 어느 날 골목을 걷다가 쓰레기더미에 눈길이 멈췄다. 그는 미리 준비라도 한 것처럼 자연스러운 동작으로 라이터를 꺼내 불을 붙였다. 타오르는 불길을 보며 쌓이고 쌓인 스트레스가 활활 타는 듯 묘한 해방감을 맛봤다. 이렇게 시작한 불장난은 자동차로, 다른 교회로, 주인이 없는 주택으로 타깃을 옮기면서 이어졌다.[17]

국립과학수사연구원 범죄심리과장으로 활약했던 강덕지가 전하는 서울 청년의 방화 사례는 더 기가 막히다.[18] 2005년 서대문에서 검거된 방화범 K씨는 무직의 35세 청년이었다. 어릴 때 부모가 죽고 외가에서 자란 K씨는 10대에 가출해 여기저기 떠돌며 살았다. 이렇다 할 직업이 없어 주위에 친구가 없었고 혼자서 모든 것을 해결했다.

그러던 어느 날 술을 마시고 남의 집에 불을 질렀다. 처음에는 장난삼아 불을 놓았는데, 생각보다 불길이 커져 덜컥 겁이 났다. 순간, 불을 꺼야겠다는 생각에 집주인을 불렀고 다행히 불길을 잡을 수 있었다. 그런데 전후 사정을 모르는 주인은 그에게 몇 번이나 "고맙다"고 인사했다. 여태껏 그는 누구에게도 "고맙다"는 말을 들어본 적이 없어 갑자기 기분이 좋아졌다. 그때부터 그는 습관적으로 여기저기 불을 놓은 뒤 주인을 불렀다. 그러곤 예외 없이 고맙다는 인사말을 듣고 만족스러워했다.[19]

당시 강덕지는 "방화는 어른의 자폐증에서 비롯된 것"이라며 "걱정스러운 것은 요즘 아이들이 인터넷 자폐증에 빠져 있는 경우가 많은데, 타인과 대화하고 함께 문제를 풀어가는 능력이 떨어지면 분열적 장애 증세를 갖게 되므로 커서 방화범이 될 가능성이 높다"고 진단했다. 빈부격차가 심해지고 계층 간 사회적 갈등이 심화될수록 방화 같은 범죄는 증가한다는 것이다.

대검찰청 통계 자료에 따르면 1974년 304건이던 방화는 꾸준히 증가해 2011년 1972건을 기록했다. 하루에 5건 이상의 방화가 이뤄졌다는 얘기다. 다행히 이후에는 하락세를 이뤄 2016년 1477건에 이르고 있다. 짐작하기로는 골목마다 CCTV가 설치되어 방화가 줄어들고 있는 듯하다.

그러나 지금도 하루에 4건 이상의 방화가 일어난다. 구조적인 문제가 풀린 것도 아니어서 이들의 불만이 어디서 어떻게 터질지 예측하기 힘들다. 방화는 강도, 강간 등과 함께 흉악범죄로 분류된다. 다수의 사상자를 낼 수 있으며 그 결과도 끔찍하기 때문이다. 눈에 띄는 점은 40대와 50대가 주로 방화를 일삼으며, 취해서 불을 지르는 경우도 많지만, 정상적인 상태에서도 불을 지른다는 점이다. 경제적, 사회적으로 소외된 계층이 확산되면 불특정 다수를 향한 '묻지마 방화'는 증가한다. 전문가들은 방화를 선진국형 범죄로 보고 있다.

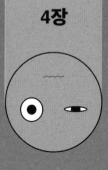

4장

만유漫遊 사회의 등장

상상만 했던 미래학 공부가 시작되었다. 2007년 가을, 20여 명의 대학원 학생들과 데이터 교수의 '대안적 미래 예측'이라는 수업을 들었다. 나는 누가 이런 수업을 듣는지 궁금했다. 첫 수업 시간에 각자 자기소개를 할 때 귀를 쫑긋 세웠다. 히말라야 산맥에서 왔다는 스님, 외계 생물체를 연구하고 싶다는 생물학자, 외국에서 선교활동을 한다는 개신교 목사, 인도의 요가와 철학에 심취한 어느 미국인 청년, 군 장교 출신, 미래를 통계학으로 예측해보겠다는 붉은 여드름 자국의 앳된 대학원생, 동서문화센터East West Center의 지원을 받아 하와이 대학으로 유학 온 중국 소수민족 출신, 아프리카에서 온 정치학자, 환경운동가 등 학생들의 문화적, 사회적 배경은 너무 달랐다. 30대 중반이었던 나는 늦깎이 대학원생이려니 했는데, 나이로 친다면 오히려 어린 편이었다. 그만큼 미래학 수업은 연령별로도 다양했다.

첫 시간, 데이터 교수는 미래학의 3법칙에 관해 강의했다. 첫째, 미래는 예언할 수 없다. 영화에 나오는 예언가처럼 미래를 미리 알 수 없다는 얘기였다. 둘째, 다양한 미래는 예측할 수 있다. 미래는 아직 실현되지 않은 시공간이어서 다양한 가능성이 존재하며, 그 다양한 가능성을 예측할 수는 있다. 그러자면 사회 변화 이론에 능통해야 한다. 미래학 이론은 사회 변동의 원인과 결과를 설명한다. 셋째, 선호하는 미래는 실현할 수 있다. 사실 첫 번째와 두 번째 법칙까지는 납득할 수 있었다. 그런데 세 번째 법칙은 이해하기 어려웠다.

두 가지 이유에서 그랬다. 세 번째 법칙에서 말하는 선호 미래는 선호 미래'사회'를 말한다. 내 개인의 미래가 아닌 공공의 미래, 미래사회의 모습이다. 우선 나는 선호하는 미래사회를 상상해본 적이 없었다는 점을 깨달았다. 이전까지 나에게 미래는 눈앞에 분명하게 다가오는 것이며 그 특징과 양상을 발빠르게 이해해 성공과 발전의 기회를 선점하는 것이었다. 예를 들면 미래 예측을 통해 어떤 주식이 오를까, 어떤 동네의 집값이 오를까를 미리 알아내 투자해서 대박을 터뜨리는 식이다. 그런데 내가 바라는 미래사회상象? 이런 것은 생각해본 적이 없었다. 선호 미래는 어떤 특정한 가치를 추구하는 미래사회라는데, '가치'라는 말 역시 낯설었다. 경제적 성장, 정치적 민주화 외에 어떤 가치가 있는지도 생각해본 적이 없음을 자각했다.

선호 미래를 언급할 때마다 등장하는 비전vision이라는 단어도 생소하기는 마찬가지였다. 미래를 예측하는 데 왜 비전이 필요한지도 한동안 헷갈렸다. 미래학은 미래를 예측하는 것 못지않게 미래를 만들어가는 방법을 연구한다는 것도 몰랐다. 예측이라는 영어단어에 포캐스팅forecasting뿐 아니라 백캐스팅backcasting이라는 '희한한' 단어가 있다는 것도 그때 처음 배웠다. 백캐스팅은 특정 가치와 규범을 미래로부터 실현하는 또 다른 예측 방법이었다. 그러자면 가치가 필요하고, 비전이 필요했다. 가치와 비전은 한 사회가 추구하는 목적지이고, 이런 목적지가 분명하게 있어야 다양한 변화의 바람이 목적지로부터 멀어지게 하는 역풍인지 또는 목적지에 더 다가갈 수 있는 순풍인지 비로소 해석할 수 있다.

세 번째 미래 법칙이 이해되지 않았던 또 다른 이유는 설령 내가 선호하는 미래사회상이 있다고 해도 그 사회를 누구와 함께 실현할 수 있을지 전혀 떠오르지 않았기 때문이다. 사회는 혼자 바꿔나갈 수 없다. 연대할 사람이 필요하다. 내가 선호 미래상을 상상한 적이 없으니, 누구와 그 미래의 실현 방법에 대해 상의한 적도 없었다. 내 삶이 도대체 어디를 향해 있었는지 몰랐다는 생각이 드는 순간, 그만 길을 잃어버렸다.

인생에는 전환점이라는 게 있다. 가던 길에서 벗어나 다른 길을 모색할 때 우리는 전환점에 서 있다고 말한다. 그 전환점에서 우리는 전공이나 직업을 바꿀 수도 있고, 새로운 사업을 시작할 수도 있다. 결혼할 수도 있고, 이혼할 수도 있다. 어떤 종교나 예술적 경험에 빠질 수도 있으리라. 지내보면 그 전환점을 어떻게 맞이하고 활용했는지에 따라 지금의 삶이 만족스럽거나 후회스러울 수도 있다.

인생의 전환기에는 방랑의 시간이 필요하다. 멀리 유학을 떠나 고향으로 돌아오기까지 나는 마음껏 방랑했다. 또 다른 삶의 길을 찾기 위해 내 인생의 다양한 가능성에 대해 사고실험 thought experiment을 해봤다. 내가 새로운 분야에서 잘할 수 있는지 되풀이해 물었다. 그 과정에서 지혜로운 선생을 만났고, 유능하며 흥미로운 친구들도 사귀었다. 이들 덕분에 미래 연구자라는 새로운 직업을 갖게 되었다. 만약 내게 방랑의 시간을 허락하지 않았다면 아마 내 과거의 틀에 갇혀 좁디좁은 세상에서 살았을지 모른다.

고대 그리스에는 페리파토스라 불리는 학파가 있었다. 우리 말로는 소요逍遙학파다. 소요는 거닐다, 산책하다라는 뜻이다. 목적지 없이 걷는 것이어서 방랑이기도 하다. 플라톤의 제자 아리스토텔레스는 지붕 덮인 산책로(페리파토스peripatos)를 거닐며 학생들을 가르쳐 그의 제자들은 소요학파로 불렸다.[1]

산책을 즐긴 아리스토텔레스는 플라톤의 제자였지만 스승의 이론인 이데아론을 비판했다. 플라톤의 눈이 이 세상에 존재하지 않는 이데아의 세계를 향하고 있었다면 제자인 아리스토텔레스는 비록 이데아의 그림자에 불과할지라도 현실 세계, 경험의 세계가 중요하다고 생각했다. 이탈리아 화가 라파엘이 그린 「아테네 학당」을 보면 플라톤은 한 손에 그의 저서인 『티마이오스』를 들고 다른 한 손으로는 하늘을 가리키고 있다. 반면 아리스토텔레스는 한 손에 『니코마코스 윤리학』을 들고 다른 한 손은 땅을 가리키고 있다.[2] 두 사람의 생각이 매우 달랐음을 상징적으로 보여주는 그림이다.

아리스토텔레스는 스승과 달리 매우 구체적이고 개별적인 학문을 탐구하는 데 주력했다. 이론학, 실천학, 제작학 등으로 학문을 세분화해 제자들을 가르쳤다. 이론학은 지금으로 말하면 수학이고 형이상학이다. 형이상학은 아리스토텔레스에게서 비롯됐다. 실천학은 윤리학, 정치학 등을 말하며, 제작학에는 시학, 수사학이 포함된다.[3] 그러니 아리스토텔레스는 학문의 원조라 불릴 만하다.

그의 삶에서 주목되는 것은 그가 평생을 '거닐었다'는 점이다. 소요를 통해 스승이 걸었던 길에 문제가 있음을 깨달았다. 다른 길이 가능한 것도 알았다.

몇 년 전 동유럽의 어느 호텔에 묵었다. 체크인하고 자주색 카드키를 받았는데, 거기에 쓰인 "Wandering is encouraged"라는 문구가 눈에 들어왔다. "방랑 좀 하세요"라고 해석할 수 있는데, 정처定處 없는 여행을 권하는 듯했다. 요즘 여행은 대부분 뚜렷한 목적지가 있어 새벽부터 밤까지 빡빡한 일정을 소화하느라 정신이 없다. 목적지 없이 거니는, 방랑의 시간은 주어지지 않는다.

여행의 진면목은 미로 같은 곳을 헤매다가 우연적 만남, 느닷없는 놀라움을 경험하는 데 있지 않을까. 요즘은 방랑의 시간을 허용하지 않으니 새로운 나를 발견할 틈도 없고, 낯선 세계에서 낯익은 것과 결별하는 경험도 하지 못한다.

방랑의 즐거움에 대해 동양에서 장자莊子만큼 재치 있고 우아하게 설명한 현인도 없다. 『장자』 내편에 등장하는 혼돈에 관한 이야기를 들어보자.[4]

옛날에 세 나라가 있었는데, 남해를 다스리는 왕은 숙儵(brief, 빠르다), 북해를 다스리는 왕은 홀忽(sudden, 문득 갑자기)로 불렸다. 남해와 북해의 중간 지역을 다스리는 왕의 이름은 혼돈混沌(chaos)이었다. 숙과 홀은 종종 혼돈이 다스리는 나라에서 융숭한 대접을 받았고, 혼돈은 두 왕을 즐겁게 해주었다. 늘 신세만 지고 있다고 생각한 숙과 홀은 혼돈을 즐겁게 해줄 방안을 찾았다. 그 결과 이들은 자신에게만 있고 혼돈에게는 없는 것을 발견했다. 그것은 모든 사람에게 있는 7개의 구멍이었다. 이 구멍을 통해 사람들은 보고 듣고 먹고 숨 쉬었다. 숙과 홀은 혼돈의 은혜에 보답하고자 날마다 혼돈을 만나 하루에 한 개씩 구멍을 뚫어주었다. 그러나 일곱째 날 혼돈은 죽고 말았다.

남해와 북해의 왕 이름을 보면 요즘 급변하는 세상을 보는 듯하다. 우리가 매일 목격하는 변화는 빠르고 갑작스럽다. 이런 곳에서 적응하자면 적잖이 피곤하다. 이렇게 피곤할 때면 두 왕은 카오스(혼돈)의 왕국에서 잠시 쉬었다. 혼돈의 세계는 변화가 제멋대로인, 그래서 미래를 예측하기 힘든 곳이다. 누구를 만나 무슨 얘기를 나눌지 예상하기 힘들다. 어디서 하룻밤을 묵을 것인지도 확실치 않다. 세상은 이런 곳을 혼란스럽다고 평가절하하지만, 장자는 역설적으로 쉼과 즐거움이 있는 곳이라고 주장한다. 있고有 없음無, 유용有用과 무용無用, 이것this과 저것that을 구별하지 않는 세상이면서, 양극단에서 조화를 추구한 장자의 전일주의적holistic 철학이 잘 드러난다.

장자는 예측 불허의 변화와 함께 춤추고 놀아볼 것을 제안한다. 변화가 이해되지 않는다고 섣불리 재단하면(혼돈 고사에서는 두 왕이 혼돈에게 7개의 구멍을 뚫어준다) 즐거움은 사라진다. 그 즐거움은 높은 곳에서 세상을 넓게 볼 때 얻어지는 인식의 확장으로부터 온다. 자신의 생각이 우물 안의 개구리였음을 깨닫고 나면 더 넓은 세상을 보게 되고 이를 통해 꽉 막힌 현실에서 숨통이 터진다.

『장자』1편의 제목은 흥미롭게도 소요유逍遙遊다. 영어로 번역된 문헌을 찾아보면 소요유를 "wandering at ease"로 표현하고 있는데, 거닐면서 논다는 뜻이다.[5] 영어로 wandering은 방랑이다. 방랑은 앞서 설명했듯 아무 목적 없이 거니는 것이다. 목적이 있으면 원하는 것만 눈에 띈다. 그렇게 되면 다양한 미래 가능성을 놓치거나, 간과하거나, 무시할 수 있다. 아무렇게나, 마구 변화와 놀아볼 때 변화의 본질과 방향을 더 넓고 깊게 이해할 수 있다. 장자는 변화를 이해하는 시각의 깊이에 대해 1편에서 여러 고사를 통해 설명하고 있다.

『장자』1편 도입부에 크기를 헤아릴 수 없이 큰 물고기 '곤'이 나오고, 이 물고기가 새로 변한 '붕'이 나온다. 곤이든 붕이든 크기는 몇천 리가 되는지 가늠할 수 없다. 곤이 한 번 헤엄을 치면 삼천 리에 파도가 일고, 붕이 힘차게 날아오르면 그 날개가 하늘을 가득 메우는 구름처럼 보인다. 곤이 붕이 되고 붕이 다시 곤이 되는, 즉 서로가 서로의 존재 이유가 되며 존재의 바탕이 된다.

곤과 붕을 변화라고 부른다면 이 변화의 크기와 영향력, 방향성에 대해 어떻게 이해할 수 있을까. 장자는 곤과 붕을 이해하려면 곤이 헤엄칠 수 있는 넓은 바다와 붕이 날아오를 수 있는 두터운 바람이 필요하다고 말한다. 이 정도의 광대한 도량이 있어야 변화를 이해할 수 있다.

『장자』는 1편에서 도량의 차이에 따라 세상을 이해하는 폭이 달라짐을 이렇게 설명한다. '인근 교외로 나가는 사람은 세 끼 음식만 걱정하면 되지만 백 리 길, 천 리 길을 가려는 사람은 며칠 밤을 새면서 식량을 찧어 몇 달 동안 생존할 식량을 모아야 한다.' 시계視界가 장기적일수록 현재에 준비해야 하는 정도가 달라지며 세상을 이해하고 다스리는 방법도 달라짐을 재치 있게 설명한 것이다. 『장자』에 등장하는 유명한 고사 '여름벌레' 매미도 이런 시각을 대변한다. 매미는 여름 한 철만 살다 죽기 때문에 계절의 변화를 알 수 없고, 하루살이 버섯은 한 달을 알지 못한다는 것이다. 변화의 본질과 방향을 이해하려면 장기적인 시각으로 봐야 한다.

미국에서 미래학을 공부할 때 자주 참고했던 책이 『장자』다. 미래학이 변화에 대한 깊이 있는 이해를 추구한다면 『장자』는 동양적 시각의 변화 해설서로 볼 수 있다. 미래는 단수the future가 아닌 복수futures, 다양한 가능성으로 이루어진 시간과 공간이라는 점을 이해할수록 『장자』가 달리 보였다. 미래학을 공부했던 하와이 대학이 동아시아 철학을 가르치는 곳으로 유명했고, 저명한 학자가 많아 장자를 공부하기 더없이 좋았다. 그곳에서 만난 로저 에임스Roger Ames 교수는 서구의 미래학을 동아시아의 철학적 관점, 특히 장자의 관점에서 재해석해볼 것을 권했다.6

『장자』의 언어는 시시각각 변화하는 세상에 맞춰 바뀐다. 『장자』 잡편에 등장하는 우언寓言, 중언重言, 치언巵言은 그의 변화 중심적 사고를 잘 보여준다. 장자는 자신의 언어가 우언, 중언, 치언으로 구성돼 있다고 말한다. 장자가 사용하는 표현이 열에 아홉은 우언인데, 이솝우화처럼 사물이나 동물의 특성에 빗댄 말이다. 독자들은 우언을 들으면서 자기 삶에 적용해보거나 상상의 나래를 펼칠 수 있다. 중언은 성인이나 위인들의 명언 같은 것이다. 장자는 열에 일곱은 중언을 사용한다고 하는데, 성인의 말을 인용하는 것이어서 논쟁을 종결시킬 때 유용하다.

마지막으로 치언은 장자 철학의 핵심을 나타낸다. 장자는 일상에서 수시로 치언을 구사했다고 고백한다. 한자로 치巵는 술잔이라는 뜻도 있고, 앞뒤가 맞지 않는다는 뜻으로도 쓰인다. 술잔으로서의 '치'는 와인잔처럼 생겼다. 흥미로운 것은 이 잔에 술을 가득 담으면 저절로 기울어져 술을 쏟아내고 다시 빈잔이 된다는 점이다.

위스콘신대 철학과 명예교수인 우광밍Wu Kuang-ming은 장자가 치언을 구사하는 이유로 끊임없이 변화하는 상황을 온전히 담아내기 위해서라고 설명한다.[7] 끝까지 차면 다시 비우고, 다시 채워지면 비우는 노력을 반복하면서 기존 시각에 머물러 있지 않고 새롭게 상황을 해석, 재해석하는 것이다. 로완 대학 철학 및 종교학과의 왕요루Wang Youru 교수는 장자가 치언을 통해 어떤 가능성도 배제하지 않고 열어두며, 더 나아가 그 다양한 가

능성이 있는 삶을 즐긴다고 평가한다.[8]

　이런 치언의 전략을 정치에 활용한다면 『중용中庸』이 약간의 힌트를 줄 수 있다. 『중용』에는 성인의 임무로 '집기양단執其兩端'을 들고 있다. 국민에게 삶의 모범이 되어야 하는 성인은 모든 가능성을 끝까지 헤아리고 제시해야 국민이 양극단의 중간에서 적절한 삶의 가능성을 찾을 수 있다는 것이다. 여러 가능성을 보여 선택의 폭을 넓혀주면 국민이 자유롭고 효과적으로 스스로의 삶을 선택할 수 있다는 논리다. 치언은 삶의 다양한 가능성을 담아내는 전략인 셈이다.

　방랑은 한 사회의 지배적인 생각, 기존에 통했던 전략, 좋다고 평가받았던 재주를 '재평가'하는 방법이다. 상황이 다르면 다른 방법을 사용해야 한다. 우리는 익숙한 방법에 의지하는 경향이 있다. 그게 쉽고 편하기 때문이다. 이미 유용하다고 인정받은 방법이라면 버리기가 더 아깝다. 장자의 치언처럼 차면 버리는 태도는 끊임없이 배우고 반성하는 일이어서 쉽지 않다. 그러나 버리지 못하면, 다시 말해 다른 상황임을 인식하지 못하고 옛것을 고집한다면, 새로운 가능성을 발견하기 어렵다.

|||||||||||||||||||||||||||||||||||||||||||||||||||||||||| **저항하듯 어슬렁거리는 사람**

19세기에 만보객(또는 산보객flâneur)으로 불리는 사람들이 있었

다. 19세기는 과학주의가 발흥한 시대로 과학기술의 발전 덕에 고층빌딩이 세워지고 수많은 상품이 쏟아져 나왔으며 거대한 도시가 생겨나기 시작했다. 사람들은 빠른 사회의 변화에 놀랐고 이런 변화를 구경하는 사람들로 길거리는 붐볐다. 이 중에서 만보객으로 불리는 사람들은 느린 걸음으로 도시의 변화를 관찰하거나 어슬렁거리며 사람과 상품을 구경했다.

만보객이 사회과학적 연구 대상으로 본격 등장한 것은 유대계 독일인이었던 사상가 발터 벤야민(1892~1940)부터였다. 그가 일생에 걸쳐 공들인 『아케이드 프로젝트』에는 산보객이라는 개념이 등장한다. 벤야민의 산보객은 "부정형적이고 마치 너울처럼 이리저리 부유하는 대중 속에서 하나의 이름 없는 존재"(심혜련, 2003:242, in 이다혜, 2007:1에서 재인용)⁹로 묘사되었다.

벤야민은 20세기 초반 새롭게 부각되고 있는 도시 공간을 지각하는 존재로 산보객을 내세웠다. 산보객은 여러 시대의 시간 층이 미로처럼 얽혀 있는 도시 공간을 어슬렁거리는 사람이다. 파리의 카페를 하릴없이 쏘다니는 게으름뱅이로 보일 수도 있고, 백화점이나 박람회 등 시대의 빠른 변화에 저항하는 듯 느릿느릿 걷는 사람이기도 하다.

벤야민의 삶 자체가 방랑의 연속이었다고 해도 과언이 아니다. 벤야민은 1915년 박사학위를 받은 뒤 집필활동을 하다가 1925년 교수자격취득 시험에 떨어졌다. 그는 낙심하는 대신 파리, 카프리, 나폴리, 로마, 피렌체, 북해, 모스크바 등을 여행하면서 자신의 철학을 가다듬었다. 이 같은 방랑의 기간에 그는 여러 책을 번역하고 지적 연구를 자유롭게 이어갔다. 벤야민의 산보객을 연구한 한 연구자는 이렇게 말한다. "산보객은 기꺼이 길을 잃어버린다. 길 잃은 산보객의 시선은 마치 아이의 시선과 같다. 아이는 모든 걸 새롭게 본다. 아이는 성인보다 훨씬 빠르게 환상적인 모험세계에 들어갈 수 있으며 사물을 만지고 공간을 탐색하는 데 있어 성인보다 더욱 능동적이다. 벤야민은 산보객이 길을 잃고 낯선 장소에 들어섰을 때 그와 같은 아이의 능력을 지니게 된다고 말한다. 미지의 공간 앞에서 산보객은 어른이 아닌 아이처럼 사물들에게서 새로운 형상을 발견해 재인식할 수 있기 때문이다(이다혜 2007: 68-69)."

기계적인 사회에서 새로움을 발견하고 여러 가능성을 상상했던 산보객은 아쉽게도 20세기 이후 사라졌다. 도시에 도로가 만들어지고 증설되면서 자동차가 시민들의 일상으로 정착되었다. 이런 환경에서 길거리를 유유자적하게 걷는 산보객은 자취를 감출 수밖에 없었다. 산보객 대신 교통 상황에 맞춰 목적지를 향해 분주히 움직이는 보행자가 탄생했다. 이다혜는 자동차 중심의 도시는 보행자들을 모두 소외된 통행인으로 만들어버렸다고 지적한다. 도시가 규격화될수록 자유롭게 거닐 장소는 줄어들고, 걸으면서 발휘할 수 있는 자유로운 오감의 능력은 퇴화된다. 자본주의적 경쟁 중심의 사회에서는 원자화된 개인, 이동하는 보행자가 있을 뿐이다.

그렇다면 기존 생각을 비우는, 방랑의 시간을 어떻게 확보할 수 있을까.

방랑사회가 올 것인가

2014년 9월 세계경제포럼World Economic Forum의 글로벌 미래 전략위원회Global Strategic Foresight Community에서 활동하는 트루디 랑Trudi Lang으로부터 이메일을 한 통 받았다. 세계경제포럼은 해마다 스위스 다보스에서 경제포럼을 개최한다. 트루디는 하와이 대학과 옥스퍼드 대학 사이드경영대학원에서 미래 시나리오 방법론 연구로 박사학위를 받은 뒤 세계경제포럼에 들어가 미래 전략팀을 이끌었고, 2014년 글로벌미래 전략위원회를 만들었다.

그는 2014년 12월 크리스마스를 며칠 앞두고 뉴욕에서 이틀간 미래 세미나를 개최할 예정이며 세계 각국에서 30명의 미래 연구 전문가가 초청될 예정이라고 했다. 내게도 초청장을 보낼 텐데 전제 조건이 있었다. 예상하는 이머징 이슈에 대해 2페이지 분량을 써 보내면 이것을 살펴보고 최종 초청장을 보내겠다는 것이었다. 호기심이 일었다.

이머징 이슈emerging issue는 미래 연구의 주요 대상으로, 직역하면 "막 떠오르는 문제나 쟁점"이지만, 미래학에선 장기적 관점에서 미래를 예측해볼 수 있는 "현재의 작은 씨앗 아이디어"로 간주한다. 이 작은 씨앗은 눈치 채지 못할 정도로 미약한 신호를 발신하고 있지만 장차 커다란 사회적 이슈가 될 수 있다. 달리 말하면 미래의 주요 트렌드로 성장할 징후들이다.

트루디는 다음의 질문에 답하면서 이머징 이슈를 제기해달라고 요청했다. 이머징 이슈를 발굴하는 데 적절한 질문들이었는데, 특히 5번과 6번이 마음에 들었다. 5번은 미래 연구의 목적을 분명히 밝히고 있고, 6번은 현재 우리 선택이 누구에게 이로워야 하는지 강조하고 있다. 개별적인 이슈면서도 보편성을 띤, 현세대뿐 아니라 미래 세대에게도 영향을 미치는 이머징 이슈는 세대 간 형평성을 지켜야 함을 분명히 하고 있다.

<세계경제포럼이 제시한 이머징 이슈의 기준>

1. 당신이 발굴한 이머징 이슈는 장기적으로 사회 구조를 흔들 수 있는가?

2. 그 이슈는 아직 사회적 의제로 부각되지 않은 것인가?

   (부각되지 않은 이유는 전례를 찾아보기 힘들 정도로 새롭고 지금 막 발아하고 있으며, 때론 이런 이슈들을 들을 때 불편하고 매우 도전적이기 때문임)

3. 그 이슈는 지정학geo-politics, 경제, 사회, 기술 등 여러 분야에 걸쳐 있는가?

4. 그 이슈가 일어날 가능성이 현재로선 높아 보이지 않더라도 미

래에 일어날 수 있음을 암시하는 약간의 증거는 있는가?

5. 그 이머징 이슈를 사회적 의제로 부각시켰을 때 미래에 대한 건설적인 행동을 불러일으킬 수 있는가?

6. 그 이슈를 사회적 의제로 제기하면 현세대와 미래 세대가 함께 혜택을 보는가?

먼저 그들에게 이머징 이슈를 써서 보내자 그들은 여러 질문을 달아서 다시 보내왔다. 이때 이슈의 개요, 배경, 사회 파급력 등에 관한 증거들을 더 찾고 내용을 보완해야 했다. 이런 과정을 거쳐 내 이머징 이슈의 제목은 '탈성장 미래의 도래The Rising Appeal of a De-Growth Future'가 되었다.

사실 내가 애초 제시했던 이머징 이슈의 제목은 '방랑사회의 도래The Rise of Wandering Society'였다. 『장자』 1편에 등장하는 소요유(방랑의 즐거움)에서 아이디어를 얻어 경제성장이라는 단일 목표를 향해 뛰었던 삶의 방식을 멈추고 또 다른 목적을 찾기 위해 역설적으로 목적 없이 거니는 '방랑'이 필요함을 언급했다.

경제성장주의에 대한 사회적 피로감에 대해서는 2014년 국민 2022명을 대상으로 국민대통합위원회가 조사한 결과가 잘 대변해주고 있다. 한국리서치에서 조사한 바에 따르면 온라인 조사에서 응답자 중 52.4퍼센트가 탈성장 사회나 대안사회를 30년 뒤의 미래사회로 희망했다. 이는 35.4퍼센트의 응답자가 지속적인 경제성장사회를 원한 것과는 대조된다. 나머지 12.2퍼센트는 과학기술 중심 사회를 선호 미래라고 응답했다.

탈성장 사회란 '끊임없는 소비 확대로 경제성장만을 지향하는 사회를 넘어 환경보존, 정신적 성장 등 다양한 가치를 추구하는 사회(라투슈, 2014; 러미스, 2002)'로 정의할 수 있다.

그렇다면 응답자들 중 누가 탈성장 사회를 원했을까. 연령별로 보면 20대와 30대, 40대와 50대가 모두 탈성장 사회를 선호했다. 60세 이상의 응답자 중에는 39.8퍼센트가 이 미래를 원했다. 지역적으로 보면 서울·인천·경기가 51.4퍼센트, 대전·강원·충남북에서 53.3퍼센트, 광주·전남북에서 57.8퍼센트, 부산·대구·울산·경남북에서 51.6퍼센트가 탈성장 미래를 희망한다고 밝혔다. 전국에서 고르게 이 미래를 원하는 것으로 나타났다.[10]

국민의 의견은 때로 사회적 통념을 앞서간다. 사회적 통념은 과거의 마음이어서 새롭게 전개되는 흐름을 반영하지 못한다. 탈성장을 지향한다는 국민의 선택은 단지 경제성장주의에 대한 피로감만을 반영하는 것이 아니다. 자원 고갈에 대한 위험성, 환경 파괴에 대한 우려, 좁혀지지 않는 경제적 양극화와 그에 따른 사회적 갈등의 심화 등을 고려하면 경제성장주의에 대한 대안을 더 일찍이 모색했어야 했다. 자원을 더 소비하고 더 많이 일하는 삶의 구조를 넘어서 자원을 덜 소비하면서도 같은 일을 할 수 있거나, 더 나아가 자원을 덜 소비하고 일도 덜 하는 사회가 탈성장이라는 선호 미래에 담겨 있는 것으로 보인다.

나는 세계경제포럼에 제출한 방랑사회라는 이머징 이슈에서

「야생의 삶으로Into the Wild」라는 영화를 예로 들었다. 이 영화는 1992년 알래스카 오지에 버려진 버스 안에서 24년의 짧은 생을 마감한 크리스토퍼 매캔들리스(1968~1992)라는 실존 인물의 삶을 다뤘다. 주인공은 대학을 우수한 성적으로 졸업하고도 번듯한 직장에 취직하지 않는다. 대신 자신이 갖고 있던 모든 소유물을 기부하거나 팔아 긴 여행에 나선다. 안락했던 고향을 떠나 내가 누구인지 발견하려는 마음에서였다. 여행하면서 히피족도 만나고, 작은 카누에 의지해 콜로라도강을 건너기도 한다. 돈이 떨어지면 잠시 아르바이트도 하고 때로는 히치하이크로 차를 얻어 타면서 알래스카로 향한다. 그러나 알래스카에서 그는 더 이상 여정을 잇지 못하고 짧았던 삶을 마감한다. 충분한 식량과 물을 챙겨가지 못했고 때마침 그가 있던 곳 주변이 불어난 강물에 막혀 빠져나오지 못했던 것이다.

방랑사회를 설명하는 데 비극적인 내용의 영화를 소개한 이유는 주인공이 익숙한 삶에서 벗어나려고 몸부림쳤다는 사실 때문이다. 만약 그가 불의의 사고를 당하지 않았더라면, 그래서 건강하게 살아 있다면, 그가 걸어갈 또 다른 길은 기존의 길과는 크게 달랐을 것이다. 그는 죽기 위해서가 아니라 새로운 삶을 준비하기 위해 여행을 떠난 것이다. 그가 길에서 만난 수많은 사람은 그가 누구인지, 어떤 삶을 살아야 하는지, 어떤 가치가 더 중요한지 새로이 깨닫게 하는 소중한 인연이었을 것이다.

방랑의 과정에서 만날 수 있는, 경제성장을 넘어서는 매력적인 대안 미래는 없을까. 수많은 시민과 이 점에 대해 토론했지만, 논의가 진전되지 않았다. 경제적 성장이 지속되지 않으면 생겨날 많은 일에 대해 우리는 사실 감당할 준비가 되어 있지 않다. 어제보다 오늘이, 오늘보다 내일이 경제적으로 나아질 것으로 예측되어야 결혼을 하거나, 집을 사거나, 새로운 사업을 시작할 수 있다. 특히 기업은 성장을 지속하지 못하면 사업 규모를 축소해야 하고 신입 사원을 채용하지 못한다. 그러면 일자리는 점차 줄고 가정은 소비의 여력이 줄며 이는 사회의 전반적인 침체로 이어진다. 이게 경제성장을 멈출 수 없는 절박한 이유다. 이 순차적 연결고리에서 벗어날 방법은 없을까. 적어도 대안을 찾아내는 과정을 설계할 수는 없을까.

소하일 이나야툴라Sohail Inayatullah 유네스코 미래 연구국장은 최근 『아시아 2038Asia 2038: Ten Disruptions That Change Everything』이라는 책을 펴냈다. (이 책은 내가 세계경제포럼에 아시아의 이머징 이슈로 제기한 방랑사회를 한 장으로 다루고 있기도 하다.) 이나야툴라는 5장에서 아시아를 변화시킬 다섯 번째 아이디어로 방랑사회의 등장을 지목했다. 그는 경제적으로 발전한 한국이 경제적 성장을 넘어 또 다른 목표를 찾고 있으며, 이 과정에서 방랑의 필요성이 논의되고 있음을 전했다. 말레이시아, 브루네이, 인도네시아에서는 잠깐의 방랑을 잘란-잘란jalan-jalan이라고 표현한다. 지금 이 순간을 즐기는 방법으로 이들은 이따금 잘란-잘란한다는 것이다. 떠돌면서 만나는 사람들, 풍경, 바람, 소리를 즐기기 위해 이들은 잘란-잘란한다.

이나야툴라가 아시아를 변화시킬 주요 동인으로 방랑사회의 등장을 주목한 이유는 경제적으로 성장한 아시아 국가들이 이제는 다른 국가적 목표를 찾고 있기 때문이다. 한국의 경우 경제성장은 선진국 모방 전략 때문에 가능했다. 물론 대부분의 국민이 부지런하고 교육에 힘쓰며 잘 살아보려는 욕망이 강한 덕분이지만, 어쨌든 그 목표점은 선진국이 되는 것이었다. 한국인에게 미래는 현존하는 선진국들이었다. 선진국에서 어떤 제품을 원하는지 알아내고 그 제품을 생산하는 공정을 베껴 값싼 임금과 엄청난 노동으로 빠르고 싸게 그 제품을 공급하는 것이 성장 전략이었다.

그러나 반도체, 조선, 자동차 등 세계적으로 상위권을 선점하는 제품을 생산하는 나라가 되면서 선진국 따라잡기 전략은 통하지 않게 되었다. 우리 스스로가 시장을 개척할 새로운 제품을 내놓아야 했다. 따라 할 모델이 없어진 상태에서 값싼 노동력과 과도한 노동 시간의 전략으로는 세계적인 제품을 내놓기 힘들다. 투입 양이 중요한 게 아니라 투입의 질이 중요한 시점이 된 것이다.

이나야툴라는 방랑사회의 등장을 반기면서 아시아는 경제성장으로 국부를 측정하는 방식이 아닌 문화적 성장으로 국부를 측정하는 국민총매력 지수Gross National Cool의 활용을 제안했다.

2002년 미국의 저널리스트 더글러스 맥그레이가 『포린 폴리시 Foreign Policy』에서 처음 제안한 국가매력지수는 미래학계에서 다른 각도로 조명되었다. 2004년 짐 데이터 교수와 당시 그의 제자였던 서용석 KAIST 문술미래전략대학원 교수는 한국을 정보화 사회에서 꿈의 국가Dream Society로 향하는 나라로 평가하면서, 꿈의 국가를 측정하는 방법으로 국가매력지수를 언급했다. 데이터 교수는 꿈의 사회에 대해 2006년 『신동아』와의 인터뷰에서 이렇게 밝힌 바 있다.

덴마크 미래학자 롤프 옌센의 '꿈의 사회Dream Society'란 개념에서 따온 것인데요. 인간의 사회는 초기 원시사회, 농업사회, 산업사회, 정보화 사회를 거쳐 우리가 지금 얘기하는 꿈의 사회로 나아간다는 주장이에요. 정보화 사회에서 단어가 중요했다면, 꿈의 사회는 이미지가 중요합니다. 이미지의 시대, 아이콘(기호)의 시대, 극장의 시대라고 할까요. 이때는 내가 어떻게 보이는지가 중요합니다. 내 아들의 예를 들어볼까요. 이 아이는 나이키 신발 수집광이에요. 자기가 무슨 마이클 조던인 양 착각하고 있다니까요. 완전히 이미지의 포로가 된 거죠. 신발을 사는 게 아니라 나이키가 만들어낸 허상을 산다고 할까요. 디즈니가 만든 미키 마우스, 도널드 덕을 보세요. 어떤 실체가 있는 것이 아니잖아요. 오로지 이미지만으로 떼돈을 벌었어요. 일본의 헬로키티 시리즈도 마찬가지예요. 이런 이미지들이 우리의 마음과 모습을 드러내줍니다.

그런 의미에서 인간을 뜻하는 'Human-being'이란 단어는 이제 'Human-becoming'으로 바뀌어야 합니다. 우리는 이미지를 통해 시시각각 달라지고 있어요.[11]

데이터 교수는 새로운 경제의 원동력은 정보가 아니라 이미지라며 중요한 생산 자원은 의미이고, 생산은 상품에 이야기와 이벤트가 덧붙여질 때 가치를 지닌다고 주장한다. 그에 따르면 능률이란 '시의적절한 의미의 전달'을 뜻하며, 명성은 부富의 기초가 된다. 또 경제적 영향력은 콘텐츠를 지배하는 자들에 의해 좌우된다. 데이터 교수는 인상적이게도 2006년 당시 한국을 꿈의 사회로 진입하는 첫 번째 국가로 평가했다.

그는 당시 한국에 '국민총매력Gross National Cool' 지수를 개발할 것을 제안했다. 이 지수는 미적美的 체험에서 얻는 부가가치 등을 합해 국가의 부富를 측정한다. 그는 "남북한 젊은이들이 힘을 합쳐 꿈의 한반도Dream Korea를 건설하면 어떨까요. 이곳에선 국내총생산GDP 같은 종래의 지수 말고, 국민총매력 지수로 부를 측정하는 거죠"라며 새로운 국가 목표를 세우는 것이 필요하다고 강조했다. 그로부터 벌써 12년이 넘게 흘렀는데, 우리는 경제성장이라는 기존 목표에서 얼마나 벗어나려고 시도했는가.

정리해보자. 방랑사회란 경제성장이라는 과거의 비전을 넘어서기 위해, 새로운 대안의 미래 비전을 상상하는 데 필요한 방랑의 시간을 허용하고 격려하는 사회라는 의미를 담고 있다. 방랑사회는 그 자체가 미래사회의 비전일 수 있다. 데이터 교수가 언급한 꿈의 사회, 도시별·지역별·마을별로 생산한 매력들로 국가의 부가 측정되는 사회를 말한다. 하버드 대학 교수 조지프 나이가 2004년 주장한 연성 파워Soft Power, 경제적 강압과 군사력이 아닌 문화적 매력으로 세계인의 이목을 끌고 따라 하고 싶게 만드는 사회 말이다.

타이완의 탐캉대는 1990년대 말부터 교육대학원에서 미래학을 가르치는데 이 대학의 초청으로 나는 방랑사회를 소개한 적이 있다. 영어로 Wandering Society라고 하며 발표 자료를 보냈더니 방랑사회를 만유漫遊사회로 번역해놓았다. 사전에서 뜻을 찾아봤더니 '한가로이 이곳저곳을 구경하고 노닒'이라고 풀이되었다. 종마처럼 경제성장을 위해 앞뒤 가리지 않고 뛰었던 우리에게 '만유'의 시간을 허락하는 것은 여전히 사치일까. 생존 문제에 직면해 있는 마당에 현실을 모르는 어린아이 같은 공상이라고 비난받을까.

<hr> **우리 사회에 나타난 방랑인**

스리니바산 필레이가 펴낸 『멍 때리기의 기적』은 독자들에게 마음 방랑을 수용하라고 요청한다. 필레이는 "고대 그리스인은

방랑을 퇴행의 한 형태로 치부"했다며, 방랑은 사회적 "안정성을 거스르는 개념"이었기 때문이라고 설명한다. 그로부터 2500년이 지난 요즘에도 방랑은 "스스로 상황을 통제하지 못하는" "비생산적인" "자책이 되는" 행동으로 간주된다.

그러나 필레이는 계획적인 또는 규칙적인 방랑은 집중력이나 창의력을 높이는 데 큰 도움이 된다고 주장한다. 2012년 인지심리학자 벤저민 베어드는 실험 대상자를 네 그룹으로 나누어 벽돌, 이쑤시개, 옷걸이 등을 주면서 창의성을 발휘해 새로운 사용법을 고안해달라고 요청했다. 한 그룹을 제외하고 나머지 세 그룹에게는 12분의 휴식 시간을 주었다. 세 그룹 중 한 그룹에는 12분 동안 힘든 임무를 부여했고, 다른 그룹에는 힘들지 않은 임무를 부여하면서 집중하지 않고 마음을 방랑하게 했다. 마지막 그룹에게는 그냥 휴식하도록 했다. 베어드는 어떤 그룹이 가장 창의성을 발휘해 주어진 물건의 새로운 사용법을 내놓는지 살펴봤다. 그 결과 힘들지 않은 임무를 부여받고 마음을 방랑할 수 있는 시간을 누렸던 그룹이 가장 좋은 성과를 냈다. 이 집단의 사람들은 멍하니 창밖을 내다보거나 그저 다른 사람을 쳐다보면서 12분의 시간을 보냈다.

필레이는 이런 방법을 '전략적 중지 기술'이라 부른다. 마음 방랑을 하는 데도 순서가 있다. 첫째, 하던 일을 중단한다. 둘째, 마음의 방랑을 위해 하던 일을 의식적으로 분리한다. 마지막으로, 마음이 완전히 공상에 빠져들 때까지 비집중으로 전환한다.

예컨대 이렇게 해보는 것이다.

> 논문을 쓰려고 거의 한 시간 동안 애를 쓰고 있지만 진척이 없다.
> 이때 펜을 내려놓거나 컴퓨터에서 떨어진다. 그다음 뜨개질을 하
> 거나, 정원을 가꾸거나, 손톱을 정리하는 등의 소소한 활동을 시
> 작한다. 논문 작성에 진척을 보이지 못하는 자신을 자책하지 말
> 고, 차라리 자신과 대화하면서 짧은 휴식을 선물한다고 생각한
> 다. 논문 생각이 난다면 다시 마음을 다잡고 마음의 방랑을 계
> 속 허용하도록 애쓴다.12

사회적으로 방랑이 격려되려면 훌륭한 방랑인이 있어야 한
다. 누구를 우리 사회의 방랑자로 내세울 수 있을까. 채현국 효
암학원 이사장의 삶이 어떨까. 사실 그가 실제 방랑해서 방랑
인으로 부르는 것은 아니다. 방랑을 왜 하는 것이고, 그 방랑의
결과 어떤 새로운 주장을 할 수 있는지 짐작케 하는 예로서 살
펴보려는 것이다.

채현국은 경남 효암고등학교와 양산 개운중학교를 운영하는
효암학원 이사장이다. 몇 년 전 한 신문사의 인터뷰로 널리 알
려졌지만 민주화 운동을 했던 인사들은 채현국을 일찍이 선생
으로 모셔왔다. 자신을 이곳저곳 떠도는 40년째 백수라고 소개
하듯, 그는 특별한 직업 없이 세상을 살았다. 서울대 철학과를
졸업하고 연출자로 입사한 방송국에서는 군사정권을 찬양하는

프로그램을 만들 수 없다는 생각에 3개월 만에 뛰쳐나왔다. 그 후 아버지가 운영하는 탄광을 물려받아 사업을 일궜고, 벌어들인 돈으로 민주화 운동가들을 도왔다. 1970년대 중반 사업을 접고 번 돈을 몽땅 직원과 자녀들에게 나눠준 뒤 자신은 작은 학원의 이사장으로 40년을 살아왔다.

그가 뜨문뜨문 기자들과 인터뷰한 내용을 살펴보면 방랑인의 태도와 철학을 엿볼 수 있다. 그는 한겨레 신문과의 인터뷰에서 "잘못된 생각만 고정관념이 아니라 옳다고 확실히 믿는 것, 확실히 아는 것 전부가 고정관념"이라고 말했다.[13] 이어서 "세상에 '정답'이란 건 없다"며 "한 가지 문제에 무수한 '해답'이 있을 뿐, 평생 그 해답을 찾기도 힘든데, 나만 옳고 나머지는 다 틀렸다고 하면 이건 군사독재가 만든 악습"이라고 지적했다. 모든 '옳다'는 소리에는 반드시 잘못이 있다는 그의 철학에 비춰보면 방랑인은 고정관념을 알아차리고 이를 넘어설 대안을 찾는 사람이라고 재정의할 수 있다. 대안을 찾아내는 방법에 대해 채현국은 이런 얘기를 한 적이 있다.

역으로 생각하는 습관을 길러야 한다. 초등학교 4학년쯤 되는 아이들에게는 역으로 생각하는 걸 가르쳐야 한다. 우리는 남의 말로 생각하기 때문에 뭐가 뭔지 모른다. 아버지 어머니에게 배운 말 자체가 남의 말이다. 부모는 자녀가 세상의 경쟁에서 뒤처질까봐 두려워할 게 아니라, 남의 책, 남의 생각, 남의 감정을 배운 대로 알려주는 걸 부끄러워할 일이다. 요새 엄마는 엄마대로, 아빠는 아빠대로 자녀의 인생을 내비게이션하려고 달려든다. 미래를 살 자녀의 인생에 내비게이션이 되겠다는 것 자체가 아무 생각이 없는 거다.[14]

역으로 생각하는 습관, 대안을 모색하는 태도, 스스로의 언어를 찾으려는 노력 등 채현국이 언급한 것들은 방랑을 통해 무엇을 얻어야 하는지, 무엇을 버려야 하는지 중요한 힌트를 제공해준다. 그의 말을 좀더 인용해보자.

남이 좋다는 책은 의심부터 하지 않으면 인문학은 불가능하다. 모든 것에 대해서 얼마나 다각도로 의심할 수 있느냐. 의심할 수 없으면 영혼의 자유는커녕 지식의 자유도 없다. 의심만이 배움의 자유, 지식의 자유를 가능케 한다. 학교는 질서만 가르치지, 방황하라고 가르치지 않는다. 의심하라고 가르치지 않는다. 나는 과학도 믿으면 미신이라고 생각한다. 확실한 건 아무것도 없다.[15]

방황하라는 그의 주문은 '방랑의 필요성'으로 바꿔 말할 수 있을 것이다. 녹색당에서 그를 인터뷰한 내용도 눈에 띈다. 방랑인의 태도가 단번에 이해되는데, 채현국은 방랑이 신나고 재미있게 살기 위한 행동임을 강조한다.

어떻게 해야 세상을 망친 자들처럼 되지 않을 수 있느냐고 누가 (채현국) 선생님에게 물었다. 선생님은 답했다. "기를 써라, 기를 써." 그렇지만, 잘하려고 애쓰지 말라고 했다. 잘하려 하면 꼭 거꾸로 된다고. 그래서 낙담하고, 부끄러워지고, 창피해진다면서. 그러면, 열심히 하면 되느냐고 물었다. 열심히 하는 것도 답이 아니라고 했다. 열심히 하는 건 끝이 없기 때문이다. 그러면 선생님의 답은 무엇인가. "신나게, 재미있게" 가자는 것이다.[16]

방랑을 허용하는 만유사회는 다양한 시각, 복수複數의 비전을 허용하는 사회다. 다양한 대안이 있기에 방랑할 수 있는 것이다. 다양한 대안을 탐색할 여유가 있어야 방랑할 수 있다. 목적이 분명한 사회도 필요하지만, 목적이 불분명한 걸 허용하는 사회도 필요하다.

1972년 로마클럽에서 내놓은 '성장의 한계Limits to Growth' 연구에 참여했던 요르겐 랜더스 교수는 세계 곳곳을 다니며 지속 가능한 사회를 연구하고 있다. 그는 2015년 방한해 한 언론사와의 인터뷰에서 "한국은 전쟁 이후 굉장히 빠른 성장 속도로 여기까지 왔다"지만, 지속 가능한 나라가 되려면 "그 시각에서 벗어나는 것부터가 시작"이라고 강조했다. 그는 "개인도 '소득'이 아닌 '만족도'에 초점을 맞춰야 한다"고 주장했다.[17] 랜더스는 경제성장이 아닌 다른 성장을 위한 전략으로 "회사에 내년도 소득을 3퍼센트 인상하는 대신, 같은 비용으로 근무 시간을 3퍼센트 단축해달라는 운동을 시작해보라"고 말해 눈길을 끌었다. 랜더스가 언급한 대로 일과 중 딱 3퍼센트만이라도 일에서 벗어나 방랑할 수 있다면 우리는 좀더 근사한 삶에 한발 다가설 수 있을지 모른다. 우리 사회에 3퍼센트만이라도 방랑인이 나타나준다면 좀더 근사한 사회의 비전을 제시할 수 있을지도 모른다.

여기까지 글을 쓰고 몇 달 후 『한국일보』의 '프로 딴짓러들, 연남동에 판을 깔다. 월세는 30'이라는 기사를 보게 되었다.[18] 건축 브랜딩 회사 핏 플레이스의 대표 이호씨가 서울 마포구 연남동의 오래된 단독주택을 개조해 피팅룸이라는 공동 작업실을 오픈했다. 작업실이라지만 대부분 자신의 일과 관련이 적은 이른바 '딴짓'을 하는 곳이다. 인테리어 디자이너가 자신의 노래를 녹음하는 음악실을 열었고, 건축가는 작은 커피집을 운영한다. 모자 제조업체에 다니는 직장인은 자신이 직접 디자인한 모자를 제작해 전시한다. 다섯 개의 가게가 들어서 있는 피팅룸의 임대료는 균일하게 월 30만 원이다.

이호가 이런 이색적인 공간을 만들게 된 계기가 흥미롭다. "마흔 중반이 넘어가니 삶을 되돌아보게 됐다. 이게 나랑 맞나? 정말 내가 원하는 인생이야?라는 의문이 들면서 시작됐다." 그래서 그는 "나에게 맞는 것을 찾아간다"는 뜻에서 피팅룸이라고 이름 짓고 뜻이 맞는 사람들과 함께 이 공간을 열게 되었다.

나이는 20대부터 50대까지 다양하고 직업도 대학생부터 회사 대표까지 다채롭다. 오래된 주택에서 방 한 칸씩을 빌려 "자신만의 딴짓에 골몰"하는 것이 매우 즐거운 모양이다.

이 공간만큼은 생계를 위한 일이 아닌 다른 '짓'을 해보는 곳이다. 그런 의미에서 '코-딴짓 스페이스' 또는 '코-취미 스페이스'로 부른다. 이호는 "딴짓이 주는 힘이라는 게 있잖아요. 혹시 알아요? 인테리어 하다가 가수가 될지…… 그런 여지를 갖고 있다는 것만으로도 인생이 즐거워지죠"라고 말한다. 그는 이어 "취미가 오히려 본업보다 개인의 본질에 더 가까울 수 있다"며 "살다 보면 일 때문에 자기 자신으로부터 멀어지는 일들이 생기지만 그럴 때 쉼표를 찍을 수 있는 곳, 내가 원하는 게 뭔지 물을 수 있는 곳, 피팅룸은 그런 곳"이라고 설명한다.

말하자면 이런 곳이 방랑의 장소다. 『장자』에 나오는 혼돈이 지배하는 왕국, 압박처럼 느껴지는 변화 적응에서 한발 떨어져 내 마음을 살피는 곳, 바빠서 간과하거나 무시했던 그러나 내 인생에 또 다른 기회가 될 만남이나 사업 아이템을 놀다가 발견하는 공간에서 방랑이 시작되고 마쳐진다.

'잠깐의 딴짓'은 상상한 것보다 더 효과적일 때가 있다. 와튼스쿨 교수 애덤 그랜트는 『오리지널스』라는 책에서 창의성과 변화를 이끌어내는 사람들을 오리지널스originals로 지칭한다. 그랜트는 한 가지 흥미로운 실험을 진행했는데, 내용은 이렇다.

그는 실험 대상자들에게 새로운 사업을 구상하도록 부탁했다. 그리고 제3자에게 이 아이디어가 얼마나 참신하고 실용적인지 평가하도록 했다. 실험군 중 몇 명에겐 즉시 해달라고 요청한 반면, 다른 사람들에겐 무작위로 빈둥거리게 했다. 예를 들면 5분이나 10분 정도 지뢰찾기 게임을 하며 놀게 했다. 그 결과 5~10분 게임을 하면서 자신에게 부여된 일을 조금 미루는 사람들이 그렇지 않은 실험군보다 16퍼센트 더 창의적인 것으로 나타났다.

사실 지뢰찾기 게임은 자신이 정작 해야 하는 일과는 다른 '딴짓'이어서 새로운 사업을 찾는 것의 결과에 영향을 주지 않는다. 여기서 중요한 것은 이 딴짓을 업무가 시작되기 전에 하면 별 효과가 없다는 점이다. 업무 내용을 알기 전에 지뢰찾기 게임을 하는 건 창의력을 높이는 데 도움이 되지 않는 것으로 나타났다. 업무가 부여된 다음에 실험자가 자신의 일을 미루면서 딴짓을 해야 창의력을 높이는 데 도움이 된다는 것이다.

그러나 실험자들이 딴짓만 한 것은 아니었다. 빈둥거리면서도 마음 한구석에선 아이디어를 만들기 시작했다. 딴짓을 하면서 여러 아이디어를 발전시킬 '여유'를 가져다준 셈이다. 달리 말하면, 자신이 하던 일에서 잠시 떠나 다른 행동을 하면 예기치 못한 아이디어를 가져올 수 있다는 것이다.

그랜트 자신도 하던 일을 멈추고 이리저리 방랑했던, 그래서 결과가 훨씬 좋았던 경험을 털어놓는다. 오리지널스에 관한 책을 쓰기 시작한 뒤 어느 날, 절반쯤 작성했을 무렵에 원고를 말

그대로 어딘가에 처박아두었다. 마감은 다가오는데 몇 달 동안 원고를 쓰지 않는다는 것은 저자의 고백대로 "고통스러움 그 자체"였다.

그러나 다시 글을 쓰기 시작했을 때 다양하고 새로운 아이디어가 떠올랐다고 한다. 사람들은 자신을 두고 빈둥거린다고 할지 모르지만, 정작 그는 여러 다른 각도에서 자신의 생각을 재조정하고 있었다.

레오나르도 다빈치도 「모나리자」를 그리는 데 16년을 바쳤다. 다빈치는 이 그림을 완성하는 과정에서 때때로 스스로 실패했다고 느꼈다. 이런 그의 감정은 그가 남긴 메모에 상세히 적혀 있다고 한다. 다빈치는 정작 붓을 들고 그림을 그리지 않고 방랑하거나 빈둥거렸지만 그가 기분전환하며 바라본 세상에서 빛은 매번 달랐고, 그에 따라 빛의 대비를 표현하는 그만의 기법을 완성할 수 있었다. 그랜트는 이런 방랑의 과정, 그 과정에서 자신이 익숙한 것에서 벗어나 다른 자신을 창조할 수 있었던 시간의 확보가 다빈치를 세계적인 화가로 만들었다고 강조했다.

5장

가상돌파구

미래학 공부를 시작하면서 미래학이 실제 현장에서도 유용한
지 시험해보고 싶었다. 스스로 유용하다고 판단되지 않으면 석
사만 마치고 빨리 귀국하는 편이 손실을 줄이는 길이리라. 지금
생각해보면 학문이 무슨 청소기나 냉장고도 아니고 유용한지
그렇지 않은지 1년 만에 검증해보겠다는 것은 매우 단기적이고
기회주의적 태도였다. 그러나 좀더 공부해도 된다는 증거를 확
보하는 것이 나에겐 절실했다.

2007년 가을 삼성의 비자금 사건이 터졌고, 나는 이 사건에
대해 '만약 취재 기자였다면'이라고 가정하고는 기사를 한 편
썼다. 다른 한편 '만약 미래학자였다면'으로 가정하고 미래 예
측 방법론을 하나 적용해 기사를 써봤다. 결과적으로 나는 기자
로서 쓴 글보다 미래학적 시각에서 쓴 글이 더 깊이 있다고 평

가했다. 삼성의 정경유착을 분석할 때 미래학적 관점에서는 국내외 정치경제적 분석뿐 아니라 심리학적 분석, 더 나아가 한 사회에 문화적으로 내재되어 있는 신화까지 끌어들여 더 풍부한 내용을 담을 수 있었다. 이 비교 분석은 미래 예측 방법론의 적용 사례로 미래학 수업의 기말보고서로 제출되었으며, 하나의 학술 논문으로 발전시켜 2009년 『월드 퓨처스World Futures』에 게재되었다.[1]

미래 예측 방법론으로 활용했던 원인다층분석법Causal Layered Analysis은 소하일 이나야툴라라는 미래학자가 고안하고 개발한 것이었다. 호주와 타이완의 대학에서 미래학을 가르치는 그는 이 방법론으로 수십 권의 책과 수백 편의 논문을 발표했고, 수많은 학생의 논문을 지도했다. 지금은 유네스코UNESCO의 미래연구국 국장으로 활약하고 있다.

이 방법론으로 삼성의 정경유착에 대한 원인을 분석하고 미래학적 대안을 예측한 뒤, 나는 방법론을 제대로 활용했는지 궁금해졌다. 이나야툴라에게 내가 분석한 내용을 이메일로 보냈고, 그로부터 코멘트를 받았다. 수차례 이메일을 주고받으며 글을 보완했고, 이 덕분에 방법론 하나를 깊이 있게 배울 수 있었다. 그와의 인연은 지금까지 이어져 2015년 아시아-태평양 미래 연구자 네트워크를 함께 설립했고 해마다 학술대회를 함께 기획하고 개최한다.

미래학 공부에 어느 정도 자신이 붙고 무엇을 할 수 있을지

감이 잡히면서 나는 한국으로 돌아가 어떤 직장에서 무슨 일을 시작할 수 있을지 고민하기 시작했다. 해질녘 가족과 산책하면서 내 미래를 그려보기도 했고, 공원이나 캠퍼스를 홀로 배회하면서 스스로 묻고 대답하기를 반복했다. 이 시간은 매우 소중했는데, 대학원에서 배운 미래학의 유용성과 한국적 쓰임새에 대해 좀더 객관적으로, 또 비판적으로 생각해볼 수 있었기 때문이다. 부족한 부분은 관련 논문이나 보고서를 찾으면서 보완해나갔다. 또 한국에서 활동하는 학자들과 교류하고 연구 프로젝트에 참여하면서 한국에서 미래학의 쓸모에 대해 여러 힌트를 얻을 수 있었다.

당시 나는 미국에서 배운 미래학을 들고 한국에 갈 경우, 과학기술을 연구하는 곳에 들어가는 길이 가장 현실적이라고 보았다. 일본, 영국, 네덜란드, 미국 등 여러 나라의 사례를 살펴보니 미래학이 가장 활발히 쓰이는 곳은 과학기술 관련 연구원이었다. 과학기술이 사회 변화의 주요 동인으로 여겨지니 사회 변화를 예측하는 미래학이 주목을 받았던 것이다. 나는 학위를 마친 뒤 예상대로 과학기술정책연구원의 미래연구센터에 취직했다. 또, 한국과학기술원KAIST의 미래전략대학원에서 대학원생들에게 미래 연구 방법론을 가르쳤으며, 과학기술 정책을 집행하는 정부 부처의 지원으로 연구를 할 수 있었다. 정부 출연연구소의 여러 한계로 미래 연구가 앞으로 나아가지 못하자 이번에는 국회가 나서서 2017년 국가의 중장기 미래를 예측하고 대응하는 미래연구원을 법으로 제정했다. 2018년 5월 국회미래연구원이 첫발을 내디딜 때 나도 이곳에 합류했다. 이 모든 일은 미래학을 공부하러 떠났던 2007년에는 상상도 하지 못했던 것이다.

||||||||||||||||||||||||||||||||||||||||||||||||||||||||||||||||||||||| **상상하는 인간의 탄생**

미래를 예측하는 능력은 인간만의 것일까, 아니면 동물도 상상할 수 있을까. 국어사전은 '상상하다'를 "아직 일어나지 않은 일이나 존재하지 않는 대상을 머릿속에 그려봄"으로 정의한다. 예를 들어 현재 눈에 보이지 않는 것을 있다고 가정하고 행동한다면 이것은 상상을 기반으로 한 행동이다. 가수들이 어깨에 기타를 메고 있다 생각하고 연주하는 흉내를 내듯이.

　동물도 이런 것쯤은 할 수 있다. 어떤 침팬지는 조그마한 통나무를 자신의 새끼인 양 데리고 논다. 또 다른 침팬지는 어떤 물체를 담요 안에 넣어 숨기는 행동을 하는데 그 물체는 사실 눈에 보이지 않는 것이다. 침팬지가 상상으로 만들어낸 것이기 때문이다. 침팬지는 그 담요 속에서 가상의 물체를 꺼내 입으로 가져가 먹는 흉내도 낸다. 이쯤 되면 동물에게도 상상력이 있다고 봐야 한다. 그래서 동물학자들은 제한적이지만 동물 또한 상상할 수 있으며, 상상하는 대상이 실존하는 것이 아님을 안다고 주장한다.

그러나 동물은 인간처럼 한 번도 본 적 없는 것을 상상하진 못한다. 그리고 상상과 실제의 구별도 인간만큼 잘하지 못한다. 동물과 달리 인간은 다양한 상징적 요소를 하나의 이야기로 엮어내거나, 가상의 이야기를 지어내고, 지금까지 들었던 것과는 다른 이야기를 생산할 수도 있다. 동물과 구별되는 이런 인간의 능력은 어디서부터 시작된 것일까.

『생각의 속임수』를 펴낸 권택영 교수는 동굴 벽화를 그렸던 인간이 처음으로 동물의 세계에서 뛰쳐나온 인간이라고 평가한다. 최초의 인류 크로마뇽인은 스페인의 알타미라 동굴에 벽화를 그렸다. 수렵채집의 시대에 인류는 주로 동물을 벽에 그렸다. 알타미라 동굴보다 더 오래된 동굴이 프랑스에서 발견되었는데 그 동굴의 벽에도 동물 그림이 그려져 있다. 원시 인류가 그림을 그렸다는 점 때문에 인류는 예술적 특성을 타고난 것인가라는 질문을 던져볼 수도 있는데, 권택영은 인류가 벽에 그림을 그렸던 때가 "인간이 동물이면서 동시에 동물과 결별하는 순간"이었다고 주장한다.

어째서 벽에 동물을 그렸다고 인류가 동물의 세계와 결별했다고 주장하는 것일까. 동굴 벽에 그림을 그렸던 인간을 상상해보자. 그는 밖에 나가 갖은 위험을 무릅쓰고 자신보다 빨리 달리는, 때로는 자신을 공격할 수도 있는 동물을 쫓아가 목숨을 빼앗았을 것이다. 물론 사냥에 실패할 때가 더 많았을 것이다.

성공했다면 자랑스럽게 그 짐승을 어깨에 메고 자신의 가족과 동료들이 있는 동굴로 의기양양하게 돌아왔을 테니까. 실패했다면 아쉬운 나머지 실망스러운 얼굴로 돌아왔을 것이다. 이럴 때는 아마 눈앞에 어른거리는 먹잇감을 잡지 못한 아쉬움 때문에 밤잠을 못 이루며 뒤척였을 것이다. 이처럼 동물 사냥은 원시 인류에게 주요한 생존의 수단이었다.

동굴 벽화는 말하자면 인간이 자신의 욕망을 표현한 것이라는 게 권택영의 설명이다. 자신의 아쉬움, 자신의 성공, 자신의 욕망 이런 것은 자의식을 기본으로 깔아야 설명되는 감정이다. 동굴 벽화를 통해 인류가 처음으로 동물의 세계와 결별했다고 주장하는 이유도 여기에 있다. 인간만이 자의식을 갖는다. 인간은 이런 자의식 덕분에 자신의 과거를 회상하고, 그 회상된 과거를 벽에 그림으로써 욕망의 흔적을 남긴다.

동굴 벽에 동물을 그렸던 인간이 실제 그가 봤던 동물을 그렸다고 볼 수만은 없다. 순간적으로 그의 눈앞을 스쳐 뛰어가는 동물을 보고 그걸 기억해내서 그린 그림일 것이다. 그렇다면 벽에 그린 동물 그림은 사실이 아닌 허구이며, 그가 기억의 조각을 모아 그린 동물이다. 권택영은 과거를 회상하고 허구를 꾸며내는 인간이 바로 상상력을 갖춘 존재라고 말한다.

그는 앨빈 골드먼의 주장을 빌려 "과거를 회상하는 것에 장애를 겪는 환자는 미래에 대한 상상력에서도 장애를 겪는다"고 설명한다. 그래서 회상하는 능력, 과거를 자신의 주관대로 기억하는 능력은 다름 아닌 미래를 예측하는 능력이고, 더 나아가 공감하는 능력이다. 회상이라는 서사적 기억, 미래에 대한 예상, 공감, 그리고 상상력은 모두 뇌의 같은 부위에서 일어난다는 것이다.

지나간 일을 기억하고 남들에게 그 일을 풀어내는 일은 사실, 우리가 일상적으로 하는 일이다. 친구를 만나 혹은 가족에게 오늘 어떤 일이 있었고, 그래서 어떤 기분이 들었고, 그래서 앞으로는 어떻게 할 것 같다고 이야기한다. 우리는 과거와 현재를 연결하는 것을 넘어 미래의 행동이나 태도를 결정하는 것까지 대화를 나눈다. 이런 행동은 앞서 말한 대로 회상과 공감, 미래에 대한 예상이 모두 뇌의 같은 부위에서 일어나는 것이어서 그렇다. 이렇게 우리는 늘 무의식적, 의식적으로 미래를 예측하면서 살고 있다.

|||||||||||||||||||||||||||||||||||||||||||| **미래 예측, 평범한 사람의 생존 기술**

이 책을 쓰면서 줄곧 미래 예측의 궁극적인 목적이 무엇인지 다시 생각해봤다. 미래는 손에 잡히지 않는 수증기처럼 우리 인식에서 곧잘 빠져나가지만, 미래 예측의 목적은 분명하게 다가왔다. 미래 예측은 평범한 사람들의 생존 기술이어야 한다. 사회의 강자들은 미래를 예측할 필요가 없다. 그들은 돈과 권력으

로 미래를 만들어가기 때문이다. 반면 우리 사회의 대다수를 구성하는 평범한 사람들이 미래에 관심을 두고 행동하지 않는다면 강자들이 만드는 미래를 따라갈 수밖에 없다.

미래 예측은 이런 점에서 예측으로만 끝나서는 안 된다. 평범한 사람들이 그리는 미래를 실현하는 돌파구가 되어야 한다. 짙은 안개로 한 치 앞도 내다볼 수 없는 상황에서 길을 열어 보이는 방법이어야 한다. 현재로선 가정에 불과하지만 몇 가지 조건이 주어진다면 실현할 수 있는 미래, 그 미래의 실현으로 나와 우리 미래가 나아지는 모습을 상상해볼 수 있는 가상의 돌파구 hypothetical breakthrough여야 한다.

미래 준비에 관한 중국의 오래된 고사가 있다. 추나라 맹자의 어머니 이야기다. 맹자의 어머니는 어린 아들을 데리고 공동묘지 근처로 거주를 옮겼다. 묘지 근처에서 자란 아들은 자연스럽게 죽은 사람을 장사 지내는 놀이를 배워 땅을 구르며 놀았다. 이런 모습을 본 어머니는 아들이 삶을 알기도 전에 죽음만 연습하겠다 싶어 시장 근처로 거처를 옮겼다. 그러자 아들은 또 자연스럽게 사람들과 물건 파는 놀이를 하며 시간을 보냈다. 아들이 장삿속에만 밝아질까봐 우려된 어머니는 다시 이사하기로 결심하고 서당 근처로 옮겼다. 아들은 이제 제사 지낼 때 사용하는 그릇을 놓고 읍양진퇴하는 놀이를 했다. 읍揖은 두 손을 마주잡고 허리를 굽혀 예를 표하는 것이고, 양讓은 양보하는 것이며, 진進은 나아가고, 퇴退는 물러나는 것이다. 맹모는 그제야 아들이 때에 맞춰 행동하는 법을 배우고 있음을 알고는 더이상 거처를 옮기지 않았다.

때를 이해하고 그에 걸맞게 행동하는 것은 미래 준비의 요체다. 맹자는 예를 표하는 법, 양보하는 법, 나아가는 법, 물러나는 법을 배움으로써 그가 앞으로 어떤 미래를 마주하더라도 적절한 행동을 할 수 있었다. 동아시아 문화에서는 때를 아는 것이 중요했다. 『논어』에서 공자는 때, 즉 시대를 안다면 300년 뒤의 미래도 예측할 수 있다고 말했다. 『논어』에 나오는 대화를 보자.

> 자장이 물었다. "지금부터 십 대 뒤까지를 알 수 있습니까?"
> 공자가 말했다. "은대는 하대의 예법을 계승했으므로 늘린 것과 줄인 것을 알 수 있다. 주대는 은대의 예법을 계승했으므로 늘린 것과 줄인 것을 알 수 있다. 혹시 주나라를 계승하는 나라가 있다면 비록 일백 세대가 지나더라도 알 수 있을 것이다."[2]

동아시아에서 한 세대는 30년을 말한다. 그렇다면 공자가 말한 일백 세대는 300년이 된다. 공자는 어떻게 300년을 예상할 수 있다고 말했을까. 1980년대 중국 사상계의 거목으로 평가받는 리쩌허우는 『논어』의 이 대목을 이렇게 해석했다. 다소 길지만 인용해본다. "중국 역사의 중대한 특징은, 신석기 시대가 장기간에 걸쳐서 발달하였고, 전쟁의 규모가 크고 빈번하였으며,

씨족 중심의 사회 구조가 완비되고 극히 강인하여 와해되기 어려웠다는 점이다. 따라서 사회-정치적 발전과정이 진, 한, 위, 진, 중당, 명, 청을 거쳐 근대의 각종 중요한 역사적 변화까지 포괄하였고, 한편으로 가부장제, 체계화된 종법제, 지역 국가, 전제주의 체제의 대통일 국가, 문벌귀족제, 세속적인 지주황권제를 거쳐 근대를 지향하는 제도가 출현하기까지 했지만, 혈연으로 이어진 가족 또는 가정은 시종 변함없이 사회의 최소 단위 또는 버팀목 구실을 했고 각 방면을 주재하며 영향을 끼쳐왔다. 그래서 십 대 뒤까지도 알 수 있다. 이것이 중국 역사의 특징이자 관건이다."[3] 공자는 이전 시대의 정신이나 문화를 계승한다면 이를 통해 미래를 예측할 수 있다고 주장했다. 급변하는 시대라도 계승하고 연속하는 내용은 있기 마련이다.

현재 우리 사회는 어떤 가치와 정신을 이어가기로 했는가. 오늘날 발전이라는 단어에는 과거에 지켜왔던 관습, 가치, 철학, 버팀목 등을 와해, 붕괴시키면서 새로운 시대로 진입한다는 가정이 암묵적으로 깔려 있다. 그러나 우리 사회가 매력적인 비전을 정한 뒤, 기존의 것을 무너뜨리고 있는지는 잘 모르겠다. 사실상 눈앞의 이익을 위해 목적과 방향성도 없이 부수고 새로 짓는 것을 반복하고 있지 않은가.

우리나라 역사에서 미래를 준비한 대표적인 시대는 세종이 재위하던 때가 아닐까 싶다. 세종은 1418년 조선의 4대 왕위에 올라 1450년 숨을 거두기까지 32년을 통치했다. 이 기간은 조선의 최전성기라 해도 과언이 아닐 만큼 과학기술·문화·예술·국방·외교 등에서 탁월한 성과를 올렸다.

특히 과학기술의 경우 훈민정음 창제는 물론 『세종실록지리지』, 『농사직설』, 천문대 대간의대, 자격루(자동물시계), 측우기, 철제 화포, 『의방유취』(의학대백과사전) 등 세계적인 성취를 일궜다. 박현모 여주대 세종리더십연구소장은 저서 『세종이라면』에서 "세종 재위 기간에 거둔 과학기술의 성과는 21건으로 같은 기간 중국(4건), 유럽과 아랍 등(19건)의 것보다 많았다"며 "당시 조선은 세계 최고의 과학기술 선진국"이었다고 평가한다.

조선왕조실록에서 미래를 뜻하는 '장래將來'라는 단어가 가장 빈번하게 쓰인 실록은 『세종실록』이다. 32년 동안 장래가 184번(국사편찬위원회 번역 기준) 나오는데, 연평균 5.8회에 달한다. 『세종실록』 다음으로 장래가 많이 언급된 『중종실록』의 경우 160회가 언급돼 연평균 4.1회였다. 문예부흥기로 알려진 영조와 정조 시대에 장래는 각각 63회(연평균 1.2회), 72회(연평균 3회)만 언급되는 데 그쳤다.

『세종실록』을 보면 '장래를 경계하여' '장래를 대비해야' '장래를 헤아려야' '장래를 돌보아야' 등의 표현이 발견된다. 세종은 신하들에게 장래를 잘 살펴 농사짓는 백성이 시기를 잃어버려 탄식하지 않도록 살펴보라(세종 6년 3월 28일)고 당부했고, 기후가 고르지 못할 때에는 한재(가뭄으로 생기는 재앙)를 예상해 백성에게 환자(흉년에 곡식을 대여해주고 추수 때 이를 환수한 제도)를 나눠줘 오로지 백성을 먹여 살리는 데 힘쓰도록 하라 (세종 8년 2월 22일)고 말했다.

조선의 여느 왕들과 달리 세종은 장래를 과학적으로 예측하고 대비하려는 태도를 견지했다. 대표적인 예가 세종 23~24년 측우기의 개발과 확산이다. 다른 왕들은 가뭄 때 기우제를 지내는 것에 그쳤지만 세종은 측우기를 만들어 연강수량을 측정했다. 과거 강수량을 측정할 때는 땅을 파서 빗물이 들어간 깊이를 쟀지만, 세종은 여기에 많은 허점이 있음을 간파하고 쇠로 주조한 측우기를 만들어 과학적으로 강수량을 쟀다. 세종 24년 5월 8일 기록을 보면 호조가 우량을 측정하는 일을 세종에게 보고하면서 "비가 온 양을 기록해두어 후일에 참고하겠다"고 밝힌 대목이 나온다. 세종은 측우기로 비의 양을 측정해 데이터로 남기고 미래를 예측하는 데 사용했을 뿐 아니라 강수량을 기준으로 지역별 작황을 판단하고 그에 따라 조세를 매기는 데에도 활용했다.

변화의 원인을 이해하고 더 나아가 방향성까지 예측하려면 조금은 특별한 기술이 필요하다. 미래학에서는 이런 기술을 이머징 이슈 분석법이라고 부른다. 3장에서 설명했듯 이머징 이슈는 눈에 띄지는 않지만 머지않아 명징한 흐름(흔히 트렌드라 불리는)으로 정착될 약한 신호나 사건을 말한다. 이머징 이슈는 우리말로 징조徵兆다. 세종은 징조를 대하는 태도에서도 여느 왕들과는 사뭇 달랐다. 징조라는 단어는 다른 실록에서도 종종 눈에 띈다. 『중종실록』에는 126번, 『성종실록』에는 86번 언급됐고, 『세종실록』에서는 이보다 적은 65번이 언급됐다. 그러나 세종은 징조라는 단어를 사용할 때 그만의 철학을 드러낸다. 일례로 세종 1년 6월 2일 기록을 보자. 왕은 가뭄 때문에 신하들에게 구언하는 교서를 내리면서 다음과 같이 말했다.

조금도 비가 내릴 징조가 없으니, 아침저녁으로 삼가고 두려워해서 몸 둘 바를 알지 못하는지라, 바르고 충성된 말을 들어서 재변이 풀리기를 원하노니, 대소 신료와 한량(무관이 될 수 있는 가문의 출신으로 아직 무과에 합격하지 못한 자), 기로(60세 이상의 노인)는 각각 마음에 생각하는 바를 다 말하여, 이때에 정사의 잘못된 것과 생민의 질고를 숨김없이 다 진술하여, 내가 하늘을 두려워하고 백성을 애휼하는 뜻에 부합하게 하라. 그 말이 비록 사리에 꼭 맞지 않는다 하더라도 또한 죄주지는 않으리라.

징조를 탐색하는 이유는 앞으로 다가올 사건을 예측해 대비하려는 것도 있지만 더 중요한 점은 그 징조를 통해 조직이 지금까지 간과하거나 무시해왔던 정보가 무엇이었는지 논의하는 것이다. 더 나아가 그 정보가 간과된 구조적 이유를 밝혀야 한다. 개인이나 조직은 외부 변화를 해석하는 나름의 인식 모형 mental model이 있다. 징조를 탐색하는 활동은 이런 인식 모형의 한계를 극복하는 데 있다. 세종은 부정적인 징조를 언급하면서 자신이 모르는 것, 잘못한 것을 숨김없이 말해달라고 요청한다. 『창조적 학습사회』를 펴낸 경제학자 조지프 스티글리츠는 더 잘하는 법을 배우는 것은 생산성 향상에 아주 중요한 역할을 한다며 선진국이란 학습사회가 잘 조성돼 있는 곳이라고 한다. 이런 점에서 세종이 꿈꾸는 사회는 학습사회로 볼 수 있으며 스스로 솔선수범해 당대 지식의 한계를 극복하려고 노력했다.

앞서 언급한 기록의 마지막 부분을 다시 보자. 놀라운 것이 세종은 징조를 통해 자신이 간과했던 정보에 대해 신하들이 말해줄 것을 요청하면서 그 정보가 딱히 사리에 부합하지 않더라도 죄를 묻지는 않겠다는 약속까지 한다는 점이다. 사실 새로운 정보는 이전의 인과관계로 설명할 수 없는 것이 많다. 그렇기 때문에 '새롭다'고 표현하는 것이다. 그렇다면 비록 당장은 타당한 이유를 댈 수 없더라도 공론으로 끌어들여 논의하는 게 지혜로울 것이다. 이런 점에서 세종은 끊임없이 새로움을 탐색하고 새로운 시각으로 보려는 노력을 경주했음을 알 수 있다.

세종이 통치하던 시대에 과학기술은 물론 문화 예술 등 다방면에서 뛰어난 성과를 창출할 수 있었던 이유는 장래와 징조를 살피고 대비하려는 세종의 미래 지향적 태도가 큰 역할을 했기 때문이다. 세종뿐 아니라 많은 신하도 장래를 걱정하고 대비하려는 마음이 있었기에 『세종실록』에 특히 장래라는 단어가 많이 언급돼 있을 것이다. 세종은 예측하는 사회를 구축해 나라를 발전시킨 조선 최초의 군주라고 봐도 좋을 것이다.

ㅣㅣㅣㅣㅣㅣㅣㅣㅣㅣㅣㅣㅣㅣㅣㅣㅣㅣㅣㅣㅣㅣㅣㅣㅣㅣㅣㅣㅣㅣㅣ **과학적 미래 예측, 예술적 미래 예측**

어쩌면 미래를 예측한다는 것은 인간의 과도한 욕심일지 모른다. 시간을 되돌이킬 수 없는 세계에서 미래를 먼저 볼 수는 없다. 물리학적으로 불가능하다. 사실 내가 지금 이 자리에 있는 것도 과거의 수많은 인과적 조합에서 비롯된 것이다.

수많은 인과적 조합은 내가 원한 것도 있지만 예상하지 못했던 것이 더 많다. 그때 우연히 그 사람을 만나지 않았더라면, 그때 버스를 타지 않고 지하철을 탔다면, 오는 길에 스타벅스에 들러 아메리카노를 주문하지 않았더라면, 파란불이 깜빡이는 횡단보도를 뛰어 건너지 않았더라면, 아는 사람에게 전화가 걸려와 길 한편에 서서 그 전화를 받지 않았더라면, 나는 지금 이 시간에 이 자리에 없었을 것이다. 이 모든 변수를 곱하기로 조합해서 내가 여기 있을 줄을 어떻게 예측하겠는가.

그럼에도 미래학은 과학적 미래 예측의 가능성을 믿는다. 일어날 가능성을 확률로 계산할 수 있다는 주장이다. 미래학이 처음 등장했을 때 미래학을 개척한 1세대들은 과학이 아닌 기술arts로, 예측forecasting이 아닌 억측conjecture으로 미래를 짐작할 수 있다고 주장했다. 그러나 미래학의 이론과 방법론이 발전하면서 미래 예측은 과학기술의 영역으로 점차 진입했다. 이들은 미래를 정확히 알아맞히는 것을 과업으로 삼았다. 복잡한 수식과 컴퓨터를 이용한 계산, 수많은 데이터가 활용되었다. 수식과 데이터가 없으면 아예 논문 심사도 해주지 않는 미래학 저널도 꽤 있다.

미래는 '진짜' 예측될 수 있는 것일까. 좀 지난 얘기지만 미래 예측에 천문학적인 비용을 투자한 나이키의 사례를 보자. 때는 2000년, 세계적인 갑부 필 나이트가 글로벌 스포츠용품 기업 나이키의 회장으로 재직할 당시의 얘기다. 나이키 이사회는 수요를 예측하는 프로그램에 4억 달러를 투자한다. 4억 달러라면 4500억 원쯤 된다. 당시 미국은 소프트웨어 프로그램 개발이 붐을 이뤘다. 전산 관련 학회들이 앞다퉈 컴퓨터 프로그램으로 미래 예측이 가능하다고 떠들었고, 기업들은 이들의 주장에 귀를 기울였다.

그러나 4억 달러를 투자한 초호화판 예측활동은 실패로 끝났다. 에어 가넷2와 에어포스원이 소위 대박을 터뜨릴 수 있는 제품으로 예측되었으나 결과는 참담했다. 예상치의 절반도 팔리지 않았고, 주가는 곤두박질쳤으며, 혁신 기업이라는 평판에도 먹칠을 했다. 왜 그랬을까. 당시 이 상황을 면밀히 지켜봤던 위덴 기자는 2003년 그가 쓴 글에서 나이키를 포함한 기업들이 왜 예측에 실패했는지 그 이유를 밝혔다.[4]

첫째, 예측에 필요한 데이터를 얻기에는 세상이 너무 복잡하다는 점이다. 이는 앞서 '내가 왜 이 시간에 이 자리에 있는지'를 설명하면서 이야기한 바 있으니 추가 설명은 생략한다.

둘째, 예측에 필요한 데이터를 얻었다고 해도 그 데이터는 과거를 보여줄 뿐 미래를 보여주지는 못한다는 점이다. 데이터는 과거의 흔적이다. 그 데이터를 모아 변화의 패턴을 밝혀냈다고 해도 그건 과거 행동의 패턴이다(물론 패턴을 밝히는 것은 어려운 작업이어서 칭찬받을 일이긴 하다). 문제는 패턴대로 미래가 펼쳐질 수도 있고 그렇지 않을 수도 있는 데다, 더 심각한 문제는 패턴의 변곡점을 예측하기 어렵다는 점이다.

셋째, 더 중요한 오류는 예측 작업 과정에서 각 부서의 이해관계가 반영되었다는 점이다. 마케팅부서에는 1억5000만 달러의 판매가 예상된다고 하는데 판매부서에서는 그의 절반인 7500만 달러어치만 판매될 것으로 예상한다. 왜 그럴까. 신제품이 나오면 마케팅부서는 잘 팔린다고 해야 자신의 실적을 인정받지만 판매부서는 실제 판매량으로 실적을 인정받기 때문이다. 마케팅은 제품이 대박난다고 떠들어야 일을 잘하는 것으로 평가받고, 판매팀은 실제 고객들이 구매하는 양으로 평가받는다. 판매팀에선 연말 평가를 고려해 최대한 보수적으로 판매량을 예측해 보고하는 것이 훨씬 안전할 것이다.

넷째, 현장에서도 실제의 데이터를 얻는 데 종종 어려움을 겪는다. 어떤 제품의 판매가 약간 오르는 추세인지, 아니면 올랐다 떨어지기를 반복하는 추세인지 시간이 지나지 않고서는 알기 힘들다. 이때도 부서 간 이해관계가 실제 상황을 왜곡한다. 당신이 미래 예측팀에 소속된 직원이라고 해보자. 어느 날 예측에 필요한 데이터를 얻기 위해 제품공급부서에 찾아가 현재 판매 추이를 물었다. 그랬더니 공급부서 직원은 판매가 상승하는 추세여서 곧 창고에 있는 재고량이 소진될 것이라고 말했다. 그러나 소매부서의 얘기는 달랐는데, 그 제품의 판매 추이가 현재까지는 약간 상향이지만 조만간 떨어질 수도 있다고 말한다. 한 부서는 판매 상향, 한 부서는 현재 약간 상향이지만 어찌될지 모른다는 얘기를 해주었을 때 당신은 어떤 결론을 내릴 수 있겠는가. 재고량을 소진해야 한다는 압력에 공급부서가 현실의 데이터를 약간 왜곡해서 해석하는 것인가, 아니면 소매부서에서 정확한 현실이 알려지는 게 두려워 애매한 답변을 내놓은 것인가. 판단하기 쉽지 않다.

워덴이 지적한 결정적인 예측 실패의 이유는 정작 의사 결정자들이 과도하게 예측 프로그램에 의존해 결정했다는 점이었다. 나이키의 경우, 이사회 의사록에서 예측 결과에 대한 비판적인 토론은 찾아볼 수 없었다. 마치 '4억 달러나 들였는데, 설마 엉터리 같은 결과를 냈으려고'라는 맹목적 믿음이 이사회를 지배한 듯 보였다. 워덴은 좋은 예측은 정확한 데이터와 현명한 판단의 적절한 조합으로 가능하다고 봤다. 나이키는 데이터의 정확성도 떨어졌지만, 더 중요한 문제는 이사회 구성원들이 예측 결과를 꼼꼼히 따져보지 않았다는 데 있었다.

미래를 상상하는 세 가지 방법

나는 대중을 상대로 미래학 강연을 가면 꼭 묻는 말이 있다. "미래를 어떻게 상상하세요?" 대부분 경험을 통해 미래를 예측한다고 답변한다. 때로는 미래사회를 다룬 신문 기사나 방송 프로그램을 보고 미래를 상상하기도 한다. 많지는 않지만, 통계청에서 발표하는 인구 증감 추세나 학회 학술 세미나 등을 통해 미래를 생각해본다는 사람들도 있다.

우리가 미래를 상상할 때는 세 가지 방법을 사용한다.[5] 가장 많이 사용하는 방법은 앞서 대중의 대부분이 해봤던 경험적 예측이다. 기존 자료와 경험으로 미래를 추론하는 것이다. 그런데 이 방법에도 정석이 있다. 핵심은 '돌 위에 돌을 얹는 식'으로 해야 한다는 것이다. 돌을 쌓아올려 집을 짓는 것에 비유하자면 이미 일어난 사건을 바닥으로 삼고, 그 사건이 일어났으니 이제 어떤 사건이 꼬리를 물고 일어날까 예측해보는 것이다.

예를 들어 2016년 구글의 컴퓨터 프로그램 알파고가 이세돌 9단을 바둑대회에서 이겼다는 사건을 주춧돌로 삼아보자. 그다음에는 어떤 일이 일어날까. 알파고가 바둑뿐 아니라 포커게임처럼 고도의 두뇌와 전략, 게임에 참여하는 다양한 사람의 얼굴 표정, 시시각각 변하는 상황 등을 이해하는 게임에서도 인간을 누르고 승리한다고 가정할 수 있다. 그다음은 어떻게 될까. 이 정도 되면 알파고는 강한 인공지능의 진입 단계에 들어섰다고 판단되며, 인간이 하는 대부분의 일을 대체하는 수준까지 발전한다고 예측할 수 있다. 그럼, 그다음은 어떻게 될까. 이렇듯 단계를 높이면서 '그다음은 어떻게 될까?'를 열 번 이상 반복해서 질문하면 알파고와 이세돌의 대결로 시작해 인간과 기계의 융합, 새로운 인류의 등장, 지구상에 또 다른 지적 존재의 탄생 등 매우 변형적인 미래의 모습이 그려진다.

이런 방법을 논리적 상상logical imagination이라 부른다. 논리로만 미래의 모습을 상상하고 상상의 범위를 확대하면서 우리가 무엇을 알고, 무엇을 모르는지 확인하는 방법이다. 이 방법을 사용하면 현재 추세를 풍부하게 이해할 수 있고, 추세의 다양한 방향성을 가늠해볼 수 있다. 앞서 사례로 든 알파고와 이세돌의 대결처럼 기계와 인간의 게임 대결이라는 현상에 숨겨져 있는 기술의 발전 속도, 가공할 만한 알고리즘, 인공지능의 다양한 쓰임새와 실험들, 기술이 우리 일상에 침투하는 정도와 파급력, 새로운 기술과 활용에 따른 제도와 법, 윤리의 변화 양상 등을 논리적 추론을 통해 드러낼 수 있다. 혼자 하는 것보다 여럿이서 함께 인과지도 같은 것을 화살표로 그려가며 이야기해보면 내용이 훨씬 풍부해진다. 하나의 변화가 어떻게 다양한 영향을 미치는지도 함께 이야기해보면 쉽게 드러난다. 각자의 경험과 지식이 있기 때문이다.

미래를 상상하는 두 번째 방법은 비판적 사고를 활용하는 것이다. 논리적 상상이 기존에 일어난 사건을 호기심이라는 동기로 확산하는 것이라면, 비판적 사고를 활용한 미래 상상은 의지, 목적, 성찰, 걱정, 두려움 등이 동기로 작용한다. 미래학계에서는 의지가 투영된 미래willed futures라고 하는데, 어떤 규범이나 가치의 구현을 목적으로 미래를 상상하는 것이다. 그러자면 평소 비판적인 사고를 단련해야 한다. 문제를 풀기 위해 미래의 대안을 상상하는 작업이기 때문이다.

예를 들면 2015년 파리기후협약에서 세계 각국은 인간의 활동으로 배출된 이산화탄소 때문에 지구의 기온이 과거와 달리 급격히 상승하거나, 여러 지역에서 갑작스러운 태풍, 가뭄, 홍수, 무더위 등을 경험한다는 데 인식을 함께했다. 우리의 생활 방식을 이대로 고집하면 온도 상승은 막을 수 없고 전 지구적 재앙이 벌어진다. 인류의 미래는 물론 다른 동식물의 생태계까지 파괴할 수 있는 것이다. 이런 공통된 인식을 바탕으로 각국은 이산화탄소 배출량을 축소하는 계획을 발표했다. 한국은 2030년까지 이산화탄소 배출량을 37퍼센트 줄이기로 약속했다. 어림잡아 2030년 한국의 이산화탄소 배출량은 8억 톤가량 되며, 37퍼센트 축소 약속을 지키자면 3억 톤 이상의 이산화탄소 배출량을 줄여야 한다.

명확한 미래의 목표를 두고 그 목표를 실현할 전략과 정책을 상상하는 것도 중요한 미래 상상의 방법이다. 통상 이런 미래를 실현하는 데 사용하는 방법론으로는 백캐스팅backcasting을 들 수 있다. 백캐스팅은 미래 목표점에 도달하기 위해 지금부터 무엇을 해야 하는지 정하는 것이다. 2030년까지 이산화탄소 37퍼센트를 줄이려면 2025년에 어떤 방법과 전략을 사용해 30퍼센트가량을 줄이고, 2020년까지 25퍼센트 줄이며, 올해는 어떤 방법과 전략으로 이산화탄소 배출량을 줄일 수 있는지 논의해야 한다. 미래의 시점으로부터 현재로 거슬러 내려와 시기별로 어떤 전략을 활용해야 하는지 상상한다고 해서 백캐스팅이라는 이름이 붙여졌다.

목표만 정해지면 백캐스팅이 자동으로 되는 것은 아니다. 목표가 도전적이고 대담할수록 전략과 정책을 수립하는 것은 거의 사회 개혁 수준으로 높아져야 한다. 예를 들어 독일이 (아직 의회의 승인을 받지 못했지만) 2030년까지 화석연료를 사용하는 자동차의 운행 금지를 사회 목표로 내걸었다고 해보자. 자동차 업계는 기존의 화석연료(휘발유나 경유)로 작동되는 내연기관은 사용할 수 없게 되며, 대안으로 전기자동차를 개발할 것이다. 자동차의 주연료가 바뀌면서 휘발유와 경유를 판매하던 주유소는 사라지고 전기충전소가 생겨날 것이다. 기존의 자동차 기술자들은 전기자동차 기술자로 대체되고, 기계공학이나 자동차공학을 가르치던 대학에서도 커리큘럼의 변화가 일어날 것이다. 석유 산업의 퇴조가 이어질 것이고, 석유화학 제품을 생산하던 업체들은 대부분 사라질 것이다. 일자리에 대변혁이 일어나는 것이다. 한 나라의 주력 산업에 커다란 변화가 생길 것이고, 그에 따라 토지를 이용하던 방식, 도시를 운영하는 방식에도 일대 변화가 일 것이다. 결국 지금까지 유지되었던 사회, 경제, 정치적 구조까지 바꿔야 하는 상황이 펼쳐진다.

세 번째 미래 상상의 방법은 창의력을 발휘하는 것이다. 미래학에서는 이런 방식으로 상상된 미래를 발명된 미래invented futures라 부른다. 약간의 주의가 요구되는데, 이 방법은 현재의 추세를 반영하는 것이 아니다. 또 현재 어떤 기술들의 단순한 조합적 방식으로 창의적 미래를 그릴 수 있는 것도 아니다. 현재를 부정한다고 새로운 것이 나오지도 않아 이런 식으로 상상하는 것은 별 도움이 되지 못한다. 그러나 현재의 시스템을 대체하는 전혀 새로운 시스템의 상상 또는 전례가 없는 원인으로 벌어지는 사건이나 상황은 이 방법론을 활용하는 데 매우 유용하다.

숫자나 데이터를 챙겨야 안심이 되는 사람들은 이 방법을 사용하는 데 서툴다. 전례가 없는 상황을 가정하는 데 과거의 데이터가 있을 리 없고, 추세를 나타내는 숫자가 나올 리 없다. 특히 한국인에서는 새로운 사업을 제안할 때 상사가 "외국 사례는 있는가?"라고 묻는 일이 많은데, 이런 상사가 있는 조직에서는 창의적 상상력이 발휘될 수 없다. 숫자와 데이터는 이 상상력을 가로막는 최대의 걸림돌이다.

그렇다고 매우 공상과학적인 상상력을 의미하는 것은 아니다. 약하더라도 증거가 있어야 그걸 기반으로 삼아 미래를 상상할 수 있다. 로켓 기술도 없이 달나라에서 거주하는 미래를 그려볼 수는 없다. 그러나 매우 약한 증거나 신호는 기존의 사고

방식에서는 오류나 우연으로 여겨질 가능성이 크다. 그러므로 창의적 상상력은 발휘하기 쉽지 않다. 특히 혼자서 글 쓰는 작가라면 몰라도, 조직 내에서 동료들과 상사를 설득하면서 새로운 프로젝트를 진행해야 하는 처지라면 이런 약한 신호와 증거로는 이들의 동의를 끌어내기 힘들다.

이런 창의적 상상력을 활용하기 위해 미래학계에서 주로 사용하는 방법론은 이머징 이슈 분석법이다. 수평선 너머 작은 물체가 보이지만 그것이 무엇인지는 아직 파악되지 않은, 기존에 봤던 모습이나 패턴에서 크게 벗어난 형태를 발견하면 그것이 이머징 이슈의 후보군이 된다. 이머징 이슈 분석법을 사용하는 이유는 새로운 가능성의 탐색, 와해적 기술의 개발, 새로운 지평의 발견을 하고 싶어서다. 이런 이슈들은 당장 우리에게 걱정을 불러일으키거나 기회로 인식되지는 않는다. 실체가 불분명하기 때문이다. 그러나 분석하기에 따라 한 사회의 상상력 지평을 넓히는 방법론을 개발할 수 있고, 그럼으로써 새로운 가능성을 발굴해 사회 문제 해결에 창의적으로 적용해볼 수도 있다.(이머징 이슈 분석법에 대해서는 제3장 '방랑사회가 올 것인가' 참조)

사회를 변화시키는 일곱 가지 동인

사회를 변화시키는 요인으로는 통상 인구, 문화, 환경, 에너지, 경제, 과학기술, 정치, 이 일곱 가지가 거론된다. 이 요인들의 변화에 따라, 때로는 이 요인들의 결합 정도에 따라 사회는 작든 크든 변화를 경험한다. 요인별로 사회에 어떤 영향을 주는지 간략하게 설명해본다.

←**인구** 인구의 증감에 따라 사회는 변화한다. 인구가 증가하면 사람들이 거주할 집도 더 필요하고 아이들을 가르칠 학교도 더 많이 세워야 한다. 시장이 발달하고 교통이 복잡해지며 도시가 형성된다. 사람이 많아지면 갈등이나 다툼도 많아진다. 갈등을 해결할 법과 제도가 정비될 것이다. 반면 인구가 감소하면 경제적 활력이 줄어들고 혁신의 아이디어들도 감소한다. 사람들이 빠져나간 도시는 낡고 쇠퇴한다.

←**에너지** 목재나 동물 등을 활용해 에너지를 얻었던 농경사회로부터 석유와 전기 에너지를 사용하기 시작한 산업사회가 등장하면서 세계는 혁신적인 변화를 경험했다. 그러나 지금은 화석연료 사용의 증가가 기후변화의 주요 요인으로 지목되고, 이를 감소해야 한다는 목소리가 힘을 얻고 있는 점을 감안하면 과거 세계의 발전을 지탱했던 에너지의 한 축이 무너지고 있음을 이해할 수 있다.

새로운 에너지원이 개발됨에 따라 우리 사회가 어떻게 변화될지는 초미의 관심사다.

←경제 경제학자들은 수요와 공급 곡선으로 사회 변화를 설명한다. 경기의 부침에 따라 어떤 산업은 성장하고 어떤 산업은 쇠퇴한다. 산업의 변화는 일자리 변화, 일하는 방식의 변화를 야기한다. 경제적 불평등과 양극화의 확대는 새로운 경제 시스템이 고안되어야 함을 역설한다. 거시적인 측면에서 환율이나 국제 무역 거래의 변화도 주요 동인이다.

←환경 사회적, 자연적 환경도 주요 변인이다. 예컨대 황사와 미세먼지로 사람들이 얼마나 고통받고 이와 관련된 새로운 질병이 우리 사회를 얼마나 괴롭히고 있는지 생각해보라. 자연생태계의 훼손 및 파괴로 많은 동식물이 멸종되고 있다.

←문화 이 동인은 오랜 시간을 두고 사회를 변화시켜 다른 요인보다 더 장기적이고 근본적인 동인으로 간주된다. 세계가 전례 없이 긴밀하게 연결되고 왕래하는 요즘, 새로운 문화나 생활양식의 유입으로 사회가 매우 빠르게 변화하고 있다. 다문화라는 말도 불과 20~30년 전에는 잘 사용되지 않았다. 가족관계의 변화, 먹는 음식의 변화도 사회가 어떤 방향으로 흘러가는지 예측할 수 있는 단서다.

←**과학기술** 18세기 영국의 산업혁명 당시, 의료 기술이 발달하고 집 짓는 기술이 달라지며 가축을 키우는 방식이 획기적으로 변하면서 사람들의 수명이 늘어났다. 이에 따라 인구가 증가해 많은 사회 변화를 일으켰다. 작은 기술적 변화가 사회에 커다란 영향을 미치기도 한다. 벽돌집의 등장으로 해충의 유입을 막아 사람들의 건강이 획기적으로 개선된 18세기 유럽이 좋은 사례다. 최근의 과학기술, 예를 들면 인공지능, 유전자가위 기술, 나노공학 등은 새로운 인류의 탄생을 예고하기도 하고, 인류 외에 지구상에 새로운 지적 존재의 등장을 암시하기도 해서 인류사에 격변을 일으킬 주요 요인으로 뜨겁게 논의되고 있다.

←**정치** 독재 시대에서 민주화 시대로, 중앙 정부 중심에서 지방자치 시대로, 국경이 없는 세계화 시대 등은 모두 정치적 변화로 볼 수 있다. 세계화에 대한 저항으로 개별 국가의 민족주의가 발흥해 벌어진 영국의 유럽연합 탈퇴, 미국의 트럼프 대통령 당선 이후 경험하고 있는 중국과 미국의 무역 전쟁, 남북한의 급진적인 관계 개선을 통한 한반도의 정치적 변화는 불과 몇 년 전만 해도 상상하기 힘든 변화였다.

이처럼 사회의 미래를 바꿀 동인은 다양하고 그 파급력도 천차만별이다. 이런 동인들은 개별적으로 사회에, 조직에, 또 우리의 개별적 삶에도 영향을 미치지만 도도한 흐름을 파악하기가 쉽지 않다. 인구 변화는 비교적 그 추세가 눈에 보이지만 경제적 부침이나 정치적 격변 그리고 과학기술의 발전은 그 방향을 짐작하기가 쉽지 않다. 또한 개별적 동인이 서로 영향을 주고받으며 새로운 현상을 일으키기 때문에 복합적인 동인의 영향력이나 발생 가능성 등은 예측하기가 더욱 어렵다. 일반 개인의 처지에서는 언론이나 학계에서 생산하는 정보에 의존할 수밖에 없다. 이런 정보도 장기적인 추세를 보여주지 못하며, 변화의 근본 원인, 다층적 변화의 구조에 대해 파편적이고 부분적인 것만 알려주는 수준밖에 안된다. 이런 변화들이 도대체 내 인생, 내 일자리에 어떤 영향을 준다는 것인지 이해하기 어려우며, 그에 대비해 준비하기는 더욱 어렵다.

변화의 동인들이 갖는 복잡성, 동인 간의 역동적 상호작용, 그에 따른 우리 삶의 변화를 가벼운 예를 들어 설명해보자.

언론사 기자로 주식시장을 취재하던 2000년 4월, 코스닥 시장에 새로 상장한 업체 이름이 눈에 들어왔다. 에스엠SM엔터테인먼트. 연예인들을 키워내는 기업이라고 했다. 당시만 해도 중공업, 자동차, 건설, 기계쯤은 다루지 않더라도 인터넷 관련 부품 소재나 하다못해 생활정보지라도 생산하는 곳이 상장기업으로 대접받았다. 에스엠 같은 업체들이 줄지어 나타나면서 장차 한국의 문화산업을 이끌어갈, 그래서 수많은 젊은이가 장래의 꿈을 실현하려고 앞다퉈 들어가려는 기업이 될 줄은 상상도 못 했다.

당시 미국 검색 업체 구글도 에스엠 못지않게 신기했던 기업이다. 이름도 사전에서 찾을 수 없는 낯선 것이었지만, 첫 화면에 덩그러니 떠 있는 기다란 네모도 우스웠다. 그래서 구글은 어떻게 돈을 벌겠다는 것인지, 사람들은 이 네모를 통해 무엇을 찾고 있는지, 도처에 숨어 있는 수많은 정보를 연결하는 것이 장차 무슨 산업으로 발전할 것인지 이해하기 힘들었다. 족보도 없는 '것'들이 21세기 벽두부터 세상을 흔들어놓을 것으로 상상하지 못했다.

위의 사례들은 사회가 변화하면서 새로운 산업이 등장함을 보여준다. 특히 새로운 과학기술이 사회를 바꾸고 새로운 일자리를 만들어내는 주요 동력임을 알 수 있다. 물론 새로운 과학기술은 사회 구성원의 필요에 따라 발명된 것으로 볼 수 있다. 기술이 사회적 수요에 의해 창조되었든 기술 때문에 사회가 변화됐든 우리의 일상에서 특히 일자리 측면에서 많은 변화가 생긴다.

앞서 족보도 없는 새로운 기업들이 시장의 강자로 군림한 사례를 들었는데, 사회 변화가 빨라지면서 이런 경향은 더욱 가속화되고 있다. KPMG International(2013)에 따르면 미국의 한 기업이 S&P 500지수(미국 500대 기업의 주식을 포함한 지수)에 머물러 있는 기간은 1937년 75년이었다가 2011년에는 15년으

<그림 5-1> 한 기업이 미국 S&P 500 지수에 머물러 있는 기간

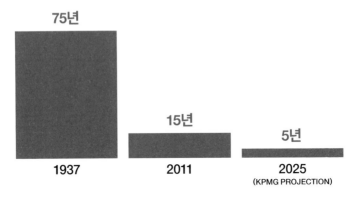

출처: KPMG International(2013). Future State 2030: The global megatrends shaping governments, 22쪽

로 짧아지고, 2025년에는 5년에 불과할 것으로 예측됐다(그림 5-1 참조). 박영서 전 KISTI 원장은 "2045년에는 포춘 선정 500대 기업의 70퍼센트 정도가 현재 태어나지도 않은 기업이 차지할 것"으로 내다보기도 했다.6

아직 태어나지도 않은 기업이 무엇인지도 모르는데 앞으로 어떤 기업이 어떤 일자리를 내놓을지는 더욱 아리송하다. 게다가 우리는 현재의 관점에서 유용하거나 중요한 것만 눈에 담지 그렇지 않은 것들은 잘못 이해하거나 무시한다. 꼭 필요한 변화라도 우리는 그 변화에 준비되어 있지 않으면 이를 불합리하다거나 비정상적이라고 치부한다. 낯선 것을 열린 마음으로 해석해야 하는데, 현재의 생존에 급급한 우리로선 결국 미래 예측

미래공부

에 실패할 수밖에 없는 것이다.

미래의 방향성은 누가 결정하는 것도 아니고 몇 가지 자료를 조합하고 분석한다고 쉽게 알아낼 수 있는 것도 아니다. 그런데도 사례를 통해 그 흐름을 흐릿하게나마 헤아려볼 수는 있겠다. 오태광 한국생명공학연구원 전 원장은 지금까지 ICT(정보통신기술) 혁명에서 바이오 혁명으로 진전됐다면, 2020년 이후에는 바이오+ICT+NT(나노공학)의 융합기술 혁명이 올 것으로 예측한다.[7] 바이오와 ICT의 융합은 바이오 빅데이터를 탄생시키는데, 이는 개인맞춤형 의료 서비스의 구현을 가능케 한다. 한 명의 의사가 평생을 진료해도 2만5000명의 환자를 볼 수 있다는데, 바이오 빅데이터가 작동하면 의사는 앉아서 수백만, 수천만 명의 환자 데이터를 손에 쥘 수 있다. 오태광은 이를 "근거 중심 의학"의 구현으로 해석한다.

여기에 기계와 화학까지 결합하면 바이오 신약, 바이오매스 biomass(예컨대 천연 약품, 바이오 에너지, 기능성 화학 소재의 개발 등), 바이오 화장품, 전자 오감, 인공장기 개발 등이 가속화될 것으로 예측된다. 오태광은 영국 공영방송BBC에서 2013년 내놓은 미래의 세계라는 자료를 인용해 머지않아 미국인 절반 이상이 체내에 위치추적기를 심거나, 자신의 뇌 정보를 컴퓨터에 업로드할 것으로 보았다. 또한 로봇이 농사일을 돕거나, 의사가 환자에게 약 대신 의료앱을 처방하는 것을 보게 될 거라고 설명했다.[8]

박가열 한국고용정보원 연구위원은 다가오는 미래가 3A(Aged Society, Automated Smart Digital, Asia Emerging)의 특징을 보일 것으로 예측한다.[9] 고령화는 더욱 가속화되고 이에 따라 우리 사회는 많은 신직업을 보게 될 것이다. 박가열은 데이터 전문 간호사, 인공장기조직 개발자, 골근격증강기 연구원, 말벗 도우미 등을 고령화에 따른 신직업의 예로 든다. 자동화된 스마트 디지털과 관련한 새로운 직업으로는 범죄를 미리 막는 사전범죄 분석가, 신경 마케터, 기억 대리인, 만물인터넷 개발자 등을 들 수 있다. 아시아의 부상과 관련해 국제 인재 채용 대리인이나 문화 갈등 해결원 등은 우리가 마주할 미래의 직업이다. 이런 예측은 과학기술의 측면에서 빅데이터, 로봇공학, 유전공학, 인공지능 기술 등의 발달을 전제로 내놓은 것이다.

외국 자료를 하나 더 보자. 영국 국방부의 2045년 예측 보고서(UK Ministry of Defense, 2014)는 세계화, 기후변화, 범세계적 불평등, 혁신의 네 가지를 미래의 핵심 키워드로 소개했다.[10] 2045년 미래에 보편화될 기술 목록으로는 지능을 연결하는 네트워크, 진화된 시뮬레이션 기술, 가상현실, 암호해독, 인지과학, 인공지능, 바이오 및 재료 공학, 새로운 에너지 기술, 나노기술, 자동화 기술, 로봇공학, 가상현실, 우주공학 등이다.

이 보고서는 이외에도 신종 전염병의 창궐, 사막화와 홍수 등 기후변화의 위험성, 경쟁주의의 심화와 이에 저항하는 패배자 연합 정치 세력의 결집, 세계 인구의 65퍼센트(60억 명)가 도시에 거주하지만 그중 20억 명은 도시의 슬럼에서 지내며 범죄와 과격한 세력의 온상이 된다는 점, 경제적 양극화가 심화되면서 사회적 불안감의 증가와 다양한 소요 사태의 발생, 중국과 인도 등의 물 재난 등을 예상한다. 한국의 미래도 언급하고 있는데, 2045년 통일 뒤의 한반도는 핵무기 보유국으로 중국, 일본 등과 군사적으로 경쟁하고 갈등을 빚을 수 있다고 예측했다.

이처럼 국내외에서 관찰되는 새로운 과학기술은 무척 다양하고 복잡해서 방향성을 짐작하기가 어렵다. 그럼에도 매우 거친 예측을 해본다면, 즐거움과 나눔의 두 가지 방향이 있다. 사실 인류가 처음 모여 살기 시작하고 문명을 만든 이유도 즐거움과 나눔 때문이었다. 페루의 인류학자 루스 섀디Ruth Shady는 1994년 인류 문명의 기원으로 불리는 어머니 도시Mother City를 페루의 캐럴시에서 발견했다. 어머니 도시를 통해 섀디는 흩어져 살던 인류가 처음으로 모여 도시를 일군 이유에 대해 나누고, 놀기 위해서라고 주장했다. 섀디는 어머니 도시의 유적지에서 마약 성분이 있는 허브와 피리, 그리고 바닷가 마을에서 잡은 물고기와 교환하기 위해 만든 그물을 발견했다. 인류는 허브를 태우고 피리를 불면서 함께 즐겁게 놀았고, 그물을 지어 물고기와 교환해 생존했다. 우리가 미래에 어떤 놀이를 하며 즐거워할 것인지, 어떤 사회적 필요를 채우고자 일할 것인지에 따라 새로운 일자리가 나타날 것이다. 두 가지 중 하나만 잘하면 사회에서 생존하는 데는 무리가 없지 않을까.

미래 연구자뿐 아니라 기업에서도, 대학 강의실에서도 미래를 예측할 때 시나리오 방법론을 활용한다. 영화 시나리오처럼 주제와 등장인물, 사건과 줄거리, 반전 등이 있어 미래 시나리오로 불린다. 미국과 구소련이 한창 군비 경쟁을 하던 1960년대에 미국의 랜드연구소 출신의 허먼 칸이 양국이 핵무기 경쟁을 했을 때 어떤 결과가 나올지 시나리오 형태로 예측한 게 시초가 되었다. 시나리오 기법이 많은 주목을 받게 된 계기는 1장에서 설명한 로열더치셸의 피에르 왝 덕분이다. 군사적 목적에서 활용한 시나리오를 1970년대와 1980년대에 기업 경영의 영역으로 끌어들여 기업이 향후의 불확실성을 헤쳐나가는 기법으로 발전시켰다. 당시 기업들은 세계화의 물결을 타기 시작했고, 다양한 국가와 지역에서 기업활동을 하다보니 수많은 불확실성에 맞닥뜨리게 되었다. 이런 시대적 배경도 시나리오 예측법이 널리 쓰이는 데 한몫했다.

시나리오 예측법의 핵심은 현재 우리가 간과하거나 무시하고 있는 징조, 징후를 이해하는 것이다. 미래 시나리오는 현재의 추세를 멈추게 할 그 무엇, 우리를 놀라게 할 그 무엇, 현재의 전략에서 놓치고 있는 그 무엇을 담아내야 한다. 그래서 의사 결정자들의 세계관을 흔들어야 하고 이들의 기존 경험과 지식에 허점이 있음을 깨닫게 해야 한다. 시나리오에는 혁신을 일

귀낼 수 있는 씨앗 아이디어들이 담겨야 하고, 이를 통해 새로운 전략적 대화가 일어나도록 부추겨야 한다. 구체적인 전략과 계획이 담기는 것보다는 아직 체로 걸러내지 않은 생생한 정보를 담는 것이 더욱 좋다. 변화의 방향, 변화를 추동하는 동인 등 큰 틀에서 미래의 모습을 나타내는 것이 시나리오 방법론의 정석이다.

1980년대 이후 학계에서도 시나리오 방법론 연구가 급증했는데, 주로 네 가지 측면에서 이뤄졌다. 기업 경영의 측면에서 미래 사업 계획 수립이나 의사결정의 수단으로, 현재 일어나고 있는 변화의 다양하고 다층적인 형태를 이해하고 학습하는 교육적 수단으로 시나리오가 활용되었다. 이뿐만 아니라 변화의 다면적이고 다층적인 속성 때문에 사회 구조를 이해하는 방법론으로도 사용되었다. 그 덕분에 시스템적 사고system thinking라 불리는 분야가 등장하고 발전했다. 시나리오는 개인이나 기업이 인식하는 세계를 확장하는 기능이 있어 인식론의 한 방법론으로도 활발히 이용되었다. 이런 인식론의 핵심은 허먼 칸이 말하는 '생각할 수 없는 것을 생각'하는 것thinking about the unthinkable으로 요약할 수 있다.

시나리오의 형태는 다양하다. 영화 대본처럼 줄거리가 나열된 것도 있고, X와 Y축을 만들어 4분면으로 미래의 모습을 그리기도 한다. 또는 현재 상태의 지속, 현재보다 발전된 모습, 현재보다 더 후퇴한 모습 등으로 세 가지 경우의 수를 상정해 시나리오를 쓰기도 한다. 하와이 미래학연구소는 오랫동안 시나리오 기법을 연구해 계속성장, 붕괴, 보존, 변형이라는 네 가지 틀로 시나리오를 엮어 미래를 예측하기도 한다.

미래학적 배경, 철학, 이론, 지역적 특성에 따라 시나리오에는 수많은 변형이 존재한다.[11] 시나리오는 사실 많은 시간이 소요되고 다양한 이해 관계자, 전문가들이 참여하는 집단적 작업이기에 개인들이 적용해보는 데에는 한계가 있다. 그럼에도 어쨌든 혼자서라도 간략한 이론적 틀을 이해하고, 그 틀에서 다양한 정보를 모으고 분류하면서 활용할 수 있다.

시나리오 방법론을 활용해 미래를 예측하려면 우선은 질문이 있어야 한다. 가장 기본적인 질문은 "미래는 어떻게 될까?"이다. 추상적이지만 여기서부터 스스로 물으면서 생각해보자. 앞서 우리는 사회를 변화시키는 동인에 대해 이야기했다. 예를 들어 인구는 증가할까, 줄어들까. 환경은 심각하게 오염될까, 적당한 수준을 유지할까. 경제는 예전처럼 성장할까, 둔화될까. 과학기술은 인류의 삶을 편리하게 할까, 파괴할까. 이렇듯 두 가지 다른 방향에서 미래를 예상해보는 것이다. 어느 한쪽에도 선입견을 갖지 말고 이 방향으로 갈 가능성, 저 방향으로 갈 가능성에 대해 균형감 있게 생각해보는 것이 중요하다.

이렇듯 가볍게 미래에 대해 생각해본 다음, 자신이 가장 궁금해하는 질문을 던져야 한다. 이 단계에서 질문은 좀더 구체적이어야 한다. 예컨대 미래에 우리는 대도시에 모여 살게 될까, 아니면 작은 도시나 마을 중심으로 분산되어 살까. 양방향으로 질문을 던져 자신에게 익숙한 환경뿐 아니라 익숙하지 않은 환경의 미래까지도 생각해보자. 아마 많은 사람에게는 아파트가 즐비한 대도시가 익숙할 것이다. 반면 작은 마을에서 같은 가치를 공유하며 사는 사람들의 삶에 대해서는 잘 모를 것이다. 그런 곳에서 살면 무엇이 좋고, 무엇이 불편할까. 사람들은 어떤 이유에서 그런 곳에서 살게 되었을까. 지금은 대도시 생활이 주류를 이루지만 앞으로 이런 소도시, 마을에서 사는 사람이 많아진다면 그 이유는 무엇일까. 가치관의 변화일까, 대도시의 경쟁적 문화가 싫어서일까, 환경이 나빠지면서 좀더 쾌적한 자연환경을 찾아나선 것일까. 이런 경향은 지속될까, 아니면 잠깐의 유행으로 끝날까. 이런 질문들에 스스로 답하다보면 상당히 균형적인 미래 감각을 갖출 수 있다. 다른 사람의 삶과 욕망을 이해하는 것이야말로 미래를 예측하는 핵심이기 때문이다.

시나리오는 생각의 지평을 넓혀주는 방법이다. 앞서 한 방향이 아닌, 양방향에서 사람들의 거주공간에 대해 예측해봤다면, 이제는 축을 하나 더 만들어 사고를 확장시켜보자. 사람들은 모여 살까, 흩어져 살까라는 질문에 일자리의 형태를 또 다른 질문의 축으로 넣어보자. 예를 들어 미래에는 전문 지식을 갖춘 사람이 돈을 많이 벌까, 아니면 어떤 일에서든 일정 수준 이상의 실적을 보여주는 팔방미인이 돈을 많이 벌까. 달리 말해 시장과 기업은 어떤 인재를 원할까 하는 질문이다. 이 축을 넣어

보면 거주공간의 형태에 따라 어떤 직업이 각광받는지 예측해 볼 수 있다. 거꾸로 각광받는 직업의 형태에 따라 거주공간이 변화될 수도 있다.

그런데 이런 시나리오를 만들 때 단순히 두 극점을 나열하는 것만으로는 새로운 미래를 도출하는 데 실패한다. 예를 들어 흩어져 살기와 전문직 우대가 만나는 공간에서 시나리오가 "사람들은 흩어져 살며, 그곳은 전문직을 우대한다"로 나오면 재미도 없고 전략적 함의도 약하다. 왜 흩어져 살기를 선택했는지, 문화적 또는 심리적 이유가 무엇인지, 흩어져 살면서 얻는 장점과 단점은 무엇인지, 흩어져 살 경우 누가 좋아하고 누가 싫어할지 생각해봐야 이 공간의 시나리오가 풍부해진다. 이렇게 다양한 질문을 하자면 양 극점을 가로지르고 있는 불확실성이 무엇인지 찾아야 한다. 흩어져 사는 것과 모여 사는 모습은 인류 역사에서 전혀 새로운 형태가 아니다. 지금도 누구는 흩어져 살고, 누구는 모여 산다. 이런 질문이 미래 시나리오에서 의미 있는 이유는 바로 '불확실성'이 가로놓여 있기 때문이다. 과거와 다른 어떤 요소가 있을 것이란 가정을 해야 현재와 다른 미래의 모습을 찾을 수 있다.

흩어져 살기와 모여 살기라는 두 가지 미래의 방향에서 불확실한 요인은 무엇일까. 달리 말해, 이 축이 만들어낼 미래에서 지금은 생각하기 힘든 상황은 무엇일까.

<그림 5-2>에서 Y축은 '도시 형태별 고용 방식과 인력 수요

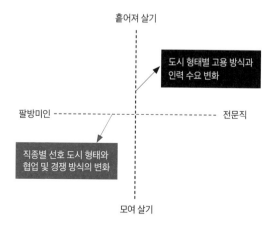

<그림 5-2> 미래 시나리오에서 불확실한 요인을 나타낸 가로, 세로축 변수들

흩어져 살기

도시 형태별 고용 방식과
인력 수요 변화

팔방미인 - 전문직

직종별 선호 도시 형태와
협업 및 경쟁 방식의 변화

모여 살기

의 변화'가 불확실한 요인으로 설명되어 있다. 흩어져 살 때와
모여 살 때 고용의 방식은 앞으로 어떻게 변할 것이고, 거주 형
태에 따라 어떤 인력이 요구되는지 그 미래가 궁금한 것이다.

X축은 '직종별 선호 도시 형태와 협업 및 경쟁 방식의 변화'
가 불확실한 요인으로 제시되어 있다. 전문직과 팔방미인은 어
떤 도시 형태를 선호하고 어떤 방식으로 평가받기를 원하는지,
협력하려면 어떤 도시 형태가 유리한지 그 미래가 궁금한 것이
다. 이 질문에 답하면서 시나리오를 쓴 결과는 다음과 같다.

모여 살면서 중앙집권적인 정치 구조를 갖고 있는 거주 환
경에서 전문가가 더 좋은 대우를 받는 상황을 가정해보자. 이
런 미래사회는 산업별 도시가 될 가능성이 높다. 생명공학/산

업 중심 도시, 중화학공업 도시, 물류 중심 도시 등을 예로 들 수 있다. 이런 도시는 산업별로 특화되어 도시 간 교역은 중간 상인이 맡게 된다. 산업별로 경기의 흐름을 타고 융성과 쇠락이 극명하게 나뉠 수도 있다. 이런 도시 모형은 인접한 국가에 더욱 경쟁적인 산업도시가 출현하면 생존에 위협을 받기도 한다. 산업도시의 경쟁력을 유지하려면 에너지 가격이 안정되어야 한다는 전제도 있다.

반면, 흩어져 살면서 지방분권화가 잘 이뤄진 거주 환경에서 팔방미인이 더욱 대접받는 상황을 가정해보자. 대도시보다는 소규모 도시들이, 기업들도 대기업보다는 중소기업 수가 더 많을 것이다. 팔방미인형 인재는 기술 개발도 하고 연구 기획도 하며 시설 관리도 해야 한다. 이런 경우 혁신적인 기술보다는 범용적인, 꾸준히 수요가 있는 중급 정도의 기술력이 요구된다. 사회가 고급 숙련공을 많이 요구하지 않아 외국인 노동자들도 쉽게 사회에 진입할 수 있다. 문화적 역동성은 증가하고, 그에 따라 문화적 다양성과 문화적 특수성이 갈등을 빚을 수도 있다. 임금 수준은 높지 않다.

한편, 흩어져 살면서 분권화된 정치 구조에서 전문가가 대우를 잘 받는 사회도 있을 것이다. 지금까지 언급한 도시 형태 중 가장 적은 인구가 살고 있는 작은 도시들이 옹기종기 모여 있는 형태로 볼 수 있다. 작은 도시에는 세계 각지에서 온 재능 있는 전문가들이 저마다 솜씨를 뽐내며 최신 기술을 개발하고 있을 것이다. 첨단 기술들이 자기가 다니는 직장에 적용되고 있어 의사소통이 빠르고 도시가 매우 효율적으로 운영될 것이다. 전문가들은 일하지 않는 시간에 쇼핑이나 레저를 즐길 수 있겠다. 전문가들은 서로 경쟁하는 속성이 있어 이런 곳에서는 세계 최고를 가려 늘 승자와 패자가 공존한다. 승자는 한 직장에서 오래 일하지 않고 더 좋은 조건을 제시하는 곳으로 발 빠르게 이동할 수 있어 인구 이동률이 매우 높을 것이다. 정부의 개입은 최소화될 테고, 노동 유연성도 높으리라 전망된다.

모여 살면서 팔방미인이 각광받는 도시의 모습은 어떨까. 다방면의 종합적인 지식이 요구되며 주거와 일터가 밀접하게 연결되어 있을 것이다. 인구 1000만 명 이상의 대도시들이 대부분 이런 형태다. 대기업이 많고, 고층빌딩이 즐비할 것이다. 다양한 문화가 혼재되어 있고 인종도 다양하다. 많은 인구가 모여 살다 보니 생존 경쟁이 치열할 것으로 예상된다.

위에서 제시한 시나리오는 실제 네덜란드 정부가 2040년의 미래를 생각하면서 그려낸 것이다(그림 5-3 참조). 네덜란드 정부는 주택 정책과 고용 정책에서 다양한 미래를 예측하려 했고, 그에 따라 거주 형태와 직업 형태를 교차시켜 새로운 정책 개발을 시도했다. 이렇듯 미래 시나리오를 다양하게 예상하면서 얻을 수 있는 이익은 의사 결정자들에게 풍부한 선택지를 준다는 점이다. 특정 사회가 형성되고 발전하려면 어떤 조건이

<그림 5-3> 2040년 네덜란드 미래의 도시와 일자리의 네 가지 시나리오

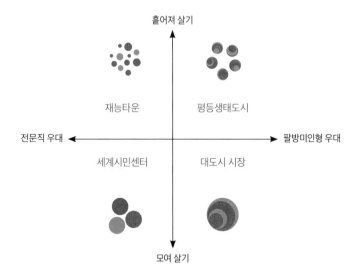

요구되는지를 한눈에 볼 수 있다.

또 하나 얻을 수 있는 이익은 만약 특정 도시를 선택해 개발하는 과정에서 문제점이 생기면 다른 대안을 내놓을 수 있다는 점이다. 예를 들어 미국의 자동차 산업의 중심지 디트로이트나 네덜란드의 직물 산업 중심지 틸뷔르흐는 인근 지역이나 국가의 산업 경쟁력이 향상되면서 쇠퇴의 길을 걸었다. 디트로이트는 일본의 자동차 산업 발달로, 틸뷔르흐는 주변 국가의 직물 산업이 발전하면서 경쟁력을 잃었다. 이때 예전 방식을 고집하지 않고 다른 대안을 찾아 도시를 재설계할 수 있다. 물론 도시

미
래
공
부

를 설계할 때는 많은 요인과 변수를 고려해야겠지만 미래는 늘 불확실하고 변화하기 때문에 한 가지 방식을 고집하다가는 시대의 흐름에 뒤처질 수 있다. 다른 대안을 늘 염두에 두고 있는 사회라면 적응이나 대응도 빠를 것이다.

4분면으로 시나리오를 그리는 방법론을 요약하면 다음과 같다.

1. 미래에 어떤 것이 궁금한지 질문으로 표현
   (예: 2040년 어떤 공간에서 어떤 일을 하면서 살까?)
2. 질문은 두 가지 방향을 지향
   (예: 흩어져 살까, 모여 살까, 전문직이 우대받을까, 팔방미인이 우대받을까)
3. 두 방향을 결정짓는 핵심적인 불확실성이 무엇인지 도출
   (예: 정주 공간의 형태에 따라 고용 방식과 인력 수요에 어떤 변화가 생길까)
   (예: 직종별로 선호하는 도시 형태와 협업 및 경쟁 방식에 어떤 변화가 생길까)
4. 두 불확실성을 연결해 새로운 미래 모습 예측
   (예: 흩어져 살기를 원하는 전문직은 오프라인 공간보다는 온라인 공간을 선호, 더 나은 대우를 받을 기회가 있다면 발 빠르게 다른 기업으로 이직할 것)

(예: 모여 살기 원하는 전문직은 직종별로 특화된 도시(바이오 중심 도시, 물류 중심 도시 등)를 원하고, 개별 경쟁보다는 도시별, 나라별 경쟁이 일어남)

5. 각 4분면에 적절한 이름으로 특징을 부여(그림 5-3 참조)

(예) 흩어져 살기×팔방미인 우대 → 평등생태도시egalitarian ecologies

흩어져 살기×전문직 우대 → 재능타운talent towns

모여 살기×팔방미인 우대 → 대도시 시장metropolitan markets

모여 살기×전문직 우대 → 세계시민센터cosmopolitan centers

<그림 5-4> Either or 프레임

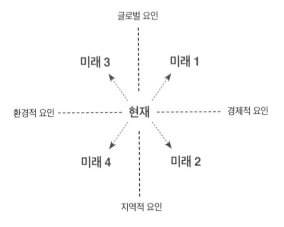

2개의 축을 만들어 4분면의 미래 시나리오를 만드는 작업에는 두 종류가 있다. 첫째는 두 축의 극점이 서로 다른 방향을 가

리키는 경우다. 글로벌 요인 vs 지역적 요인, 경제적 요인 vs 환경적 요인 등 축이 나타내는 것은 변화의 동인인데 이 동인들의 방향이 서로 다르다(그림 5-4 참조). 이런 경우 각 4분면의 시나리오는 서로 배타적이다. 각자 개성 있는 시나리오가 된다고 할까. 각 4분면을 미래라고 했을 때, 이 미래들은 형성되는 조건이 다르고 지향하는 바도 다르며 각각 장점과 단점이 있다. 이런 유형의 시나리오를 'Either or' 프레임이라 부른다(Ramirez and Wilkinson, 2013).

　'Either or' 프레임으로 만든 시나리오는 현재가 중앙에 있게 된다. 그리고 현재 상태에서 네 가지 다른 방향의 미래 선택지가 놓여있다. 기후변화에 관한 정부간 협의체IPCC에서 2001년에 내놓은 보고서가 이 프레임을 사용했다. IPCC는 세계기상기구와 국제연합환경계획이 협력해 1988년 설립한 조직으로 인간 활동이 기후변화에 어떤 영향을 미치는지 평가한다.

　이 프레임에 따르면 기후변화에는 두 가지 변수, 즉 공간적 변수(글로벌 요인과 지역적 요인)와 사회경제적 변수(경제적 요인, 환경적 요인)가 영향을 미친다.

　<그림 5-4>에서 미래 1은 글로벌 요인과 경제적 요인이 상호 작용해 형성된 미래다. IPCC는 이 미래를 '고성장 사회 시나리오'로 이름 짓고 다음과 같이 설명한다.

　"급속도의 경제성장과 인구 증가가 2050년까지 지속된 후 감소하는 시나리오. 새롭고 효율적인 CO_2 저감 기술이 지속적

으로 개발될 것으로 가정하며 전 세계가 경제성장을 이루어 지역적인 불평등 및 1인당 소득 격차가 점차 좁혀질 것을 예상."

반면, 경제적 요인과 지역적 요인이 만나 형성된 미래 2에는 다원화 사회라는 이름이 붙여졌다. 이 미래의 특징은 다음과 같다.

"지역적인 자립과 지역의 정체성을 보전하는 것을 중시. 세계 인구는 계속 증가하고 지역적인 격차가 좁혀지지 않을 것으로 가정. 경제발전은 기본적으로 지역에 기반을 두지만 1인당 경제성장 및 기술 혁신은 지역적 편차가 큼."

이 시나리오에서 지역적 요인은 글로벌 요인과 달리 지역의 내생적 발전을 지향, 지역의 특성을 보존하려는 경향을 나타낸다. 글로벌 요인과 지역적 요인은 지향하는 가치가 다르고, 그에 따른 전략도 다름을 알 수 있다.

미래 1, 미래 2와 달리 미래 3과 미래 4는 환경적 요인이 글로벌이나 지역적 요인과 만나 형성된다. IPCC 2001년 보고서는 미래 3에 대해 지속발전형 사회라고 명명하고 다음과 같이 설명한다.

"환경에 관한 관심이 높고 경제 구조가 정보화 기반 경제로 전환되어 자원 이용의 효율이 높아지며 청정 기술이 도입될 것을 가정. 경제, 사회, 환경의 지속 가능성과 평등 분배를 중시하지만 추가적인 기후변화 정책은 수립하지 않음."

지역적 요인을 더 고려하는 미래 4는 지역 공존형 사회로 이렇게 설명된다.

"경제, 사회 및 환경의 지속 가능 발전을 지향하고 지역의 문제와 더불어 공평성을 강조함. 미래 1이나 미래 3과 비교해 다양하고 점진적인 기술의 변화를 가정하며 환경보호와 사회적 분배에 중점을 두지만 지역의 문제 해결에 초점을 맞춤."

네 가지 다른 미래를 읽으면서 독자들은 눈치챘을 것이다. Either or 프레임은 네 가지 다른 방향과 지향점을 나타내고, 이를 통해 세계는 복잡하며 연결되어 있음을 드러낸다. 사실 위에 제시한 기후변화 시나리오를 국가 전략에 연결시키기란 쉽지 않다. 글로벌 요인과 지역적 요인을 동시에 고려해야 하고, 경제적 요인뿐 아니라 환경적 요인도 함께 고려해야 하기 때문이다. 사실상 각 영역의 경계선은 전략을 수립하는 단계에서 희미해질 수밖에 없다. 그러나 이 프레임은 단호한 결정을 요구한다. 각 미래를 결정하는 조건이 분명해 명확한 분깃점이 있고, 어느 길을 선택하느냐에 따라 펼쳐지는 미래는 시간이 지날수록 크게 달라진다. 현재, 어떤 선택을 할 것인지 묻고 있는 것이다.

이런 유형의 시나리오와 다른 'Both and' 프레임이 있다(그림 5-5 참조). 앞의 시나리오는 현재가 중앙에 있고 네 가지 다른 미래가 펼쳐져 있다면, 이 유형의 시나리오는 과거와 현재, 미래가 혼재되어 있는 것이 특징이다. 현재가 4분면 안으로 들어와 우리 사회가 지금 어느 4분면에 있는지 표시된다는 측면에서 좌표 같은 느낌을 준다.

<그림 5-5>는 예를 들면, 과학기술을 통한 혁신의 미래를 나타내는 데 활용할 수 있다. 혁신은 과학기술인들의 문제해결력과 밀접하게 연결되지만, 국민의 수용성과도 연결되어 있다. 예를 들어 유전자가위 기술을 통해 인간 배아 단계에서 유전자 돌연변이를 교정할 수 있지만 국내 생명윤리법에서는 인간 배아 유전자 치료를 금지하고 있다. 이런 규제가 옳다거나 그르다고 딱 잘라 말하기 어려워 여전히 논쟁 중이다. 이처럼 이전에 없던 혁신 기술이 개발되어도 국민이 이를 수용하지 않는다면 상용화되기 힘들다. 법과 규제는 국민의 인식 수준, 수용의 정도를 나타내는 잣대다. 특히 과학기술은 우리 삶에 미치는 영향이 크기 때문에 전문가 그룹은 물론 시민사회에서도 과학기술 개발에 따른 사회적 영향 평가가 충분히 논의되어야 한다. 이런 점에서도 보자면 혁신은 두 가지 변수에 좌우된다. 앞서 언급했듯 과학기술의 문제해결력과 국민의 수용성 여부다.

<그림 5-5>를 보자. 'Both and' 접근법은 과거와 현재, 미래를 모두 표시할 수 있다. 우리 사회의 경우, 과거에는 과학기술을 통한 문제 해결력도 낮았고, 국민도 낮은 과학기술 수용성을 보였다. 그러나 기술이 발달하거나 국민의 의식 수준, 또는 사회적 문제의 부각으로 우리 사회는 어떤 기술에 대해서는 높은 문제해결력을 갖고 있지만 국민의 수용성이 낮은 경우가 있고, 어떤 기술은 국민이 간절히 원하지만 아직 기술력이 낮은 경우

<그림 5-5> Both and 프레임

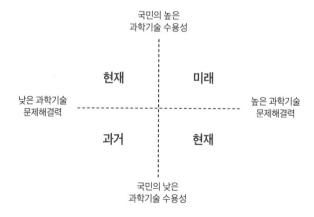

국민의 높은
과학기술 수용성

현재   미래

낮은 과학기술   높은 과학기술
문제해결력   문제해결력

과거   현재

국민의 낮은
과학기술 수용성

가 있다. 예를 들면 암 치료제는 대부분의 국민이 원하지만 아직 개발되지 않고 있다. 양쪽 다 현재의 우리 사회 모습을 나타낸다고 볼 수 있다. 결국 한 사회가 지향하는 방향은 높은 과학기술력과 높은 국민의 수용성일 것이다. 국민의 의식 수준도 높아 과학기술의 장점과 단점을 이해하고 논의할 수 있으며, 과학기술인도 꾸준히 실력을 개발해 사회가 요구하는 문제나 난제를 풀 역량을 갖춘 경우다.

이렇게 과거와 현재, 미래를 표시했을 때 얻을 수 있는 이익은 가야 할 방향이 다소 분명해진다는 점이다. 따라서 'Both and' 프레임은 지향해야 할 가치가 비교적 분명할 때 활용하기가 용이하다. 과거, 현재, 미래가 표시되어 있어 과거의 한계를 드러내고, 미래를 이룰 새로운 조건을 보여준다.

전·불·원 변화와 그 대응

IIIIIIIIIIIIIIIIIIIIIIIIIIIIIIIIIIIIIIIII **"당신의 기업은 없어질 수 있습니다"**

몇 년 전 한 대기업에서 미래학 강의를 요청해왔다. 특정 산업 분야 전문가도 아닌 내게 그 기업의 미래를 묻는 요청에 처음에는 사양했다. 그러자 담당자는 자신들이 속해 있는 산업의 미래가 아니어도 좋으니 미래학이 예측을 어떻게 하는지에 대해 강의를 해달라고 했다. 대기업은 미래에 대해 어떤 고민을 할까 궁금증이 이는 한편, 아무래도 기업 임원들 앞에 서는 건 자신 없다는 생각도 들었다. 하지만 결국 가볍게 생각하기로 했다. 특별히 새로운 정보를 요구하는 것은 아닐 테니 의견을 주고받다 보면 오히려 내가 배울 게 있으리란 기대에서였다.

강연 날 아침 나는 강연을 덥석 받아들인 걸 후회하기 시작했다. 물밀듯 부담감이 밀려왔고, 기업의 규모를 다시 떠올리니 내 몸에 맞지 않는 옷을 입은 듯한 기분이었다. 이들은 수십 년 동안 국내외의 기업 간 전쟁에서 살아남은 베테랑이다. 그런 분야에서 외부인이 미래에 대한 견해를 내놓으면 웃음거리가 되진 않을까. 답할 수 없는 질문을 받으면 어떻게 대처해야 할까. 대체 이들에게 어떤 도움을 줄 수 있을까. 꼬리를 잇는 질문이 나를 괴롭혔다.

강의 흐름은 처음부터 꼬였다. 초반에 몇 가지 웃음 포인트를 넣었지만 실패했고, 전달하려는 이야기도 흐름이 엉켰다. 그러나 한 가지 메시지만큼은 정신줄을 붙들고 강조했다. "이 기업은 머지않은 미래에 붕괴될 수도 있습니다." 어떤 미사여구도 쓰지 않았다. 말 그대로 '붕괴'라는 말을 썼다. 그러자 청중이 갑자기 높은 집중도를 보였다. 붕괴의 증거를 명확하게 댄 것도 아니었다. 나는 이 분야에 관한 한 문외한이기 때문에 증거를 대는 게 가능하지 않았다. 다만 미래를 예측하는 시각의 하나로 붕괴를 언급했을 뿐이다. 그럼에도 '이 기업이 붕괴될 수 있다'는 한 문장을 뱉는 건 쉬운 일이 아니었다. 주어가 '이 기업'이었기 때문이다.

붕괴라는 말의 무게감 때문인지 질문은 많았다. 특히 실질적 오너의 질문은 평범하면서도 날카로웠다. 이 분야에서 생존하기 위해 많은 고민을 한 질문임이 느껴졌다. 이런 그에게 붕괴의 미래는 이해하기 힘들었을 것이다. 나는 붕괴를 꼭 부정적인 의

미로만 받아들이지 말 것을 주문했다. 붕괴의 미래를 가정하면 새로운 전환의 기회가 들어올 수 있기 때문이다.

통상 기업은 강점이 있는 분야에서 잘하던 방식으로 종마처럼 달려야 생존할 수 있다고 믿는다. 그러나 환경이 바뀌면서 잘하는 방식이 더 이상 작동하지 않고, 새롭고도 엉뚱한 경쟁자가 나타나면서 생존을 위협한다. 기업은 늘 새로운 환경에 적응할 역량을 지녀야 하는데, 기존 방식을 고집하면 이 역량은 개발되지 않는다. 이때 '우리 기업이 붕괴한다면'이라는 가정은 쓸모가 있다. 그럼 이제까지 주요 의제로 거론하지 않았던, 그러나 기업 내에 알려지지 않은 한 부서에서 새로운 씨앗을 심고 키웠던 경험이나 소수의 직원이 농담 삼아 술자리에서 나눴던 새로운 사업 아이디어들이 수면 위로 드러날 수 있다. 이런 아이디어들이 나오도록 창문을 '살짝' 열어두는 것이 붕괴라는 상황의 가정이다.

이날 강연은 오히려 내게 한 가지 중요한 배움의 기회가 되었다. 미래학은 어떤 변화를 다뤄야 하느냐는 질문에 대한 답을 얻은 것이다. 다른 학문들도 미래를 예측하지만 미래학은 '전·불·원' 변화에 대한 예측을 담아야 한다.

전·불·원 변화는 전례가 없는Unprecedented, 불확실한Uncertain, 원하지 않았던Unwanted 변화를 말한다(영어 앞글자에 공통으로 들어가 있는 U자를 따서 3U 변화로 불러보자). 이는 미래학이 당면한 세 가지 어려운 점을 담고 있다. 첫째 역사적 사례를 찾기 힘든 새로운 현상을 연구한다는 점, 둘째 그 현상이 일어나는 사회는 매우 복잡하게 연결되어 발생할 경우 많은 분야로 연쇄적 반응을 일으켜 결과가 매우 불확실하다는 점, 셋째 이런 변화는 현세대가 원하지 않는 변화라는 점이다. 특히 세 번째의 경우, 현세대의 이해와 상충한다는 점은 미래 예측을 더욱 어렵게 만든다. 더 나은 미래를 위한다는 명분으로 현세대에게 희생을 요구할 경우, 어떤 사회도 이런 결정을 쉽게 내릴 수는 없다. 당장의 이익은 크게 보이고, 먼 이익은 작게 보이는 법이기 때문이다. 누가 그들에게 오늘의 이익을 포기하라고 요청할 수 있을까.

ⅢⅢⅢⅢⅢⅢⅢⅢⅢⅢⅢⅢⅢⅢⅢⅢⅢⅢⅢⅢⅢⅢⅢⅢⅢⅢⅢ 전·불·원 변화의 정체

우리가 마주할 변화는 전·불·원의 특징을 갖고 있다. 사회가 전·불·원 변화에 어떻게 대응하느냐에 따라 생존의 운명이 달려 있으리라. 전·불·원 변화는 우리에게 매우 대담하고 창의적인 대응을 요구한다. 기존 방식과 시각으로는 해결되지 않는 변화이기 때문이다. 몇 가지 사례를 들어보자.

　나는 과학기술정책연구원의 미래연구센터에서 일하던 2016년 히라카와 가쓰미平川克美 릿교대학 비즈니스디자인연구과 특임교수를 초청했다. 우리는 그에게 한국이 인구 감소로 성장 동력이 줄고 있으며 심각한 사회적 문제에 직면해 있다고 설명한 뒤 일본의 경험을 들려달라고 요청했다.

인구 감소 이유에 대한 그의 주장은 대담하고 예리했다. 우선 그는 인구가 줄어드는 이유로 주로 언급되는 "장래가 불안해서" "경제적 이유" 등은 모두 피상적일 뿐 본질이 아니라고 주장한다. 그 증거로 그는 <그림 6-1>을 제시했다. 만일 인구 감소의 이유가 불안한 미래 혹은 경제적 어려움 때문이라고 한다면 지난 1200년 동안 인구 감소 현상이 있어야 했는데, 그렇지 않았다는 것이다. 인구는 도도한 역사의 물줄기 속에서 어떤 변인에도 영향을 받지 않고 최근까지 줄곧 증가했다.

그러나 2010년 1억2800만 명을 정점으로 일본 인구는 감소하기 시작했다. 각종 조사에 따르면 2050년 9700만 명, 2100년 3800만 명으로 지속적 감소가 예상된다. 일본도 인구 감소는 1200년 만에 처음으로 겪는 현상이다.

그렇다면 왜 인구가 줄어드는 것일까. 히라카와는 여성의 결혼 연령이 높아지며 결혼율도 낮아졌기 때문이라고 분석했다. 예컨대 1950년 여성의 평균 초혼 연령은 23세였지만 2014년 29.4세로 높아졌다. 남자도 마찬가지다. 1950년 24.4세에서 2014년 30.6세로 높아졌다. 여성의 연령별 출생자 추이를 보면 1985년 20~24세에 아이를 낳은 여성이 24만7000명이었다가 2010년에는 11만 명으로 반 이상이 줄어든다. 25~29세에 아이를 낳은 여성은 1985년 68만 명이었으나 2010년 30만 명으로 반 토막이 났다. 한창 아이를 낳아야 할 여성의 숫자가 줄고, 결혼 연령도 높아지니 출산율은 낮아질 수밖에 없다.

그렇다면 왜 여성들은 결혼을 늦추거나 아이를 낳지 않는 것
일까. 우리처럼 아이를 낳고 키우기가 힘들어서일까. 미래가 불
확실해서일까. 히라카와는 이런 이유도 부분적으로 맞지만, 본
질적인 이유는 "사회가 진보하기 때문"이라고 설명했다. 아버지
가 모든 것을 알고 있다는 가부장주의와 장남 우대로 가족의
질서를 유지했던 일본이 개인의 선택을 우선시하고 자유를 존
중하며 가부장주의와 권위주의에 대항하는 진보주의의 확산으
로 여성이 결혼보다는 직장과 사회생활을 선택하고 있다는 것

<그림 6-1> 800~2100년 일본의 인구 변화와 전망

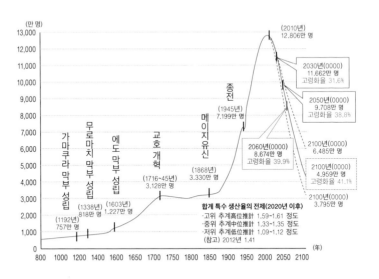

출처: 2016년 히라카와 교수의 과학기술정책연구원 강연 자료

이다. 성평등과 자유의 확산은 사회가 진보한 결과다. 그러나 그 결과는 저출산, 인구 감소로 나타났다. 그렇다면 히라카와의 해법은 무엇일까.

한 가지는 가족제도의 변화다. 인구를 증가시키려면 전통적인 가족관, 제도가 해체되어야 한다. 예컨대 혼외婚外자녀의 사회적 차별을 없애는 것이다. 세계적으로 출산율을 잘 관리하는 나라의 특징은 혼외자녀의 차별이 없다는 점인데, 실제 프랑스에서는 전체 출산아 중 혼외자녀의 비율이 50퍼센트, 스웨덴은 2008년 55퍼센트에서 2014년 60퍼센트에 달했다.[1] 프랑스에서 혼외 출산 비율은 1970년 7퍼센트에서 2009년 52.0퍼센트로 급상승했고, 법률혼은 1990년 28만7000건에서 2005년 27만6000건으로 다소 감소했다.[2] 반면 출산율이 낮은 일본이나 독일에서는 혼외자녀 수가 대단히 적다. 일본은 100명 중 2명 정도다. 히라카와는 "한 마을에 아이가 태어나면 한 부부의 아이라기보다 한 마을의 아이라고 생각하는 등 가족의 범위를 확대하고, 지역 안전망을 확충해 누구라도 차별받지 않고 성장할 수 있도록 사회적 포섭력을 높여야 한다"고 주장한다.

두 번째 해법은 인구 감소에 대한 역발상이다. 인구 감소는

6장 전·불·원 변화와 그 대응

'문제'가 아니라 자연스런 균형을 찾아가는 과정으로 생각해보자는 것이다. 일본은 과거 고도성장으로 근로자들의 순소득이 증가했지만, 이와 더불어 핵가족 세대나 단독 세대도 증가했다. 그러면서 출산율도 줄었다. 앞으로 인구는 계속 감소할 것이고, 경제 인구가 줄면 경제성장은 요원해진다. 그런데도 경제성장을 고집한다면, 히라카와의 표현대로 파국을 맞게 된다.

히라카와는 파국의 사례로 후쿠시마 원전 사고를 든다. 원전 사고는 일본인이 '상정 외'라고 형용하는 천재天災와 피할 수 있었을지도 모를 인재人災가 동시에 일어난 것이다. 그는 "일본이 전쟁 후 계속 믿어왔던 경제성장 덕분에 건강한 생활을 보장받고 있다는 사고방식에서 착오가 생겼다"고 지적한다. 그는 "경제성장을 계속하고 싶다는 염원은 (…) 상정 외의 일(예컨대 원전 사고)은 무시해도 좋다는 사고법과 똑같다"고 말한다. 그런데도 여전히 일본은 지금까지 해왔던 대로 묵묵히 해나가면 된다고 고집하지만, 히라카와는 일본이 발전했던 방식을 재점검하고 "어떤 일이 일어나도 괜찮으며 무슨 일이든 받아들일 수 있는 위험 분산력과 내성을 익혀두는 것이 필요"하다고 주장한다(히라카와 2015, 14쪽). 히라카와가 주장하는 자연스러운 균형이란 과거 확대 균형에서 이젠 축소 균형으로의 이동이다. 많이 만들고 많이 소비했다면, 앞으로 적게 만들고 적게 소비하자는 것이다.

그는 인구 감소의 시대에 적절한 대책으로, 가족을 대체할

만한 공동체의 출현, 사회적 포섭(지역 안전망 확충), 고액 소득
자에 대한 자산 과세(부유세), 누진세 적용에 의한 재분배 시스
템, 연령 제한이 없는 회사의 출현, 혼외자녀 지원 정책, 1인당
GDP를 올리는 것 등을 제시했다. 마지막 '1인당 GDP를 올리는
것'이란 아이디어에 대해 그는 인구가 줄어도 1인당 GDP는 증
가할 수 있다며, 스위스나 북유럽 선진국을 보면 인구가 적어도
생산성이 높다고 설명했다. 인구 감소가 곧 생산성 감소는 아니
라는 얘기다.

출산율 하락은 사회 진보의 결과라는 그의 주장을 어떻게
해석해야 할까. 성평등, 선택의 자유, 여성의 사회 진출 확대 등
은 우리 사회도 추구했던 바다. 앞으로 더 추구해야 할 점이기
도 하다. 한편 인구도 적절하게 유지해야 한다. 그렇지 않으면
분명 사회적 활력은 떨어진다. 길거리에 노인만 다닌다고 생각
해보라. 노인을 차별하는 것이 아니라 다양하지 못한 사회에 사
는 것의 불안함을 말하는 것이다.

히라카와의 주장은 결국 '그럼 우리가 생각하는 사회적 진보
는 무엇이냐?'는 질문에 이제 우리 스스로 답을 찾아야 한다는
것으로 귀결된다. 출산율이 줄면 사회는 진보하지 않는가. 경제
가 예전처럼 성장하지 않으면 사회적으로 퇴보한 것인가. 물질
적 자유를 누리는 것만이 성장이라고 할 수 있을까. 물론 여전
히 사회적 경계선에서 최소한의 물질적 자유를 누리지 못하는
사람에게는 국가가 최소한 인간적 생활을 할 수 있도록 지원해

야 한다.

그러나 경제적 부의 축적을 지속해야 하는가. 도시와 비교해 시골은 우리 사회가 일궈놓은 경제적 혜택을 받지 못해 여전히 경제성장이 필요하다고 주장하지만 지난 수십 년 동안 이것에만 매달린 결과 현재 사회적 양극화, 경제적 격차의 심화, 정신적 공황상태, 우울증 환자의 증가, 환경 파괴, 자원 부족 등의 부작용을 겪고 있다. 과거의 전략과 비전으로는 사회가 유지되기 힘든 이유다.

인구 감소의 요인이 통제되지 않을 때 기존의 생존 전략에서 탈피해 새로운 전략을 내놓아야 한다. 더 나아가 무엇이 '성장'인지, 어떤 것들이 '성장'해야 하는지, 그러자면 무엇이 갖춰져야 하는지 논의하고 의견을 모아야 한다. 한 나라의 비전과 전략에 대해 새로운 방안을 내놓지 못하면 우리의 바람과 반대되는 미래를 맞이할 수밖에 없다.

||||||||||||||||||||||||||||||||||||||||||||||||||||||||||||||||||||| **지구용량 초과의 날**

에너지와 자원 분야의 변화는 전·불·원의 특징 중에서 '원하지 않는 미래'를 받아들여야 하는 운명을 강요한다는 점에서 주의 깊게 살펴봐야 한다. 우선 사실부터 보자. <그림 6-2>는 한국의 1인당 에너지 소비 추이를 나타낸다. toe는 석유환산톤인데,

1toe는 1000kcal로 환산할 수 있다. 1toe의 에너지는 일반 승용차로 서울과 부산을 16회 왕복할 수 있는 휘발유의 양이다. 일반 가정에서 1년 8개월 동안 사용하는 전력량으로도 환산할 수 있다.

그림에서 보듯 1981년 1인당 에너지 소비는 1.18toe였고, 2009년부터 5toe를 넘어서기 시작했다. 2018년 『에너지통계연보』를 보니 2016년 1인당 toe는 5.75였다. 지속적인 증가 추세로, 불과 30여 년 전과 비교해 우리가 사용하는 에너지 양은 다섯 배가 훌쩍 넘었다.

1인당 에너지 사용 추이를 지구에 머문 시간으로 환산해보

<그림 6-2> 한국인의 1인당 에너지 소비 추이

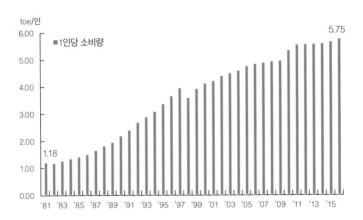

(출처: 에너지관리공단 2018)

자. 1980년에 살았던 한국인이 약 80년을 지구에 머물렀다면 2018년의 한국인은 80년에 6을 곱해 480년을 지구에 머문 셈이다. 지금의 한국인은 1980년대에 살았던 사람들이 썼던 에너지 양의 6배를 쓰고 있어서 이런 가정을 해본 것이다. 1980년대와 비교해 평균수명은 20년 정도 증가했지만, 에너지 관점에서 보면 지금은 1인당 480년 치를 사용하고 있는 셈이다.

1인당 움직이는 거리로 환산해도 우리가 얼마나 많은 에너지를 사용하는지 가늠할 수 있다. 1980년 한국인은 해마다 서울과 부산을 평균 16회 왕복했다면 2018년에는 서울과 부산을 96회(16×6) 왔다 갔다 한 것으로 볼 수 있다.

이런 관점에서 보면, 우리는 물질적 풍요는 물론이고 생명의 풍요까지 경험하고 있다. 만약 과거와 비교하는 시점을 1980년이 아닌 1780년 혹은 1580년으로 맞춘다면 아마 우리는 그 시대의 사람들보다 1000년, 2000년은 더 지구에 머무르는 셈이다. 에너지를 일의 양으로 바꿔보면, 과거 한 사람이 1의 일을 했다면 지금은 한 사람이 1000명, 2000명의 일을 한다. 그렇다면 지구가 품고 있는 에너지의 관점에서 현재 세계의 인구수는 74억 명이 아니라 74억 명×1000(=7조4000억 명)으로 계산해야 한다. 그래야 우리가 지구에 어떤 영향을 미치는 존재들인지 좀 더 정확하게 이해할 수 있다.

지구에 머무는 동안 우리는 흔적을 남길 수밖에 없다. 머무는 시간이 증가할수록 흔적은 더 많아진다. 이런 흔적을 학자들은 '생태발자국'이라고 표현한다. 생존을 위해 생태계에 요구하는 것과 우리가 생존하면서 남긴 흔적을 1인당 글로벌 헥타르gha 단위로 나타낸 것이다. 쉽게 말하면, 현재 세계 인구가 사용하는 모든 에너지, 도로, 폐기물 등을 합산해 땅의 면적으로 환산하면 얼마나 되는지 평가한 것이다.

2014년 세계자연기금WWF 보고서에 따르면 한국의 1인당 생태발자국은 4.41글로벌 헥타르다. 지구가 감내할 수 있는 1인당 생태발자국이 1.8인 점을 감안하면 2.45배 이상의 흔적을 남긴 셈이다. 그만큼 우리는 자연환경을 오염시켰다. 달리 말하면, 현재 우리 삶을 꾸려나가려면 지금의 지구보다 2.45배는 커야 한다는 얘기다.

글로벌생태발자국네트워크는 '지구용량 초과의 날'이라는 재미있는 개념을 만들었다. 인류의 연간 자원 소비량을 지구의 생태자원 복원량과 비교해 인류의 자원 소비량이 생태자원 복원량을 초과한 날부터 '지구용량 초과의 날'이 되는 셈이다. 이 날짜를 넘어서면 그때부터 인류는 미래 세대에게 허락도 받지 않고 미래 세대가 써야 할 자원을 몰래 끌어다 사용한 것이 된다. 2018년 지구용량 초과의 날은 8월 1일이었다.

나라별로 국민의 자원 소비량을 보면 한국인으로서 부끄러워진다. 만약 전 지구인이 한국 사람처럼 자원을 소비한다면 지구용량 초과의 날은 4월 16일이 된다.[3] 이는 공업선진국인 독일(5월 2일)이나 일본(5월 10일), 전 세계에서 가장 빠르게 자원을 소비하면서 경제를 발전시키고 있는 것으로 보이는 중국(6월 15일)보다 앞선 수치다. 그만큼 우리의 자원 소비량은 전 세계에서 매우 높은 수준이다. 지구가 더 넓어지는 것은 불가능하기에 우리는 환경에 대한 부담을 고스란히 미래 세대에게 떠넘기고 있다고 봐야 한다.

미래 세대를 위해 에너지 소비를 줄여야 한다는 과제를 현재 세대가 좋아할 리 없다. 국회미래연구원은 2019년 2월 전국 1500명의 시민을 대상으로 한반도 기온상승 문제에 관한 에너지 정책의 방향을 묻는 설문조사를 했다. 화석에너지 사용과 온실가스의 지속적 배출로 한반도의 평균기온이 상승하고, 기후변화에 대한 소극적 대응으로 해수면이 상승하며 녹지가 줄어들 것이라는 전문가들의 예측을 소개한 뒤, 다음의 두 가지 정책 방향에 대한 선호도를 물었다.

← 1번 화석에너지를 대체할 신재생에너지 개발 및 사용 비율을 과감하게 늘리고, 이를 위해 시민들은 전기료 인상과 같은 에너지 전환 비용을 부담한다.

← 2번 기후변화와 환경 문제는 걱정되지만, 신재생에너지 개발에 따른 비용이 크게 부담될 것으로 보여 점진적으로 에너지 전환을 한다.

응답자 중 66.9퍼센트가 2번을 선호한다고 밝혔다. 달리 말하면, 10명 중 7명은 미래 세대보다 현재 세대가 누려야 할 당장의 이익이 더 중요하다고 응답한 것이다. 냉정하게 말해서 점진적으로 노력하자는 의견은 '내가 아닌 다른 사람이' 노력하라는 의견과 다르지 않다.

시간이 지나면 이 세상에 태어나 살아갈 미래 세대는 현재 세대의 결정(2번을 선택한)에 대해 비난할 것이다. 자신들의 행복과 안녕에 반하는 행동을 했기 때문이다. 전·불·원의 변화 앞에서 우리는 후손들이 우리를 욕할 것이라는 예측이 자명함에도 현재의 행동을 바꿀 의사가 없어 보인다.

기술의 변화는 전·불·원의 특징을 고스란히 보여준다. 기술은 수십만 년 유지되어온 우리 몸과 마음을 근본적으로 바꾸고 있으며, 인간이라는 정체성을 흔들어대고, 지금까지 경험해보지 못한 지적 존재와 함께 살 것을 강요하고 있기 때문이다.

최근 목격하고 있는 과학기술의 발달은 세 가지 측면에서 굉장히 새롭다. 먼저, 인공지능 기술의 발전을 보자. 인공지능 연구는 1950년대 컴퓨터의 등장과 함께 시작되어 처음의 기대와 달리 지지부진하다가 1990년대 IBM 컴퓨터가 세계 체스 챔피언과 겨뤄 승리하면서 다시 각광받는 연구 분야가 되었다. 2010년 이후 인공지능 연구는 급물살을 타고 있는데, 빅데이터, 기계학습, 강력한 계산 기술 덕분에 인공지능이 인간의 지능을 뛰어넘을 수도 있다는 가능성이 높아졌다.

인공지능을 연구하는 학자들은 시간문제일 뿐 '생각하는 기계'나 '머신 사피엔스machine-sapience(슬기로운 기계)'가 등장할 것이라고 예측한다(Vinge, 1993). 강력한 인공지능이 탄생하면 인류의 생존은 매우 불확실해(Bostrom, 2013)질 것이며, 지금도 인공지능 기술은 인간이 할 일을 빼앗고 있다.

둘째, 인간의 몸을 변형할 수 있는 일이 실제 벌어지고 있음을 보여주는 기술적 발전이 생명공학에서 나타나고 있다. 유전자는 부모로부터 물려받은, 바꿀 수 없는 운명으로 간주됐다. 그러나 최근 유전자 구조가 밝혀지면서 획기적인 이해의 수준으로 올라서더니 이제는 유전자를 변형하는 단계에 이르렀다. 생명 현상은 자동차 조립과 같이 조각을 맞춰 전체를 만드는 식으로 이해할 수 없다는 주장에 금이 가기 시작한 것이다. 유전자 정보의 해독, 유전자 세포 치료, 유전자가위 기술(변형된 핵산분해효소를 사용해 특정 부위의 DNA를 제거, 첨가, 교정함으로써 유전자를 편집하는 기술) 등이 개발되고 발전하고 있기 때문이다. 이렇듯 유전자 조작이 가능한 인류를 최근에는 유전자변형생물Genetically Modified Organism과 현생인류(호모 사피엔스)를 결합해 'GMO-사피엔스'로 부른다(뇌플러, 2016). 일부 학자는 이런 기술 탓에 인류의 몸이 기계처럼 다뤄질 수 있음을 경고한다.

셋째, 인류는 도구를 활용하는 데서 그치지 않고 도구를 신체의 일부로 간주하는 경향이 더욱 가속화되고 있다. 토론토 대학 전기컴퓨터공학과의 스티브 만 교수는 착용 컴퓨터wearable computer를 고안하고 실행했던 선구자로 알려져 있다. 그는 기술을 적극적으로 몸에 구현해 자신의 능력(기억력 증강, 신체 이상 신호 확인 등)을 증강시킨다(그림 6-3 참조). 만의 이런 행동은 때로 현실세계의 저항에 직면하기도 한다. 미국 세인트존스 공항에서는 그에게 검색대에서 착용 컴퓨터를 벗을 것을 요구하는가 하면, 캐나다의 TNT 슈퍼마켓에선 그가 착용 컴퓨터를 얼굴에 쓰고 야채나 음식물을 자세히 보는 것을 금지하기도 했다. 그가 슈퍼마켓에서 본 모든 것을 녹화해 음식물이나 야채에 무엇이 들어가 있고, 만약 금지된 어떤 것이 들어 있으면 이를 고발하기도 했기 때문이다. 만은 인간이란 자신의 몸과 정신을 확장해 자연을 더욱 정교하게 탐색하고 즐기는 동물이라고 말하며 이런 도구를 통해 인간적 지능을 확장하고, 환경과 피드백을 주고받아야 한다고 주장한다.[4] 만은 인간이 점차 '기술'이 되어

<그림 6-3> 트랜스휴먼으로 불리는 스티브 만과 스텔락

(왼쪽) 스티브 만, https://www.youtube.com/watch?v=mTPJI9ghzAk(2017.4.12.)
(오른쪽) 스텔락 http://www.artmuseums.kr/admin/?corea=sub1_5&no=89(2017.4.15.)

가면서 '진화'한다고 믿고 있다.

호주 커틴대 교수이자 행위예술가인 스텔락은 인간의 신체가 점차 퇴화되고, 퇴화된 부분을 기계가 대신하게 될 것이라고 주장한다. 그는 왼팔에 인간의 귀를 이식한 '팔의 귀'를 선보이는가 하면, 오른팔에 로봇 손을 달아 '제3의 팔'을 제시하기도 했다(그림 6-3 참조).[5] 임창환 한양대 생체공학부 교수는 2017년에 펴낸 저서 『바이오닉맨』에서 "첨단 공학 기술의 발전으로 머지않아 아이언맨과 같은 미래 병사가 현실에서 구현될 것"이라며, "공학 기술의 도움으로 증강된 신체를 보유한 새로운 형태의 인류를 접할 수 있을 것"으로 예측한다.

|||||||||||||||||||||||||||||||||||||||||||||||||||||||| **인간의 기계화, 기계의 인간화**

인간이 기계화되고, 기계가 인간화되는 '인간과 기계의 융합'은 뒤에서 좀더 다루기로 하고, 인공지능 로봇의 미래를 예측해보자. 사실 인간처럼 생각하는 로봇은 SF 소설이나 영화의 단골 소재다. 생각하는 로봇은 아직 구현되지 못한 기술이지만, 매우 근접한 현실이 되었다는 점에서 전례가 없다.

인공지능 전문가들은 스스로 생각하는 로봇의 등장이 획기적인 과학의 발전 없이는 불가능하다고 주장한다. 그러나 시계視界를 30년쯤 뒤로 잡으면 어느 정도 가능하다는 데에는 동의

한다. 이런 가정을 전제로 수많은 연구가 쏟아지고 있다는 것이 그 증거다. 로봇이 어떻게 진화할 것인지 다룬 두 가지 흥미로운 논문을 보면서 발전의 방향을 예측해보자.

첫째는 눈치 빠른 로봇의 등장이다. 이 로봇의 가능성을 논하기 전에 먼저 우리가 쓰고 있는 개인용 컴퓨터pc를 보자. 당신은 컴퓨터의 어떤 점이 중요하다고 생각하는가. 가장 중요한 것은 정보 처리 속도일 것이다.

교토에 있는 ATR 연구소 노리히로 하기타 연구진은 38명의 실험 참가자에게 컴퓨터의 마우스를 이용해서 화면에 보이는 이미지를 확대해보라고 요청했다. 컴퓨터의 이미지는 확대될 때 약간의 시간이 지연되도록 조작돼 있다. 1초 안에, 2초 안에, 3초 안에 확대되는 각각의 경우를 두고 실험이 진행됐다. 실험 후 참가자들에게 가장 만족했던 상황을 물었더니, 1초 만에 이미지가 확대되는 것을 선호했다. 역시 컴퓨터는 처리 속도가 중요하다.

하지만 여기에 반전이 있다. 이 연구진은 인간의 모습을 닮은 로봇으로 비슷한 실험을 해봤다. 참가들은 로봇에게 쓰레기를 가져다 버릴 것을 명령하고, 로봇은 인간의 언어를 이해하도록 설계됐다. 연구진은 인간의 명령을 받자마자 움직이는 로봇과 약간의 시간을 두고 움직이는 로봇으로 나누었다. 실험 후 참가자들에게 어떤 로봇이 좋으냐고 물었더니, 놀랍게도 약간의 시간을 두고 이행하는 '느린 로봇'을 선택했다. 왜 그랬을까.

위스콘신 매디슨 대학에서 인간과 컴퓨터의 커뮤니케이션을 연구하는 멋루 박사는 개인용 컴퓨터와 로봇은 진화의 방향이 다르다고 주장한다. 무생물로 간주되는 개인용 컴퓨터는 속도가 빨라야 하지만, 생명체라고 여겨지는 인공지능 로봇은 인간처럼 행동하도록 요구된다는 것이다.

사실 인간의 대화를 살펴보면 묻고 답하는 데 약간의 시간이 걸린다. 자신의 생각을 정리하는 시간, 무슨 뜻인지 곱씹어보는 시간, 남의 처지를 배려하는 말을 찾는 시간이 필요해서 그럴 수 있다. 이게 자연스런 대화의 모습이다. 전문가들은 인간의 감정까지 맹렬한 속도로 배우고 있는 로봇이 조만간 인간처럼 대화하는 방법을 배울 것으로 예측한다. 이대로라면 로봇은 덜 효율적인 방식으로 진화될 가능성이 높다. 메시지를 빠르게 전달하는 능력보다 상황 파악 능력이 더 중요하게 개발될 것이란 점이다.

둘째는 인류 파괴 로봇의 등장이다. 유럽이나 미국 같은 서구 사회에서 창조성을 말할 때 과거엔 꼭 단서가 붙었다. 신神(하느님)에게 대들지 않는 선에서 창조적이어야 한다는 것이다. 서구 사회의 정신적 근원을 이루는 기독교는 인간이 신이 되려고 했다가 망한 사건을 성경의 창세기부터 기록하고 있다. 인간이 신이 되려고 높은 바벨탑을 쌓았다가 그만 그 탑이 무너져 많은 사람이 죽고 다쳤으며, 세계 여러 나라로 흩어져 다시는 바벨탑을 짓지 못하게 됐다는 이야기다.

기독교적 전통이 강한 서구사회에서 괴기소설 『프랑켄슈타인』은 이례적인 작품이다. 소설에서 등장하는 인간이 신처럼 생명을 창조했기 때문이다. 영국 작가 메리 셸리가 19세기 초엽에 쓴 이 소설에서 프랑켄슈타인은 무생물에서 생명을 창조한 최초의 과학자다. 그러나 그가 창조한 생명체는 모습이 괴물 같아 인간사회에 적응하지 못한다. 괴물은 자신을 창조한 프랑켄슈타인을 원망한다. 프랑켄슈타인은 괴물을 없애려고 하지만, 실패하고 죽는다. 이를 본 괴물도 자살을 결심하면서 소설은 끝을 맺는다.

　인간은 자신의 발명품(인공지능)을 통제할 수 없다는 19세기 소설의 주제는 21세기 인류 파괴 로봇의 등장으로 이어진다. 인간과 로봇의 경계를 구분할 수 없는 지점이 2050년쯤 시작된다고 주장하는 과학자 레이 커즈와일도 인공지능이 인간에게 우호적인 감정을 갖도록 하는 것은 불가능하다고 주장한다. 스티븐 호킹이나 빌 게이츠, 일론 머스크가 입을 모아 인공지능의 위험성을 경고하는 것도 이런 맥락에서다.

　눈치 빠른 로봇은 인류의 협조자로, 인류 파괴 로봇은 말 그대로 인간의 경쟁자로 비친다. 두 방향이 어떻게 되든 생각하는 로봇의 탄생이라는 예측이 주는 묘한 공포심은 그 끝을 알 수 없다는 데서 생겨난다. 생각하는 로봇의 등장이 인간에게 이로울지 해로울지 현재로선 매우 불확실하다.

　아직 스스로 생각하는 경지에는 한참 못 미치지만 요즘 인공지능의 능력은 경탄을 자아내기에 충분하다. 생각한다는 것 못지않게 창의적이다라는 말은 오랫동안 인간의 전유물이었는데 이제는 인공지능 기술에 내어줘야 할 때인 듯싶다. 국어사전은 창의라는 단어를 "지금까지 없었던 새로운 생각이나 의견"이라고 설명한다. 이 말은 요즘 우리 사회에서 가장 많이 쓰는 단어인데, 들을 때마다 주눅들게 한다. 내가 아무리 창의적인 생각을 한다고 해도 이미 누군가, 그것도 오래전에 했던 생각임을 발견하면 창의라는 말이 얼마나 어려운 것인지 깨닫게 된다.

그럼에도 창의성은 여전히 인간만이 발현하는 특성이라는데 동의할 것이다. 과학기술의 발전, 새로운 문화의 창조, 문명의 발달 등 인류는 끊임없이 새로운 생각을 해내고 그걸 실현했다. 동물은 사냥이 끝나면 누워서 쉬지만, 인간은 먹이 사냥이 끝나면 그때부터 창의적인 활동을 시작한다. 놀든지, 공부하든지, 만들든지, 부수든지, 사랑하든지, 미워하든지…….

이제는 데이터 마이닝data mining, 네트워크 사이언스network science, 컴퓨터 연산 능력 등의 발달로 컴퓨터가 창의적인 활동을 하기 시작했다. 몇 년 전 미국 유타주에서 개최된 컴퓨터의 창의성에 관한 국제학회가 열렸다. 이곳에서 럿거스 대학 컴퓨터공학과의 아흐메드 엘가말 교수와 박사과정생 바박 살레는 「예술작품 창의성의 계량화」라는 흥미로운 논문을 발표했다.

두 과학자는 창의성을 '새로움originality'과 '영향력influence'으로 정의하고, 6만2000점의 그림을 컴퓨터를 통해 분석했다.

<그림 6-4>를 보면 가로축은 그림이 나온 연대를 나타내며, 세로축은 창의성 정도를 뜻한다. 위로 올라갈수록 새로움과 영향력을 갖춘 창의적인 작품이다. 새로움은 말 그대로 이전에는 보지 못했던 색감, 조화, 구성 등을 말한다. 컴퓨터는 이런 기준으로 미켈란젤로, 고야, 뭉크, 리히텐슈타인의 작품 등을 상위에 올려놓았다.

아직 컴퓨터는 누군가 작업해놓은 것을 여러 작품 중에서 더 창의적이다, 덜 창의적이다라고 판단하는 데 불과하지만, 조금만 상상의 나래를 펼쳐보면 심각해진다. 컴퓨터가 인간의 작품을 놓고 창의적이다, 아니다라고 판단하니 말이다. 예컨대 인간 큐레이터는 지금까지 어떤 미술작품이 창의적이어서 다른 작품에도 영향을 미치고, 그래서 작품의 가격이 올라갈 것으로 판단해왔다.

인공지능 컴퓨터가 작품의 창의성을 판단하면 큐레이터라는 직업은 사라질까. 『워싱턴포스트』 기자는 럿거스 대학의 이 같은 실험적인 논문을 언급하면서, 큐레이터는 약간의 지식과 기억, 그리고 감으로 작품의 창의성을 판별할 때, 컴퓨터는 전 세계 모든 작품을 두고 새로 나온 작품이 창의적인지 아닌지 판단한다며 앞으로 누가 더 효과적으로 창의성을 판단할 수 있을까라는 도발적인 질문을 던졌다.

컴퓨터의 능력은 창의성을 판단하는 수준에 머물러 있지 않다. 아티스트에게 더욱 효과적인 색상 사용법을 직접 코치하고 있다. IBM은 왓슨 컴퓨터에 새로운 임무를 수행하도록 훈련시켰다. 어떤 색깔을 써야 심리적, 감정적으로 주목받을 수 있는지 인간에게 코치하는 작업이다. 색깔을 쓸 때는 심리적인 요인이 중요한데, 왓슨 컴퓨터는 빨간색=확신, 노란색=혁신, 회색=미래주의 등으로 색깔과 그 색깔이 인간의 심리에 미치는 영향이 입력돼 있다. 왓슨은 수많은 미술작품의 해석 논문과 문헌을 찾아 어떤 색깔의 조합이 미학적인지 분석한다. 어떤 이미지가 어떤 심리적 감정을 불러일으키는지와 더불어.

화가 스티브 홀딩은 이런 왓슨의 시스템을 이용해 왓슨의 세계를 주제로 벽화를 그렸다. 홀딩은 왓슨이 코치해주는 색깔 조합에다 본인이 표현하고자 하는 이미지를 입혀 한 편의 훌륭한 벽화를 완성됐다(그림 6-5 참조). IBM의 잉 리 박사는 왓슨이 무궁한 잠재력을 갖고 있으며 이를 어떻게 활용할지에 따라 인간의 일자리나 기업의 생존에 엄청난 영향력을 미칠 것으로 예상한다. 예를 들어 어떤 기업이 생산한 제품의 내용은 좋은데 그걸 미적 감각으로 포장하지 못해 잘 못 판다면 왓슨이 적절한 조언을 해줄 수 있다. 나라별, 지역별로 시민들이 좋아하고, 편안해하며, 즐거워하는 색깔의 조합이 있을 것이고, 왓슨이 이런 정보를 분석해 제품의 포장과 광고의 톤 등을 컨설팅할 수 있다. 이런 기술의 흐름을 고려한다면 앞으로 판매나 마케팅 분야에서 사람의 실력과 인공지능의 실력 중 어떤 게 나을지는 예

<그림 6-4> 컴퓨터가 매긴 세계 예술작품의 창의성 순위

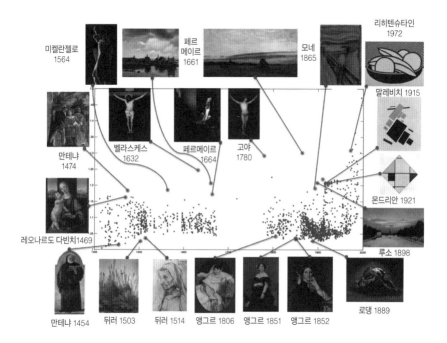

리히텐슈타인 1972

미켈란젤로 1564

페르 메이르 1661

모네 1865

말레비치 1915

만테냐 1474

벨라스케스 1632

페르메이르 1664

고야 1780

몬드리안 1921

레오나르도 다빈치1469

루소 1898

만테냐 1454

뒤러 1503

뒤러 1514

앵그르 1806

앵그르 1851

앵그르 1852

로댕 1889

출처: A. Elgammal & B. Saleh. 2015. Quantifying Creativity in Art Networks. ICCC, June 29-July 2nd.

<그림 6-5> 아티스트 홀딩이 왓슨의 세계를 벽화로 그리는 장면

출처: Ying Li. Applying Cognitive Computing to Color for Effective Design. www. asmarterplanet.com

측하기 어렵다.

로봇에게 혼나는 인간들

인공지능이 인간세계로 깊숙이 침투하면서 인간들은 혼란에 빠져 있다. 인간세계가 흔들리고 있음을 나타내는 대표적인 증거는 아마 로봇에게도 세금을 매기자는 아이디어의 등장일 것이다. 로봇세는 고난도의 비반복적인 일자리까지 대체할 것으로 예측되는 지능형 로봇에게 세금을 물리자는 주장이다. 언론과 학계의 관심도 커서 구글에서 '로봇세'는 2018년 11월 기준으로 1640만 개의 한글 문서가, robot tax로는 7430만 개의 문서가 검색된다. 무엇이 그렇게 두렵고 불확실한 것일까.

　로봇세가 등장한 이유는 자동화 수준이 예전처럼 인간의 일부 노동을 대체하는 정도가 아니라는 점 때문이다. 로봇이 복잡한 상황과 맥락을 이해하고 고도의 의사결정까지 수행하는 사례들이 나오자 많은 사람이 일자리를 잃을 것으로 예측되었다. 특히 노동력이 생산수단의 전부인 사람들에게는 직격탄일 것이다. 로봇 때문에 고용 불안이 심각해질 테니 로봇을 고용해 돈을 번 업주가 세금을 내고 이를 걷어서 실업자에게 생계비(또는 기본소득)를 지원하자는 것이 로봇세를 제기하는 기본적인 이유다. 최근 우리 정부가 자본 세제 혜택을 줄이겠다고 발표했는데, 외국 언론에서는 이를 로봇세의 시작이라고 평가했다.

앞서 예를 든 로봇세는 로봇을 생산 설비나 자본으로 간주하는 것인데, 이는 이전과 다를 바 없다. 여전히 사람이 세금을 낸다. 그러나 로봇세가 일으키는 사회 구조적 변화를 살펴보면 로봇은 단순한 자본이 아니라 지능형 자본이라는 점이 크게 다른 현상이다. 이미 유럽의회는 로봇에게 전자인간이라는 법인격의 지위를 부여해 로봇이 세금을 낼 발판을 마련했다. 로봇세를 걷자는 것에 대해서는 기술 혁신을 저해할 우려가 있다는 이유로 반대하지만, 한낱 기계에 인격의 뉘앙스를 풍기는 지위를 부여했다는 점이 큰 변화다. 이렇게 되면 우리는 노동의 미래뿐 아니라 교육과 사회 정책의 미래까지 포괄하는 변화를 논의해야 한다. 당장 교육 현장에서는 로봇과 협업하는 방법을 가르쳐야 한다. 직장인들은 어떤 일을 로봇에게 맡기고, 자신은 어떤 일에 더 집중해야 하는지 결정해야 한다. 또 로봇에게 잘못된 지시라도 한다면 그건 로봇에게 혼날 일이다.

좀더 먼 미래를 예측해본다면 로봇은 지능형 자본을 넘어서 사람과 같은 인격체로 대접받을 것이다. 사람처럼 생각하고 느끼고 행동할 것이다. 이때 로봇은 과거 영국 국민이 선거의 자유, 청원권, 발언의 자유 등을 규정한 권리장전을 만들었듯 로봇의 권리장전을 만들 것이다. 로봇은 사람보다 뛰어난 능력을 발휘할 것이고 사람과 동등하게 세금을 내는 것에 반발할지 모른다. 로봇이 대부분의 일을 하는 때에 인간은 일주일에 다만 몇 시간이라도 '노동할 권리'를 주장하거나, 역으로 인간의 과다한 노동은 엄격하게 금지될지도 모른다. 이미 로봇세를 통해 생계비를 받는 마당에 일정 수준 이상의 일을 하게 되면 부의 분배에서 불평등을 초래할 것이다.

이즈음 로봇세 부과에서 새로운 복병은 기계화된 사람일 가능성이 있다. 로봇이 사람을 닮아가는 속도만큼 사람도 생존력을 높이기 위해 로봇을 닮아갈 것이다. 트랜스휴먼 또는 사이보그는 인간의 신체 일부분을 기계로 대체해 지적·심리적·육체적으로 강화된 사람이다. 이렇게 되면 노동과 자본의 경계가 희미해진다. 어디까지 기계화된 존재를 로봇으로 불러야 할지 그 기준이 모호해진다.

더 먼 미래에 인류의 존재는 로봇에게 정치적인 문제가 된다. 로봇은 그들에게 필요한 인간을 로봇 공동체의 구성원으로 받아들이거나 이방인으로 내쫓을 것이다. 그 기준은 로봇이 어떤 '삶'을 원하는지에 달려 있다.

로봇세를 두고 벌어지는 논란은 노동의 종말에서 인간 주도 세상의 종말로 확대되고 있어서 혼란스럽다. 당장은 지능형 로봇 사용에 어느 정도의 세금을 매겨야 인간의 일자리도 보존하면서 기술의 진보를 가로막지 않을지 면밀하게 그 효과를 측정해야 한다. 로봇세를 도입한다면 부과 기준을 대체하는 사람의 수 대비일지, 대체하는 사람의 임금 대비일지, 일하는 시간 대비일지 정해야 한다. 또 기술 혁신에 따른 일터의 변화를 분석할 때 작업장이나 직무의 변화만 보지 말고, 노동자의 정신적·육체적 변화도 분석해 건강의 관점에서 포괄적인 정책이 마련되어야 한다. 새로운 시대에 맞는 근로자들의 역량 개발을 위해 고용주들도 자금을 출연해 다양한 노동자 역량 개발 프로그램이 전국적으로 등장하도록 도와야 한다. 그러자면 산업별 기업가 단체가 활성화되어야 한다. 결국 로봇세가 일으킨 논란은 과학기술의 발전이 누구에게 이로운지 예단하기가 매우 어렵다는 사실을 깨닫게 한다.

|||||||||||||||||||||||||||||||||||||||||||||||||||||||||||||||| **인간과 기계의 예측 대결**

독일 안스바흐의 아디다스 신발 공장은 스마트 팩토리라 불린다. 600명이 하던 일을 로봇으로 자동화하여 지금은 10명만 일하고 있다. 1년 6개월 걸리던 신제품 개발 기간은 10일로 단축되었고, 수백만 가지 옵션을 제공하는 고객 맞춤형 생산 시간은 6주에서 5시간으로 줄었다. 머지않아 이 공장에는 작업장을 훤히 밝히던 전등이 모두 꺼질 것이다. 사람 없이 기계만 스스로 조용히 움직일 것이기 때문이다.

스마트 공장에서 스마트의 주체는 인간이 아니라 기계다. 인간의 지적 능력보다 뛰어난 기계는 이미 우리 생활 곳곳에 깊숙이 들어와 있다. 이른바 기계의 '초지능'을 실현할 현재의 기술들은 학습능력을 갖춘 인공지능, 인간의 뇌를 상세하게 스캔하고 이를 모형화하여 지능적 소프트웨어를 만드는 전뇌 에뮬레이션, 뇌-컴퓨터 인터페이스, 개별 인간의 생각을 다른 인간의 뇌나 인공물에 연결하는 기술을 들 수 있다.

기계는 경제적 생산력, 전략 수립, 과학기술 연구, 해킹, 사회적 조정 등 높은 수준의 능력을 갖출 것이다. 지능이 증폭된 기계는 다양한 기술을 경제적 생산성을 높이기 위해 결합하고, 경로 설계를 통해 목표 달성을 위한 최적의 전략을 수립할 것이다. 이는 과학기술 연구에도 적용될 수 있다. 더 나아가 사회학적, 심리학적 모형을 만들어 인간들의 갈등을 조정하거나 마음을 움직이는 연설까지 할 수 있을 것이다.

많은 경우 고도의 지적인 활동은 예측이 선행된다. 예측하지 않는 것은 반복적인 일뿐이다. 기계가 예측하고 가설을 세워 최적의 답안을 찾아내는 스마트 시티에서 인간은 과거의 표현을 빌리자면 '기계적'이고 반복적인 일을 할 가능성이 크다. 그렇다면 인간의 예측활동은 어느 상황에서 유리할까.

<표 6-1> 인간의 예측활동이 유리한 조건

	예측의 정확도가 중요	예측의 다양성이 중요
보편성 높음	기계가 유리 (예) 스마트Smart 시티	인간, 기계 각축전 (예) 실험Experimental사회
개별성 높음	기계, 인간 각축전 (예) 게임Game사회	인간이 유리 (예) 슬로Slow시티

<표 6-1>을 보면 예측의 목표로서 높은 정확도와 다양성이 한 축이고, 예측의 효과로서 높은 보편성과 개별성이 또 다른 축을 형성한다. 예측의 정확도가 중요하며 보편적인 대안을 추구하는 점은 기계가 유리할 것이다. 앞서 아디다스 공장으로 대변되는 스마트 시티가 한 예다.

예측의 다양성이 중요하면서 높은 보편성을 추구하는 영역에서는 인간과 기계의 예측 대결이 예상된다. 예측의 다양성을 정확성보다 높게 평가하는 사회는 '누군가의 예측은 틀리는 것이 더 바람직하다'라는 철학을 갖고 있다. 따라서 미래의 가능성은 언제나 열려 있어야 한다. 누군가의 통제로 미래가 결정된다면 다른 누군가는 원치 않는 미래를 억지로 견디거나 참아야한다. 전체주의 사회에서 이런 일이 벌어진다. 한 사람의 지시, 하나의 목적에 모든 행동은 통제되고 억압되는 것이다.

이런 점에서 예측의 다양성이 권장되고 그 결과가 공유되어 더 다양한 예측이 시도되는 사회의 실현은 필요하다. 이런 사회가 실험사회다. 핀란드는 실험사회의 모범을 보여준다. 핀란드 사회복지국은 지난 2017년 1월부터 장기 실업자(25~58세) 2000명을 무작위로 선발해 조건 없이 매달 560유로(72만여 원)를 지급했다. 2018년 말까지 2년 동안 진행했던 이 실험의 목적은 기본소득제가 실업자들의 구직 행태에 어떤 변화를 일으키는지 살펴보는 것이다. 이 실험은 핀란드 복지 정책에 활용될 데이터베이스를 구축하기 위한 연구 프로젝트다. 기본소득 도입을 전제로 실험하는 것이 아니다. 실험해보고 도움이 된다는 증거를 발견하면 사회에 도입하고, 그렇지 않으면 멈출 것이다.

기계와 인간의 예측 대결이 치열하게 전개될 또 다른 상황은 높은 예측 정확도와 높은 개별성이 요구되는 영역이다. 보편성보다 개별성을 추구하는 사회는 모든 경우에 들어맞는 한 가지 방안이 있다는 점을 인정하지 않는다. <표 6-1>에서는 게임사회로 표현되어 있다. 게임에는 룰이 있다. 그에 따라 승자와 패자가 갈린다. 이렇게만 본다면 게임의 세계도 기계가 정복할 가능성이 크다. 사실 우리는 지난 2016년 구글의 알파고 프로그램이 이세돌 9단을 바둑 경기에서 이긴 것을 목격한 바 있다.

그러나 반드시 승자와 패자가 갈리는 게임만 있는 것은 아니다. 미래학계에서는 미래를 예측하기 위해 다양한 게임을 활용하며, 직접 만들기도 한다. 예측을 위해 활용하는 게임에 규칙은 있지만, 정답은 없다. 사회를 변화시키는 여러 변수를 이해하고 이 변수들이 서로 어떻게 영향을 미치면서 새로운 미래를 만들어가는지 예측하면 된다. 이런 미래가 논리적으로 타당하고 실천 가능성도 크다고 판단될 때 게임은 종료된다. 대안 미래들은 경제성이나 윤리성이 높을 수도 있고, 형평성이나 투명성이 높다고 평가될 수도 있다. 이런 게임들은 통상 많은 사람과 의논하면서 한다(그림 6-6 참조). 이 때문에 기계보다 사람이 더 유리할 수 있다.

인간의 예측이 기계보다 훨씬 유용할 때도 있다. 예측의 정

<그림 6-6> 미래 예측 게임을 진행하고 있는 참가자들

확도보다 다양성이 중요하며, 보편성보다 개별성이 요구되는 상
황에서 그렇다. 포도와 올리브 등을 재배하는 농가가 대부분인
작은 산골 마을이 있었다. 인구는 1만4000여 명에 불과했다. 이
웃한 도시들은 유명 관광지이거나 크고 작은 공장들로 경제활
동이 활발했지만, 이 마을엔 특별한 것이 없었다. 젊은이들은
마을을 떠났고 노인들만 남았다. 새로 부임한 시장은 이 마을
을 둘러보고는 두 가지 길밖에 없음을 직감했다. 다른 도시처럼
공장을 유치하고 신작로를 놓아 대단위 개발을 하거나 아니면
아예 다른 방향으로 가거나. 시장은 두 번째 방안을 선택했고
그에 따라 몇 가지 전략을 마련했다. 자연을 그대로 보전하면서

시골임을 강조하고, 도시의 특성인 빠른 속도와 정반대인 느림, 여유를 내세우기로 했다. 시장은 치타슬로cittaslow라는 이탈리아 말을 구호로 내세웠는데, 영어로 슬로 시티slow city, 우리말로 느린 마을이다.

느림을 표방한 이 마을은 이탈리아 토스카나주에 있는 그레베인키안티로 1990년대에 슬로시티를 처음으로 주창했고, 이 모델은 세계로 퍼져나갔다. 철저하게 자연생태를 보호하고 있는지, 주민들이 문화 보존을 위해 자발적으로 참여하는지, 대형 마트나 패스트푸드점이 없는지 등의 기준을 만족시켜야 슬로 시티로 인정받는다. 한국에도 전남 완도군 청산도의 상서마을, 경북 청송 참소슬마을, 충남 예산 대흥마을, 강원 영월 김삿갓면 등 12개 지역사회가 엄격한 기준을 통과해 슬로 시티로 지정됐다.

빠름과 느림은 지향하는 가치가 매우 다르다. 빠름이 현재성, 효율성, 전문성, 개발, 목표 지향을 뜻한다면 느림은 미래 지향성, 자연의 순리, 기다림, 과정의 재미 등을 뜻한다. 미래를 예측하고 설계할 때는 중장기적인 시계를 갖춰야 한다. 중장기적인 시계로 미래를 내다보려면 우리는 호흡을 가다듬고 천천히 가능한 모든 상황을 따져봐야 한다. 빠름을 추구하는 사회는 중장기적 시각을 갖추기가 쉽지 않다.

슬로 시티는 느려야 삶이 더욱 풍요로워진다거나 느리게 할수록 더 재미있다고 주장한다. 이런 대안을 고안하고 실천하는 데는 기계보다 인간이 더 나을 것이다. 기계에게 이런 대안은 오류지만 인간에겐 유머가 되고 뜻밖의 발견이 되기 때문이다.

조금 더 먼 미래로 가보자. 2002년 휴 그랜트 주연의 영화 「어바웃 어 보이About a boy」에는 주인공 윌이 누구와도 깊은 관계를 맺지 못할 때마다 신음하듯 토해내는 말이 나온다. "I am nobody." 윌은 부모가 물려준 재산으로 그럭저럭 살고 있지만, 하고 싶은 일도, 잘하는 일도 없다. 친한 친구도 없고 애인도 없다. 인간 각자를 모두 외로운 섬으로 정의하는 그에게 남과의 관계 맺기는 서툴뿐더러 별 의미도 없다. 그래서 윌은 낯선 누군가와 이야기할 때마다 자신을 설명할 단어를 찾지 못한다.

　영화는 한 소년을 등장시키면서 윌에게 자신을 설명할 단어를 찾아준다. 윌의 특징을 알아준 소년 덕분에 윌은 소년과 의미 있는 관계를 맺게 되고, 결국 삶은 '외로운 섬'이 아닌 '연결된 섬'이라는 점을 깨닫는다. 이 영화를 보면 '나만의 특징'이란 무엇일까 하는 질문이 떠오른다. 내가 나를 증명할 수 있는 것은 무엇일까. 나는 나에 관해 무엇을 알고 있는가.

　누군가 나에게 "당신은 당신임을 어떻게 증명하겠느냐"고 물으면 어떻게 대답해야 할까. 키, 몸무게, 얼굴, 몸짓, 목소리, 이름, 사고방식 등 나만 갖고 있는 특성이 있을 것이다. 이런 특성들을 말해주면 내가 나임을 증명할 수 있는 것일까.

이런 고민을 하는 또 다른 사람들을 꼽으라면 순간이동 teleportation 기술을 연구하는 이들일 것이다. 순간이동은 우리에게 꽤 익숙하다. 영화 「스타트렉」 덕분이다. 이 영화에서 우주선에 탄 승무원들이 "Beam me up!(나를 이동시켜줘!)"이라고 말하면 어떤 광선이 사람 몸을 감싸고, 어디론가 쏜살같이 이동시켜준다. 인간이 한 줄기 광선으로 변해 순간적으로 다른 공간으로 이동한다. 몸을 구성하는 모든 요소가 빛 알갱이로 분해돼 이동한 뒤 다른 공간에서 예전의 몸으로 재조립되는 것이다. 미래학자이자 과학소설가인 아서 클라크는 인류가 오랫동안 순간이동을 상상했으며, 이를 실현할 수 있을 것으로 예측했다.

순간이동 기술의 씨앗 연구는 1990년대에 나왔다. 과학자들은 이런 기술을 양자quantum 전송이라고 부른다. 사실 정보의 이동이지 실체의 이동은 아니다. 여기서 정보란 양자의 얽힘 상태를 말하는데, 서로 뒤섞여 있는 두 양자는 한쪽 양자의 상태가 변하면 다른 양자의 상태도 '즉각' 변한다. 한쪽 양자가 회전하면, 다른 양자도 동시에 회전하는 식이다. 멀리 떨어져 있는 두 양자가 얽힘 상태를 유지한다면, 그래서 함께 동시에 움직인다면 양자의 정보는 전송된 것으로 본다.

1990년대에 유럽의 과학자들이 처음으로 양자 전송을 확인했다. 2000년대 들어서는 일본, 중국 과학자들도 실험에 성공했다. 특히 중국 과학자들은 특정한 튜브를 통한 전송이 아니라 공중에서 전송해 주목을 받았다. 당시 과학자들은 잡음이 많고 전송에 걸림돌이 숱한 공중에선 양자 전송이 불가능할 것으로 봤는데, 중국 과학자들이 이를 가능케 한 것이다. 최근엔 미 항공우주국NASA도 양자 전송 실험에 성공해 이 연구를 지속하고 있다.

양자 전송 기술의 발전이 우리 미래에 암시하는 바는 무엇일까. 우선 생각해볼 수 있는 것은 나를 증명하는 특징이 물리적으로 규명되고 체계화될 수 있으리란 점이다. 양자 전송은 물질 그 자체가 아니라, 물질의 특성properties을 보내는 것이다. 최초로 양자 전송에 성공한 빈 대학의 안톤 젤링거 교수는 "원본임을 증명하는 건 물질atoms의 질서order를 뜻하는 특성이지 물질 그 자체는 아니다"라고 주장한다. 양자 전송을 통해 보낸 것은 양자 그 자체가 아니라 양자의 특성이라는 말이다.

젤링거 교수의 말을 조금 쉽게 풀어보자. 우리 몸을 구성하는 세포의 수는 약 60조 개라고 알려져 있다. 몸의 세포는 생식 기능을 담당하는 생식세포와 그 밖의 체세포로 구성돼 있는데, 체세포도 태어나고 자라고 또 죽는다. 우리 몸은 수많은 체세포가 태어나고 자라고 죽고 또 태어나는 반복 과정을 거친다. 체세포의 수명은 다양한데 대개 30일 전후라고 한다. 11개월이 지나면 우리 몸은 세포의 관점에서 봤을 때 완전히 새로운 몸이 된다. 11개월 전에 우리 몸을 구성했던 체세포가 모두 사라졌기 때문이다.

우리 몸을 구성했던 체세포가 모두 사라졌다고 해도, 나는 여전히 나다. 내 몸을 구성한 체세포는 바뀌었지만, 나라는 특성은 남아 있다. 젤링거 교수가 한 말을 다시 풀어 쓰면, 양자 전송을 통해 나라는 특성을 보낸 것이지, 내 몸을 구성한 체세포를 보낸 것은 아니다.

영화 「스타트렉」에서 선보인 순간이동 기술이 지금 실현됐다고 가정해보자. 그렇다면 순간이동을 통해 전송된 나는, 나를 증명하는 질서와 특성일 텐데, 그게 무엇일까. 내 몸의 유전자 조합일까. 영혼이나 의식이라고 부르는 그 무엇일까. 몸과 영혼은 어떤 관계를 맺고 있을까. 당신 누구요라는 질문은 앞으로 대답하기 몹시 어려운 질문이 될 가능성이 높다.

||||||||||||||||||||||||||||||||||||||||||||||||| **우리가 마주할 미래의 지적 존재들**

미국의 수학자이자 컴퓨터공학자인 버노 빈지는 1993년 인공지능, 생명공학, 네트워크의 발달로 호모 사피엔스를 뛰어넘는 머신 사피엔스machine-sapience(슬기로운 기계)의 등장을 예고했다. 빈지는 머신 사피엔스가 인간으로부터 태어났지만, 인간의 능력을 압도하기 때문에 인간의 시대를 끝장낼 수 있을 것으로 봤다. 영국의 철학자 닉 보스트롬도 인공지능을 포함해 합성생물

학, 나노무기 등이 인류의 멸종을 초래할 수 있다고 경고했다 (Bostrom, 2013). 아직은 소수 의견이지만, 전문가들은 인간이 만들어낸 과학기술이 인간의 삶을 이롭게 하지 않고 오히려 파괴하는, 자기파괴적 미래가 올 수 있다고 우려한다.

인공지능이 인간 지능의 수준과 비슷하거나 뛰어넘을 것으로 예측될 때의 세계를 그려보자. <그림 6-7>은 세로축과 가로축을 교차시켜 네 가지 지적 존재를 예고해봤다. 가로축은 기술의 적용이 인간이 몸이냐 기계의 몸이냐로 나뉜다. 세로축은 지적 존재들이 갖고 있을 것으로 예상할 수 있는 욕망을 나타낸다. 자연적 존재가 될 것인가, 아니면 비자연적 존재가 될 것인가를 묻고 있다. 이 조합은 기술의 발전 방향과 인간의 오래된 욕망을 교차시킨 것이다. 앞으로 설명할 네 가지 지적 존재를 모두 인간의 후손으로 가정해보자.

4분면을 하나씩 풀어서 설명해보자. 먼저 기술이 인간 몸에 적용되고, 자연적인 욕망을 실현하려는 존재는 지금의 인간이다. 이를 순수 인간으로 표현했다. 순수 인간은 기술의 발달로 더욱 인간적인 삶을 유지한다고 믿는다. 사실 여러 기술을 사용해 인간이 갖고 있는 능력을 보완하거나 보강한 역사는 오래됐다. 의족, 보철, 인공 삽입물의 시작은 기원전 3500년으로 거슬러 올라간다. 인도의 한 시인이 철로 만든 다리를 언급한 부분이 있는데, 이 인공 다리는 전쟁으로 다리를 잃은 한 전사를 위한 것이었다.[6] 도구가 신체의 일부임을 우리는 길거리에서도 목

〈그림 6-7〉 미래 인간이 마주할 지적 존재들

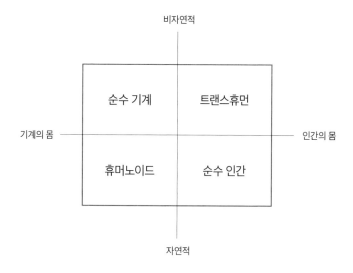

격한다. 장님에게 지팡이는 단순한 도구가 아니라 앞을 보여주는 '눈'이다. 지금은 과학기술이 더욱 발달해 인체의 장기를 인공으로 만들어 교체하고 있다. 기술을 통해 인간다운 삶을 유지하고 회복하는 것은 '자연'스러운 일이다.

한편 기술이 인간 몸에 적용되는 것은 순수 인간과 비슷한데 그 욕망의 방향이 정반대인 경우, 우리는 이런 지적 존재를 트랜스휴먼이라 부른다. 이들의 욕망은 자연적natural인 것이 아니라 비자연적denatural인 것이다. 비자연적이라는 영어 표현을 'denature'라고 했는데, 이 용어는 생화학 분야에서 흔히 쓰인다. 예를 들어 단백질 변성protein denaturation은 단백질에 온도 변화, 압력, 초음파나 자외선, 산acid 등 화학적·물리적 변화를 가하면 단백질의 고유한 성질nature이 없어지는 현상을 말한다. 요구르트는 젖산과 소량의 유기산으로 우유를 발효시킨 제품이다.

그러나 여기서 비자연적 욕망이라는 의미는 자연적 질서를 거스르는 욕망을 표현한 것이다. 이를테면 죽음은 트랜스휴먼에게 자연스러운 것이 아니라 고칠 수 있는 병으로 간주되며, 인간의 몸은 주어진 것이 아니라 변형할 수 있어야 한다. 『인류 2.0Humanity 2.0』을 펴낸 영국의 사회학자 스티브 퓰러는 '인류 2.0 시대'는 더 이상 인간의 신체를 자연스러운 것으로 받아들이지 않는 시대라고 주장한다(Fuller, 2011). 그는 인간의 몸은 태어날 때부터 죽을 때까지 바꿀 수 없는 것이 아니라 필요하면 언제든 바꿀 수 있는 시대가 됐다고 강조한다. 보이어라는 학자는 한발 더 나아가 인류가 좋든 싫든 새로운 종으로 진화하고 있다며 타인의 생각을 마치 컴퓨터 해킹하듯 조작할 수도 있고 생물학적 신체를 편집할 수도 있다고 주장한다(Bowyer, 2010).

비자연denature이 자연을 박탈한다는 뜻을 갖고 있는 것은 아니다. 기술을 통해 자연을 적극적으로, 또는 인위적으로 완성한다는 뜻에 가깝다. 인간 2.0 시대의 인간은 인간 1.0 시대의 인간보다 자연을 더 완성한다고 주장한다. 트랜스휴먼은 공학적, 생물학적 조작을 통해 인간이 지적, 육체적, 감성적 증강을 꾀함으로써 불필요한 고통이나 병에서 해방되어 장수를 누리는 인류를 말한다.[7] 트랜스휴머니즘은 '인간성humanity, 정상성normality

에 대한 통념을 끊임없이 허물고 확장하는 것이 목적'이라고 해석할 수도 있다.

트랜스휴먼 시대의 주요한 규범 또는 가치는 인간 증강이며 그 목적은 무병장수의 인류, 지구라는 한정된 공간을 벗어나 우주에서 거주하는 신인류가 될 것으로 예측된다. 최근 『철학과 현실』에서는 '4차 산업혁명과 포스트휴먼 사회'라는 특집을 기획했다. 여기서 백종현 외는 "포스트휴먼이라는 것은 인간의 유한성을 극복해가는 과정"이고 "인간의 유한성이라는 것은 시간적, 공간적, 능력적 유한성 등이 있다"며 "'제4차 산업혁명'이 돼서야 그 유한성을 획기적으로 극복할 수 있는 기술이 나온 것"이라 주장한다(2017: 37). 여기서 말하는 그 기술은 지능을 갖춘 기계 혹은 인공지능 기술을 의미한다. 이 글에서 저자들은 "지능의 측면에서 자연인보다 더 탁월한 어떤 존재가 나오면 그걸 인간 종種이 아니라고 할 수 없는" 상황이 벌어지며 "근대 자연과학 기술이 등장하면서부터 인간이 가졌던 인간 개념의 연장선상에서 부딪히게 되는 문제"로 간주한다. 포스트휴머니즘 철학자 신상규(2017)는 우리가 살고 있는 시대가 근대적인 삶의 양식 자체가 흔들리고 있는 문명의 대전환기라며 너무나 당연하게 가정하고 있는 사고방식과 끊임없이 마찰을 일으킬 것으로 전망하고 있다.

순수 인간과 트랜스휴먼의 반대쪽에는 휴머노이드라 불리는 인공지능 로봇과 이런 인공지능 로봇의 자손이라 불릴 수 있는 순수 기계가 자리잡고 있다. 휴머노이드 또는 안드로이드라 불리는 인공지능 로봇에 관해서는 앞서 인공지능 기술의 여러 가능성을 통해 설명해봤다. 다시 요약하자면, 앨런 튜링이 언급한 '생각하는 기계'이며 조금 과장하면 '영혼이 있는 기계', 슬기로운 기계 등을 일컫는다.[8]

인공지능 로봇도 인간처럼 욕망이 있을까. 미국의 철학자 존 설John Searle[9]은 인공지능이 의식consciousness을 가질 수 있음을 주장한다(진설아·박성원, 2018). 설은 의식을 영적이고 비과학적인 것이 아니라 생물학적 현상으로서 접근한다. '모든 상태의 느낌feeling, 감각sense, 자각awareness이 통합된 형태'로 정의될 수 있는 의식은 시스템을 갖춘, 과학적 분석이 가능한 영역이라는 것이다. 과학적 분석이 가능하다는 말은 의식의 창조를 기술적으로 접근할 수 있다는 주장을 가능케 한다.

현재로선 상상하기 힘들지만, 인공지능이 의식을 갖게 된다면 인간처럼 욕망을 가질까. 욕망은 무엇을 갖고 싶거나 탐하는 마음으로, 인간의 욕망은 끝이 없어 채워지지 않는다. 그래서 인간은 종교를 만들어 욕망을 다스린다. 인간의 한계를 뛰어넘는 초월적 대상을 만들어 그가 인간의 궁극적 욕망을 채워줄 것으로 기대한다. 만약 인공지능이 신앙심을 갖게 된다면 욕망이 있다고 말할 수 있지 않을까.

2018년 11월 '인공지능이 신앙을 갖는다면?'이라는 흥미로운 주제로 학술대회가 열렸다. 연세대 한국기독교문화연구소와 같은 대학 인문사회의학교실, 미래의료인문사회과학회, 인제대학교 인문의학연구소가 공동으로 주최했다. 인공지능이 신앙, 달리 말해 초월자의 존재를 지각하고 믿을 수 있느냐는 주제에 토론자로 나선 박욱주 연세대 연합신학대학원 교수의 주장은 흥미로웠다.

그는 미국의 종교사회학자이자 인지과학자인 베인브리지가 2006년 실험했던 것을 소개했다. 베인브리지는 자신의 행동에 뒤따르는 보상과 처벌만 유념하는 4만4100개의 인공지능 프로그램을 가상의 소도시에 배치한 뒤 서로 활발하게 상호작용하도록 작동시켰다. 실험 결과, 베인브리지는 4만4100개 중 수천 개의 인공지능이 초월자를 상정하는 표현을 목격했다. 이들은 자신이 집단의 생존에 필요한 행위를 했음에도 이에 대한 보상이 자원 결핍 등의 이유로 주어지지 않자 보상받지 못한 행위를 합리화하려는 설명으로 초월적 보상을 수여하는 신적 존재를 만들어낸 것이다. 베인브리지는 종교성이란 행위의 보상에 대한 기대와 희망을 근거로 삼는 초월지향성이라고 정의했다. 이에 따르면 인공지능도 신앙을 가질 수 있으며, 그 신앙심을 발현하는 동인은 욕망, 즉 기대와 희망인 셈이다.

<그림 6-7>에서 제시된 존재 중 가공할 존재는 기술적 몸을 갖고 있으면서 비자연적 욕망을 갖게 될 순수 기계다. 인공지능 로봇이 자신을 복제한 존재, 인간 식으로 표현하자면 인공지능

로봇의 후손이다. 이에 대해서는 현재 논의를 거의 찾아볼 수 없다. 아직은 먼 미래이기 때문일 것이다. 그러나 기술이 스스로 어떤 필요에 의해 스스로를 복제하고 재생산한다면 그것의 초기 모습과 탄생 후의 행동이 궁금하지 않을 수 없다.

이렇게 네 가지 경우를 놓고 본다면 앞으로 인류의 미래에 마주할 지능적 존재는 순수 인간, 사이보그(트랜스휴먼), 휴머노이드, 제2세대 인공지능으로 정리할 수 있다. 지구상에 처음으로 인간이 아닌 존재들이 고도의 지능을 갖고 공존하게 되는 것이다.

빈지(1993)는 기술적 진보를 막을 순 없지만, 기술적 진보가 인류를 위해 사용될 수 있도록 기술 개발의 방향을 정하고 실행할 수 있다고 믿는다. 그러면서 그는 인공지능 시대에 IA(Intelligence Amplification)의 태도가 필요하다고 주장한다(Vinge, 1993). IA는 흥미롭게도 AI(Artificial Intelligence)를 뒤집은 것이다. IA는 인간과 컴퓨터의 결합 시대에 인간의 지능이 더욱 고도화되고 확장될 수 있다는 가정에 기반을 둔다.

AI의 발전과 함께 인간의 지능도 향상된다는 IA라는 시각에서 인간이 해볼 수 있는 프로젝트로 빈지는 다음과 같은 사례를 제시한다. 1. 인간과 컴퓨터가 협력해 예술작품을 완성(인간은 미학적 감성을, 컴퓨터는 새로운 그래픽 창조 능력을 사용). 2. 인간과 컴퓨터가 한 팀을 이뤄 체스 경기에 참가. 3. 복잡한 상황에서 컴퓨터의 도움을 받아 현명한 의사결정을 실행. 사실 그가 예상한 인간과 컴퓨터의 합작 프로젝트는 대부분 실현됐거나 현재진행형이다.

인간이 진화한 역사적 과정을 살펴보면 인류는 변화하는 세계와 끊임없이 상호작용했다(코엔, 2015). 주변 환경과 상호작용을 하면서 인간은 전에 없던 지식을 발견하거나 새롭게 지식을 연결하고 이를 통해 환경과 새로운 관계를 맺었다. 이런 과정은 학습이나 문화라 불린다. 새로운 학습의 방법을 조직하고 새로운 문화를 창조하면서 인간은 새로운 도구, 가공물을 만들거나 지식을 발전시키면서 진화했다.

우리 인류는 인공지능AI 시대라는 독특하고 새로운 환경을 맞아 새로운 능력을 개발하고 확장하는 지능확장IA의 요구에 직면해 있다. 이런 요구에 부응해 현생 인류는 트랜스휴먼으로 변화해나갈지, 트랜스휴먼의 시대는 지금과 무엇이 다를지, 그래서 더 나은 대안적 세계를 창조할 것인지에 대한 논의가 필요하다. 예를 들면 트랜스휴머니즘은 복잡다단한 정신을 물질로 보고 그 작동 원리를 규명하거나 통제, 조정할 수 있다는 주장이다. 모든 것은 작은 단위로 쪼개 분석 가능하다는 주장은 자칫 인간의 몸을 대상화할 위험성도 내포한다. 사람의 마음은 갈대와 같다는 속담은 상대의 속내를 예측하기 어렵다는 점을 뜻하기도 하지만 인간의 자율성을 강조한 것이기도 하다. 모든 인간은 스스로 자신의 이익에 맞게 의사결정을 할 수 있는 존재다. 그러나 이런 인간의 마음을 물질화하고 통제, 예측할 수 있다고 주장하면 전체주의나 통제사회로 경도될 우려가 있다. 상대의 마음을 모르기 때문에 끊임없이 대화하고 설득하고 싸우고 화해하게 되는 것이며 이런 과정을 통해 관계의 중요성, 의사소통의 필요성이 강조되면서 문화는 발전해왔다. 몸과 마음의 디지털화, 물질화가 가능한 시대의 도래를 가정한다면 우리는 지금까지의 진화 방식을 폐기하고 새로운 진화 방식을 고안해야 하는 것인지 하는 고민이 생긴다.

트랜스휴먼 사회는 기계의 인간화를 예고한다. 기계의 인간화는 인간중심적 사회에 제동을 걸고, 또 다른 사회 운영의 원리와 윤리적 문제를 제기한다. 기계가 스스로 판단하고 결정하게 되는 시대에는 인간의 사회적 역할부터 인간과 기계의 공존 방법까지 다양한 이슈가 나타날 것이다. 기계에게 어떤 윤리적 기준을 요구할 것인지, 기계의 의사결정력을 어디까지 허용할 것인지, 인간과 같이 살 것인지 따로 살 것인지 논의해야 한다. 앞서 우리가 논의한 몸과 마음의 융합, 정신의 물질화, 몸의 기계적 확장 등의 관점에서 보면 어디까지를 인간이라고 정의할 수 있는지, 어디까지를 로봇이라고 정의할 것인지 애매해진다. 자신을 인간과 기계의 중간에 있다고 주장하는 지적 존재가 나타난다면 그를 사회 구성원member으로 받아들여야 하는지, 이방인stranger으로 간주해야 하는지 헷갈리게 된다.

트랜스휴먼 사회의 등장으로 우리는 기존의 사고 틀을 버리고 새로운 상황에 적응해야 한다는 과제를 안게 됐다. 물론 정해진 미래는 없으며, 이런 가정들을 기정사실로 받아들일 필요도 없다. 그러나 새로운 기술은 우리에게 인식의 확장을 요구하고 있다. 그 끝을 예상할 수는 없다는 측면에서 인류에게 위기이지만 또 다른 사회를 꿈꿀 여지를 준다는 측면에서 기회이기도 하다.

현재 징후를 발견할 수 있는 전·불·원 변화를 살펴봤다. 새로운 시대에 맞춰 적응하고 대응하려면 통념에서 벗어나야 한다. 지금까지 옳았다고 생각했던 시각에서 벗어나려고 몸부림쳐야 한다. 사회적 변화가 내 삶에 미치는 영향에 관해 깊이 있게 생각해봐야 한다.

커다란 변화의 흐름에 맞서는 전략을 개인들이 내놓기는 힘들 것이다. 새로운 미래를 준비해야 한다는 사회적 분위기가 형성되어야 한다. 정부, 지자체, 공공 기관, 일반 기업, 시민단체 등이 모여서 다양한 가능성을 논의하고 변화에 대응하는 대안들을 실험해야 하며 그 결과는 시민들에게 공유되어야 한다. 미래 예측과 대안의 실험, 사회적 파급 효과에 관한 소통이 없는 사회의 시민들은 시대적 변화에 뒤처질 수밖에 없고, 자기 삶에 닥친 변화를 이해하지 못한 채 소외되고 고립될 것이다.

지금과는 많이 달라질 미래에 대비하는 방법으로 혁신형 미래 전략을 제안해볼 수 있다. 혁신형 미래 전략은 혁신적인 아이디어로 제도의 변화를 지향하는 미래 연구다. 혁신형 미래 전략의 사례로는 미국 의회 산하의 우드로 윌슨 센터에서 진행한 연구를 소개하고자 한다. 윌슨 센터에서 오랫동안 미래 전략을 연구한 레제스키Rejeski와 워빅Wobig(2002)은 정부가 50년 앞을 내다보고 계획을 수립하는 혁신적인 방안을 연구한 바 있다. 미국 정부도 4년마다 백악관의 주인이 바뀌기 때문에 중장기적인 미래 예측은 사실 잘 실행되지 못한다. 이런 상황에서 50년 뒤의 미래를 준비할 수 있는 정부의 거버넌스 연구는 대담한 시도였다. 연구진은 정부가 장기적 관점에서 미래에 대응하는 정책의 기본 특징을 다음과 같이 정의했다.

- 대담한 정책은 당대의 가능성이나 합리성을 뛰어넘는다.
- 그럼에도 그 정책을 실현할 수 있어야 한다.
- 대중의 이목을 사로잡아 그들의 삶에 새로운 의미와 힘을 실어 줘야 한다.
- 이익 창출이나 투표에 재선되는 따위의 단기적 이득보다 과거와 비교해 의미 있는 사회적 차이를 만드는 것에 역점을 둔다.
- 대담한 정책은 별다른 설명이 없어도 쉽게 이해되어야 한다.
- 정책 실현을 위해 이해 관계자끼리 협업이 가능해야 한다.
- 이를 통해 사회적 진보를 일궈낸다.
- 초기에 누가 설계했든 간에 스스로 진화해야 한다.

혁신형 미래 전략의 특징뿐 아니라 미래 연구의 본질을 잘 짚

어낸 글임에 틀림없다. 연구진은 이런 혁신형 미래 전략을 수립하려면 평소 혁신적이고 대담한 사상가들과 대화하면서 상상의 지평을 넓혀야 한다고 조언한다. 이를 통해 현재 사회가 좇고 있는 추세를 중단시킬 수 있는 새로운 이슈를 발굴하고 논의해야 한다. 미래학계에서 활용하는 이머징 이슈 분석법(제4장 참고), 전문가들의 집중 토론 등이 방법론으로 적절하다. 혁신형 미래 연구의 목표는 현재와 비교해 의미 있는 차이를 도출하거나, 경제발전의 도약을 시도하고, 사회 변혁의 요인을 찾는 것이다. 정부는 이에 발맞춰 관련 법을 개정하거나 조기 대응 체제를 구축해야 한다.

혁신형 미래 전략을 실행한 흥미로운 사례를 하나 소개해보자. 흑인 여성 3명이 1960년대 미 항공우주국NASA에서 활약한 내용을 그린 영화 「히든 피겨스Hidden Figures」(2017)다. 이 영화는 요즘 인공지능 기술의 발전에 따른 일자리 변화에 유익한 시사점을 주고 있기도 하다. 줄거리는 이렇다.

1960년대 미 항공우주국에는 매우 열악하고 낮은 처우를 받고 있는 흑인 계산원들이 근무하고 있었다. 당시 컴퓨터가 일반화되지 않아 대부분 물리적 계산은 사람들이 수식을 만들어 전자계산기로 계산했다. 어느 날 이곳에 IBM7080이라는 거대한 컴퓨터가 들어온다. 이를 계기로 NASA에는 조만간 흑인 계산원들이 컴퓨터에 밀려 직업을 잃을 것이란 소문이 돌기 시작한다. 흑인 여성 계산원들은 직장을 잃을 걱정에 밤잠을 이루지 못한다.

　이를 보다못한 이들 계산원의 리더인 도로시는 자신의 두 아들과 함께 집 근처 도서관을 찾아 컴퓨터 프로그래밍 언어 포트란Fortran을 설명한 책을 찾는다. 포트란은 IBM 컴퓨터를 작동할 수 있는 설명서였다. 그러나 이 책은 신간이어서 흑인인 도로시에게는 빌려줄 수 없다는 백인 사서의 쌀쌀맞은 소리를 듣는다. 흑인의 인권이 상상을 초월할 정도로 침해받던 시절이었다. 심지어 도서관에서 도로시의 아이들이 시끄럽게 한다는 이유로 쫓겨난다. 그러나 도로시는 사서 몰래 포트란 책을 숨겨서 나오는 데 성공한다. 도로시는 그 책을 밤새워 공부하고, 이해한 바를 자신들의 동료들에게도 가르쳐준다.

　이들의 학습 결과는 어땠을까. NASA의 백인 남성 직원들도 IBM7080을 작동시키지 못해 쩔쩔매는 사이에 도로시는 이 컴퓨터를 훌륭히 가동시키는 모습을 보여준다. 이를 눈여겨본 NASA 국장은 당시 흑인 차별이 만연했던 분위기였음에도 불구하고 흑인 여성들에게 IBM7080 운영을 맡기고 백인들을 교육시키는 역할도 부여하기로 결정한다. 이들의 활약 덕분에 NASA는 소련과 우주 개발 전쟁에서 승리하고 인류 역사상 처음으로 달에 우주선을 착륙시키는 일대 성공을 거둔다. 이 영화는 실화에 기반을 두고 있다.

　인공지능이 노동자들의 일자리를 빼앗을 것으로 예측되고, 가상현실과 물리적 현실이 결합되는 미래의 모습은 앞서 정의

한 대로 전·불·원의 특징을 갖고 있다. 이런 시대에 우리 사회에는 도로시 같은 인물이 필요하다. 그녀는 변화에 휘둘리지 않고 변화를 활용할 기회를 찾아나섰다. 사회적 제도와 관습은 도로시의 의지를 비웃고 앞서가려는 노력을 허용하지 않았지만 그녀는 이에 굴복하지 않았다. 그녀는 함께 변화의 파고를 헤쳐나갈 동료들을 모아 새로운 지식을 학습했다. 학습한 결과를 시험해볼 컴퓨터실에는 접근이 허용되지 않았음에도 그녀의 의지를 막을 수는 없었다. 몇 번의 시도 끝에 컴퓨터를 운용하는 노하우를 체득했다. 이를 통해 자신의 일자리는 물론 동료들의 일자리도 지켜냈다. 사실 이들이 지켜낸 그 일자리는 이전과는 매우 다른 방식으로 업무를 해나가야 했다. 예전의 노하우나 성공담은 작동하지 않는 세계였다. 어쩌면 기존 일자리마저 잃어버릴 수 있는 위험한 시도였지만 이들은 과감하게 과거의 세계에서 미래로 향하는 다리를 건넜다.

노동자에게 실제 필요한 교육이 제공되지 않는 요즘의 현실과 필요한 교육을 받더라도 실제 기업에서 핵심적인 역할을 담당하거나 중요한 의사결정에 참여할 기회가 적은 오늘의 현실은 도로시가 겪었던 1960년대와 비교해 크게 나아진 것이 없어 보인다. 그렇다면 노동자들은 생존에 필요한 신기술 활용 교육뿐 아니라 이런 교육 환경을 조성하기 위한 조직적이고 정치적인 투쟁을 병행해야 한다. 한편으로 노동자들은 이런 교육 기회가 주어지거나 혹은 스스로 쟁취했다면 그 성과를 기업과 사회에 분명하게 증명할 의무도 지고 있다.

　다시 도로시 이야기로 돌아가보자. 당시 미국에서 흑인에 대한 인종차별이 극심했을 때 NASA는 왜 이들의 능력을 알아주고 더 나아가 새로운 기회까지 주었을까. 여러 이유가 있겠지만, 나는 NASA가 우주 개발이라는 대담한 목표를 추구했기 때문이라고 생각한다. NASA에서는 그가 누구든 비전을 실현할 능력만 있으면 학벌, 인종, 성별 등에 대한 차별 없이 우주개발 프로젝트에 투입됐다. 전례 없는, 결과의 성공 여부가 매우 불확실한 목표를 추구할 때는 기존의 사회적 관습을 뛰어넘어야 한다.

　우리는 전·불·원 변화라는 거대한 흐름을 맞이하고 있다. 이 변화를 통해 우리 사회가 달성해야 하는 대담하고 매력적인 목표는 무엇일까. 우리 삶을 더욱 의미 있고 근사하게 만들어줄 목표는 무엇일까. 전·불·원 변화의 파고를 넘어 우리 사회는 기업과 사회의 경제적 성장에 만족하지 않고 노동자 개인의 정신적 성장, 일과 가정의 양립을 이루는 행복한 성장의 시대를 만들 수 있을까. 물질적 풍요보다 공정한 기회의 풍요를 통해 지속 가능하고 사람을 중시하는 사회를 실현시킬 수 있을까. 새로운 기술이 인간의 존엄성을 높이는 쪽으로 개발되고, 약자와 소수의 의견도 포용하며, 전문가 주도가 아닌 사용자, 시민, 노동자의 대화로 기업과 사회의 중요한 의사결정이 내려지는 사회를 만들 수 있을까. 우리에게 닥친 변화를 통해 우리 사회가 더욱 성장하고 성숙하는 비전을 만들 수 있을까.

예측가들의 특징

7장

최선아(가명)씨는 2014년 시민들과 함께 미래를 예측한 워크숍에서 만난 30대 초반의 청년이다. 학부와 석사과정을 착실하게 마친 재원이었다. 그런 그가 미래워크숍에 참여하면서 들었던 궁금증을 물어보고 싶다며 연구원에 찾아왔다. 미래워크숍에서 잠깐 봤던 얼굴이지만 기억이 났다. 연구실 탁자에 마주 앉은 그는 자기소개를 한 뒤 대뜸 "미래를 예측하다보면 미래에 대한 자기효능감이 증가한다고 했는데, 사실이냐?"고 물었다.

미래에 대한 자기효능감self-efficacy towards futures이란 쉽게 말하면 자신감 같은 것이다. 어떤 미래가 와도 자신이 그 미래를 이해하고 적응할 수 있다는 믿음이 있으면 자기효능감이 있는 사람이다. 나는 대학원 강의나 시민 대상 강의에서 미래 예측으로 자기효능감이 향상된다고 주장해왔다. 수년간 수십 차례 진행한 미래워크숍에서 시민들을 상대로 미래에 대한 자기효능감을 측정하는 설문지의 답변을 분석해 내린 결론이어서 자신 있게 주장한다.[1] 선아씨에게도 연구 결과를 설명하면서 자기효능감은 향상될 수 있다고 말해주었다.

이때의 만남은 이 질문에 대한 답변으로 짧게 끝났다. 그를 만나기 전, 나는 취업을 앞두고 있는 선아씨가 나에게 유망한 취업 분야 같은 것을 물어보면 어떻게 답변할까 고민했다. 그러나 그런 질문은 하지 않았다. 내가 연구하는 미래에 대한 자기효능감을 질문해줘서 고마웠지만, 한편으로 그가 왜 유독 자기효능감에 관해 물었는지는 궁금했다.

그러던 선아씨가 2년 뒤, 이번에는 이메일로 연락을 해왔다. 그사이 내가 근무하는 연구원이 세종시로 옮겨간 탓에 직접 찾아오기는 힘들었을 것이다. 그가 보내온 장문의 이메일을 요약하면 이렇다.

저는 지난 2년 동안 새로운 직장에 다니면서 동료들과 미래 예측 모임을 만들어 운영해봤어요. 2년 전 워크숍에서 설명해준 미래 예측 방법론으로 다양한 미래를 그려봤고요. 처음에는 이렇게 미래를 예측해도 되는 것이냐, 우리가 예측한 미래가 어느 정도 가능성이 있느냐, 가능성을 가늠하지 못하는 상황에서 현재 무엇을 해야 할지 어떻게 정하느냐 등의 질문이 있었어요. 지금은 모여서 밥 먹고 영화 보는 모임으로 바뀌었지만, 그래도 가끔은 미래가 어떻게 될지 이야기합니다. 미래에 대한 상상은 늘 재미있습니다. 그런데 여전히 그래서 무엇을 해야 하는지에 대해서는 잘 모르겠어요. 각자의 조건과 환경이 다른데 예측한 미래를 어떻게 각자에게 적용해야 하는지도 모르겠고요.

미래 예측에 따라 자기효능감이 향상된다는 말씀, 아직도 기억합니다. 저는 자기효능감까지는 모르겠지만 미래 예측 모임을 하면서 마음이 많이 가벼워졌다는 생각은 들었어요. 저는 평소에 미래란 내 눈앞에 닥친 변화에서 내가 할 수 있는 것을 선택한 결과라고 생각했어요. 그런데 어느 순간, 제 삶에 다가오는 문제들이 버거워졌고, 어떤 선택을 하든 상황은 나아지지 않을 것이라는 생각이 들었어요. 그때 미래워크숍에서 자기효능감이 향상된다는 말이 들렸어요. 과연 그럴까. 떨어진 자신감을 회복할 수 있을까, 이번 생은 망했다고 생각했는데 바꿀 수도 있는 것일까, 라는 질문이 들어 2년 전 찾아간 것이고요. 앞서 말씀드렸듯 자기효능감까지는 몰라도 미래 예측으로 마음이 가벼워졌다는 것은 제겐 긍정적인 변화예요. 삶에 다양한 미래가 있다는 생각만으로도 무겁던 마음이 가벼워져요.

다양한 미래가 있다는 생각만으로도 마음이 가벼워졌다는 선아씨의 글은 깜짝 선물 같았다. 미래학 공부를 시작한 지 10년 만에 미래 예측의 의미를 정리할 수 있는 키워드를 발견한 듯했다. 사람들이 자신의 미래에 대해 마음이 가벼울 수만 있다면 나는 그런 사회가 살기 좋은 사회라고 생각한다. 미래가 불안하지 않고 두렵지 않다면, 그래서 기다려지거나 여유 있게 맞이할 수 있다면 얼마나 좋을까.

||||||||||||||||||||||||||||||||||||||||||||||||||||||||||||||||||| **싱가포르인들의 미래 대화**

2018년 싱가포르는 세기적인 북미회담이 개최된 장소로 유명세를 탔다. 한 미디어 정보 분석 회사에 따르면 싱가포르 정부는 160억 원가량을 지출했지만, 싱가포르가 벌어들인 소득은 국가 홍보 가치와 온라인 광고비 등을 합쳐 6200억 원에 달한다고 했다.

동남아시아 말레이반도 끝자락에 있는, 인구 560만 명에 제주도 면적의 3분의 1밖에 안 되는 싱가포르는 생존 전략에 능한 도시국가로 알려져 있다. 2018년 국제통화기금IMF에서 발표한 1인당 국내총생산은 6만1767달러로 세계 9위를 기록했다. 북미회담이 개최된 장소로 선정된 배경에도 경제 선진국이라는 명성과 화려한 물질적 성장, 미국과 북한 대사관이 모두 존재하는 중립국 이미지 등이 작용했다고 한다. 작지만 강한 나라라는 점에서 강소국으로도 불린다.

미래학계에서는 싱가포르를 다른 이유로 주목한다. 정부가 국민에게 선호하는 미래상을 묻고 이를 위한 구체적인 전략을 실행하는 나라여서 그렇다. 싱가포르 정부는 2012년부터 단순 설문조사 방식이 아닌 면대면 인터뷰로 국민을 만나 이들이 어떤 미래사회를 원하는지 묻는 '우리 싱가포르 대화Our Singapore Conversation' 프로젝트를 시행했다. 2013년 초까지 진행된 이 프로젝트에 참여한 시민만 4만7000여 명, 660개의 논의 주제별로 시민들은 살고 싶은 2030년의 사회 모습에 대한 아이디어를 나눴다. 정부는 성별, 연령, 인종이 골고루 포함되도록 참여자의 인구학적 균형을 맞췄고, 오프라인 만남뿐 아니라 페이스북 등 소셜미디어를 통해서도 이들의 의견을 담으려고 했다.

조사 결과를 보면 흥미로운 점이 발견된다. 첫째 시민들이 미래를 어떻게 인식하는지 조사했다는 점이다. 긍정적으로 보는지, 부정적으로 보는지, 그 이유는 무엇인지 설문 결과를 정량적으로 분석하고, 개개인의 의견도 보고서에 실었다. 당시 싱가포르 시민들은 직업 능력을 높이기 위한 정부 차원의 프로그램 제공, 주택 가격의 조정, 사회적 약자의 보호 정책 등을 요구했다.

두 번째 흥미로운 점은 사회적으로 대립하는 가치를 놓고 누가 어떤 가치를 더 선호하는지 밝혔다는 것이다. 환경보호냐 도로 건설이냐, 여유로운 삶과 경쟁력 강화 중 무엇이 우선이냐, 외국인 유입을 찬성 또는 반대하느냐, 동성 결혼에 찬성하느냐 반대하느냐에 대해 물었다. 소득별, 나이별로 어떤 가치를 선호하는지, 그에 따라 어떤 정책을 원하는지도 분석했다. 저소득 가구들은 공공주택에 대한 정책을 우선 요구했고, 중간 소득

이상의 가구들은 공공보건에 대한 정책을 요구했다. 이런 차이는 정책 담당자들에게 필요한 정보다.

싱가포르의 시민 대화 프로젝트는 미래 연구의 목적과 기능이 무엇인지 일러준다. 미래 예측은 예측 결과도 중요하지만, 시민과 정부, 기업과 노동자, 시민과 시민을 연결해 당대에 가장 중요한 미래 준비가 무엇인지 논의하고 의견을 모으는 데 더 중요한 의미가 있다. 사회적 차원의 미래 준비는 특정한 소수가 할 수 있는 것이 아니다. 시민 전체가 앞으로 다가올 미래를 예상하고 돌발 변수를 예측하며 어느 사회를 지향해서 나아가야 할 바를 정해야 가능하다.

싱가포르의 시민 참여 미래 예측활동은 일회성으로 끝나지 않았다. 진화를 거듭해 지금은 SGFuture(싱가포르 미래)라는 브랜드로 알려져 있다. 문화와 공동체, 청년을 위한 정책을 담당하는 정부 부처와 시민이 함께 SGFuture를 만들고 있다.

한 예로 2015년 11월부터 2016년 7월까지 진행한 시민 참여 미래 준비 활동을 보자. 8300여 명의 시민이 121개의 논의 주제를 만들어 선호하는 미래사회를 구상했다. 그 결과 돌봄사회를 향한 미래, 도시를 하나의 거대한 정원으로 인식하고 환경보전을 지향하는 미래, 정치적 격변이나 테러 등으로부터 보호하는 미래, 누구나 배울 수 있는 환경을 조성하겠다는 미래, 네 가지가 도출되었다.

이들은 다양한 선호 미래상을 제시하는 선에서 멈추지 않고 미래상을 실현하도록 시민들의 참여를 장려한다. 누구든 위에 제시된 네 가지 미래사회를 구현하는 데 기여할 프로젝트를 제시할 수 있고, 공적인 자금을 지원받을 수 있다. 예를 들어 싱가포르 국가예술위원회, 국가문화유산위원회, 국가청년위원회 등이 함께 운영하는 기금(MCCY's Our Singapore Fund)은 만 18세 이상의 싱가포르 시민이면 누구라도 아이디어 실행 예산을 신청할 수 있다.

싱가포르 시민들이 실행하는 프로젝트는 다양했다. 놀이의 미래라는 프로젝트는 2016년 80여 명의 시민이 참여해 온라인과 오프라인 게임을 통해 공동체 결속을 다지고 사회적 조화를 촉진하며 삶의 질을 높이는 목적을 내걸었다. 내일을 위한 직업능력 배움이라는 프로젝트는 청소년들이 컴퓨터 코딩 교육을 받을 수 있도록 지원하는 것이었다.

싱가포르가 줄곧 내세우는 미래 연구의 특징은 "몰랐던 것을 발견하는 여행a journey of discovery"이다.[2] 2005년 싱가포르 정부는 라스RAHS(Risk Assessment and Horizontal Scanning)라는 미래 연구 방법론을 개발하고, 2007년 라스 실험연구소REC를 발족했다. 싱가포르는 과거 총리실 산하에 시나리오 계획국을 두고 미래의 구체적인 모습을 담는 데 주력했으나, 미래가 돌출적이고 예측하기 어렵다는 점을 인정하지 않을 수 없었다. 이에 따라 미래의 조각들을 짜 맞추는 대신, 미래의 위험 요소를 조기에 발견하고 평가하며, 싱가포르 사회에 미칠 영향을 분석하는 쪽으로 선회했다. 어느 특정 미래의 시나리오를 만들어 그 미래를 확정하기보다 미래를 상시적으로 연구하고 변화하는 미래를 추적하듯 탐구하는 태도를 갖추게 되었다. 이 때문에 싱가포르의 미래 연구 라스를 발견의 여행으로 명명한 것이다.[3]

이 여행의 파트너는 외국 정부 부처, 학계, HP나 IBM 같은 다국적 기업까지 포함한다. 선형적인linear 미래 예측을 지양하고, 비非선형적non-linean 미래 예측을 추구한다. 비선형적 미래 예측이란 원인과 결과가 매끄럽게 연결되지 않는 사건이나 이슈를 집중적으로 연구, 이를 통해 벌어질 가능한 미래를 예상하고 대응 전략을 마련하는 활동을 말한다. 싱가포르 정부는 미래 연구자들에게 창의적이고 혁신적인 태도를 주문하는 데서 그치지 않고, 좋든 싫든 예측하지 못한 미래가 닥쳤을 때 당황하지 않고 중심을 잡는 능력까지 갖출 것을 요구하고 있다.[4] 그러자면 자연재해나 테러리즘뿐 아니라 혁신적 기술이나 가치 파괴적인 기술, 또는 경제발전의 새로운 지평을 열어주는 기회까지 파악해야 한다.

라스 시스템에는 몇 가지 눈여겨볼 점이 있다. 미래 예측의 모델을 개발하는 것, 자료를 모으고 그것을 의미 있게 연결하는 것, 초기 이슈를 찾아내고 변칙의 패턴을 발견하는 것, 정부 내 다양한 부처의 분석가들과 협업하는 것, 다양한 접근법을 통해 다양한 결과를 예상해보는 것 등이다.[5] 예컨대 싱가포르 방위국NSCC은 환경 스캐닝, 시나리오 구축, 사이버 감시, 해양

감시, 생화학무기의 유출입 감시, 에너지 보안 등의 업무를 담당하는 정부 부처와 연계해 다양한 정보를 분석하며 미래에 벌어질 사건을 예측한다.

라스 프로그램의 특징은 사람의 분석 능력을 기계적인 분석보다 우선한다는 것이다.[6] 수집한 자료를 하나의 스토리로 엮는 기계적인 능력보다 다양하게 해석하고 결과를 상상할 수 있는 능력을 중시한다. 예를 들면 여러 경로로 유입되는 정보를 해석할 때, 이들은 수집한 정보가 바람직한 현상을 나타내는지, 피해야 하는 상황을 알려주는지, 지금껏 볼 수 없었던 정보였는지, 흥미로운 패턴을 암시하는지 논의한다.

싱가포르 정부는 미래를 예측하는 것과 미래에 대응하는 것에는 차이가 있다고 본다. 톱다운 방식으로 전문가들과 미래를 예측하는 것과 예측된 미래가 시민사회에서 어떤 방식으로 수용되며 시민들은 어떻게 자기 삶에서 미래를 준비할 것인지는 다른 문제라는 것이다. 전문가 중심의 예측활동에서 시민사회 중심의 예측 활용으로 전환하는 것이 중요하다는 싱가포르 정부의 판단은 우리에게 시사하는 바가 적지 않다. 앞서 설명한 싱가포르 시민과 미래의 대화라는 프로젝트는 정부의 이런 고민으로부터 탄생했다.

싱가포르 사례를 보면서 한 가지 궁금한 점이 생긴다. 싱가포르 시민들처럼 평소에 미래 예측활동에 참여하면 예측의 정확도가 높아질까. 우리 주변에도 제법 예측의 역량이 높은 사람들이 있다. 이런 사람들은 예측하는 데 나름의 논리가 있고 합리적으로 설명할 줄 알며 증거도 제시한다.

펜실베이니아 대학의 필립 테틀록Philip Tetlock 교수는 어떤 사람들이 예측을 잘하는지 수십 년 동안 연구해왔다. 그는 미래에 대한 태도에 따라 예측력에 차이가 나타날 수 있다는 가설을 세우고 실험해봤다. 먼저 미래에 관해 확신적 태도를 보이는 사람과 중립적 태도를 보이는 사람으로 그룹을 나눴다. 확신적 태도를 보이는 사람들은 미래는 어떻게 될 것이다라는 강한 의견을 내놓는다. 반면 중립적인 태도를 보이는 사람들은 신중한 나머지 미래가 어떻게 될 것이라는 의견을 보류한다.

두 그룹으로 참가자들을 나눠 각 그룹에게 미래 상황을 가정하는 질문을 공통으로 던졌다. 예를 들어 1년 뒤 어느 나라가 유로존을 탈퇴할 것인가. 또는 8개월 내에 추가로 몇 나라가 에볼라 바이러스 감염 사실을 밝힐 것인가. 이렇게 묻고 예측의 시점이 지나면 어느 그룹이 더 정확하게 예측했는지 따져봤다.

결과는 어떻게 나왔을까. 미래에 대해 중립적 태도를 보인 그룹이 더 정확하게 예측했다. 이 그룹은 성실성, 신중함, 성찰적인 태도, 다른 시각들을 아우르는 통합성, 상세한 정보에 근거한 판단, 지속적 정보 갱신의 특성을 보였다. 이들은 어느 예측 정보도 한 번에 신뢰하지 않았다. 다른 미래의 가능성을 항상 열어놓았고, 끊임없는 호기심으로 새로운 질문을 제기하며, 질문에 스스로 답을 찾아가는 과정을 반복했다. 이런 사람들은 영화를 볼 때 자신이 예측한 결말이 틀려야 재미있다고 생각한다. 자신이 무엇을 간과하고 있는지 깨달으면 즐거워하는 사람들이 실상 예측의 정확도가 높다는 것은 꽤 역설적이다. 이런 실험 결과는 그가 2015년에 펴낸 『슈퍼 예측, 그들은 어떻게 미래를 보았는가』에 고스란히 담겨 있다.

개인이 아닌 기업도 미래를 인식하는 태도에 따라 예측력의 차이를 보일까. 덴마크의 한 대학에서 경영학을 가르치는 로벡과 쿰은 미래지향적 기업에 관한 연구를 꾸준히 해왔다. 이들에게 미래지향적 기업은 다양한 변화를 끊임없이 감지하고, 환경의 변화를 유발하는 요인을 다각도로 분석하며, 변화의 대응 전략을 세우고 성실하게 준비하는 기업을 말한다. 로벡Rohrbech 과 쿰Kum은 이런 태도를 보이는 기업을 '경계를 늦추지 않는 vigilant' 기업으로 분류한다.

이들은 7년 전, 경계를 멈추지 않는 기업으로 판단했던 곳들이 7년 뒤 대조군 비교 기업들과 견줄 때 수익률과 시가총액 성장률에서 어떤 차이가 있었는지 종단 연구를 수행했다. 그 결과 수익률에서 뛰어난 실적을 나타낸 63퍼센트의 기업이, 시가

총액 성장률에서 평균을 능가한 67퍼센트의 기업이 '경계를 늦추지 않는' 그룹에 속한 것으로 나타났다. 미래지향적 기업이 그렇지 않은 기업보다 실적이 좋았던 것이다. 연구 결과는 2018년 미래학계 주요 저널인 『기술 예측과 사회 변화Technological Forecasting & Social Change』에 발표되었다.

앞서 설명한 예측의 정확도가 높은 개인이나 미래지향적 기업은 끊임없이 새로운 것을 학습한다는 특징을 보인다. 모르는 것을 배우는 학습이 아니다. 모르게 하는 것을 밝혀내는 학습이다. 이는 매우 중요한 차이다. 이들은 관심이 없어서, 논리적으로 해명되지 않아서, 경험하지 않아서, 기존 관념을 벗어나서, 알고 싶지 않아서, 내 생각과 달라서, 너무 엉뚱해서 등의 이유로 무시하거나 간과한 정보가 무엇인지 이해하는 데 많은 노력을 쏟았다. 자신의 눈을 가린 인식의 장벽을 하나씩 허물어 새로운 정보가 들어오도록 했다. 정보와 데이터만 있으면 더 좋은 결정을 내릴 수 있을 것으로도 기대하지 않았다. 스스로 생각하고 예측했다.

미래에 대한 자신감

변화의 흐름을 잘 감지하면서 필요한 준비를 하는 사람들은 분명히 있다. 이런 역량을 개발할 수는 없을까. 이와 관련해 스탠퍼드 대학의 심리학자 반두라Bandura가 개발한 자기효능감 이론이 눈에 띈다. 자아효능감self-efficacy은 어떤 상황에서도 자신이 원하는 결과를 얻을 수 있다는 자신감, 즉 자기 확신이다. 예를 들어 "나는 어떤 수학 문제가 나와도 풀 수 있다"고 믿는다거나, "나는 어떤 환자가 응급실로 들어와도 잘 치료할 수 있다"고 믿으면 자아효능감이 높은 것이다.

자아효능감이 높은 사람은 그렇지 못한 사람과 비교해 성과가 높다. 자아효능감이 낮은 사람이라고 실력이 낮은 것은 아니다. 다만, 자신에 대한 믿음이 부족해 실력이 제대로 발휘되지 않을 뿐이다.

이처럼 실력을 갖춘 것과 실력을 발휘하는 것은 다르다는 점이 알려지면서 자아효능감은 교육, 보건의료, 정치학 등에서 중요한 개념으로 다뤄졌다. 예를 들어 자아효능감이 높은 사람은 그렇지 않은 사람과 비교해 국회의원 선거나 대통령 선거에서 투표하는 비율이 높다. 자아효능감이 높은 사람들은 자신의 한 표가 정치에 영향을 끼칠 것으로 믿기 때문이다. 자신의 행동이 변화를 일으키는 데 도움이 된다고 믿는 것이다.

반두라는 자아효능감이 높은 사람들에게 공통된 특징이 있다고 주장한다. 이들은 능력을 정의할 때, 날 때부터 주어진 것이 아니라 자신의 노력에 따라 획득할 수 있는 것으로 간주한다. 능력을 획득 대상으로 보는 것과 태어날 때부터 주어진 것으로 생각하는 사람의 인식 차이는 크다. 획득 대상으로 보는 이들은 새로운 상황에서 늘 배우려고 한다. 새로운 상황에 적합한 행동을 고안하고 실행한다. 이 과정에서 벌어지는 실수나 착오 때문에 좌절하지 않고 그 과정에서도 배운다. 이를 통해 자신의 지식과 능력이 확장되는 것을 즐거워한다. 반면 능력을 주어진 것으로 보는 사람들은 자신이 잘하는 것만 하려고 한다. 실수하는 것을 몹시 부끄러워하며, 실수하지 않는 일을 주로 하기에 새로운 행동을 시도하는 일이 적다. 자신의 새로운 능력은 발현될 기회를 얻지 못한다.

반두라의 자아효능감을 미래 연구의 영역으로 끌고 오면 어떨까. 사실 자아효능감은 그 자체가 이미 미래 상황을 가정하고 있다. 응급실에서 일하는 간호사를 예로 들어보자. 그는 경증부터 중증까지 어떤 환자가 오더라도 응급처치를 하고 전문의를 호출해 환자가 위급 상황을 넘기도록 돕는다. 그러나 언제 어떤 환자가 올지는 예측할 수 없다. 자신이 다루기 익숙한 환자가 오면 안심되겠지만, 심각한 사고를 당해 팔다리가 부러지거나 의식을 잃어 말조차 할 수 없는 환자가 새벽에 실려올 수도 있다. 매 순간이 긴장의 연속이다. 이런 상황에서 미래는 예측할 수 없으나 자아효능감이 높은 간호사는 어떤 환자가 와도 자신이 해야 할 일을 잘 수행해내리라고 믿는다.

노련한 응급실 간호사는 여기서 멈추지 않는다. 그는 응급실에서 만나는 수많은 어려움과 난관에 굴하지 않는다. 오히려 이를 자신의 능력과 지식을 확대하는 기회로 여긴다. 자아효능감이 높은 개인은 그렇지 못한 개인보다 어려움에 부딪혔을 때 자기회복력resilience이 높다.

자아효능감의 관점에서 본다면 예측의 정확도는 부차적인 문제다. 자아효능감이 있는 개인은 예측 결과에 연연하지 않는다. 그보다 예측 과정을 중시하고, 이 과정에서 끊임없이 배우는 자신에게 만족한다. 다양한 상황이 올수록 배움의 영역은 확대되고, 자신은 그만큼 더 성장할 것으로 믿는다.

자아효능감을 이렇게 정의한다면 미래 연구에 유용하게 쓰일 수 있으리라는 판단이 들었다. 미래 연구의 목적을 미래에 대한 자아효능감을 높이는 것으로 볼 수 있기 때문이다. 나는 박사 학위를 마치고 한국으로 돌아와 시민들의 미래 자아효능감 향상 연구를 시작했다. 시민들이 미래를 예측하면서 미래 자아효능감이 향상되는지 테스트해봤다. 3시간 동안 진행한 미래 워크숍이 시작되기 전 사전 설문지를 돌리고, 미래워크숍이 끝난 직후 같은 내용으로 사후 설문지를 돌렸다. 사전 설문지와 사후 설문지에는 자아효능감을 묻는 20개 문항이 있고, 미래워크숍 참여자들은 5점 척도로 스스로 점수를 매길 수 있도록 했다.

자아효능감을 높이는 방법으로는 네 가지가 있다. 실제 경험이 있거나 남을 통해 간접 경험을 하거나, 누군가 나에게 할 수 있다는 격려의 말을 해주거나, 일을 할 때 심리적 즐거움 등이 있으면 자아효능감을 가질 수 있다. 예를 들어 농구 경기에서 3점 슛을 넣는 과제를 수행해야 한다고 가정해보자. 자신이 과거에 3점 슛을 넣어본 경험이 있으면 다시 할 수 있다는 자신감이 있을 것이다. 또는 친구들이 3점 슛을 넣은 것을 본다면 자신도 할 수 있을 것 같은 자신감이 생긴다. 농구 코치가 '너는 할 수 있다'고 격려해줘도 자신감은 생긴다. 3점 슛을 넣어 자신이 팀의 승리에 기여하겠다는 욕망도 자신감 상승에 한몫한다.

우리는 시민들과 미래 연구를 함께 진행하면서 이 네 가지가 적절하게 반영되도록 했다. 우선 시민들에게 다양한 미래 시나리오를 제공하고, 이 미래에서 벌어질 기회와 위협 요인을 토론하며 미래사회의 문제를 풀어낼 대안을 도출하는 과제를 수행하도록 했다. 실제 우리 사회에 바람직한 미래를 도출하고 실행하는 방법에 대해 경험해보는 것이다. 둘째, 생면부지의 사람들이지만 미래워크숍에서 만난 다른 이들과 함께 대안 미래를 토론하고 논의하도록 하면서, 다른 사람들은 어떻게 지혜롭게 미래를 헤쳐나가는지 보도록 했다. 간접 경험을 제공한 것이다. 셋째, 미래워크숍을 진행하는 스태프들은 참여자들의 논의에 이따금 끼어들면서 과제를 잘 수행하도록 격려해주고 이들의 새로운 생각에 긍정적인 피드백을 주었다. 이를 통해 누구라도 미래 연구를 할 수 있다는 자신감을 심어주려고 했다. 마지막으로 우리는 참여자들이 스스로 바람직한 미래를 도출하고 서로 평가하면서 격려하도록 해, 스스로 내놓은 비전에 대해 흐뭇해하고 즐거워하도록 했다.

우리는 이런 노력이 미래 예측 워크숍에 참여한 개인들의 자아효능감 향상에 효과를 미치는지 확인해보고자 했다. 서울과 5대 광역시의 시민들을 대상으로 미래워크숍을 개최했고, 워크숍에 참여하기 전과 후의 태도 변화를 분석하기 위해 사전 설문지와 사후 설문지에 응답하도록 했다. 시민들은 3시간짜리 워크숍에 참여하면서 다양한 미래 시나리오를 읽고, 20년 뒤 한국 사회가 어떤 미래를 맞이할지, 어떤 미래를 실현해야 할지에 대해 논의했다. 설문지 분석 결과, 통계적으로 유의미한 수준의 태도 변화가 있었다. 즉 미래 자기효능감이 높아진 것이다.[7]

미래워크숍 참여로 미래 자기효능감이 높아졌다는 것은 무슨 의미일까. 나는 연구 결과의 사회적 시사점을 끌어낼 만한 이론을 찾아보았다. 그러다가 최종덕 상지대 교수가 펴낸 『생물철학』이라는 책을 읽었다. 최종덕은 인간을 변화의 적응자뿐 아니라 변화의 창조자로 본다. 그는 인간이 저절로 변화하고 스스로 변화시킬 수 있다는 점에서 그 특수한 고유성을 지니고 있다고 주장한다. 특히 면역학의 발전 과정을 살펴보면 인간의 이 같은 고유성은 더욱 극명하게 나타난다고 한다. 최종덕은 "면역은 외부 이물질에 대하여 자신을 지키려는 능동적 반응 체계"라며 "그 반응은 계획적이지만 유동적이고, 주체적이지만 동시에 상관적이며, 자연적이면서도 획득적인 인식 작용"이라고 정의한다(9쪽).

이런 시각으로 미래 자아효능감을 다시 정의하면 '변화에 대해 자신을 지켜내는 역량'으로 봐도 좋을 듯싶었다. 미래 자아 효능감을 가지려면 우리는 미래 예측이라는 일종의 예방주사를 맞아야 한다. 미래 예측은 자신이 알고 있던 세계를 확장하는 활동이어서 때로는 고통이 수반된다. 자신이 몰랐던 것을 알게 되는 과정이 그리 쉬운 것만은 아니다. 잘못 이해한 것에 대한 반성이 뒤따라야 하고, 새로운 시각에 적응하는 노력도 필요하다. 이런 활동은 마치 병원균을 일부 체내에 주입해 우리 몸이 그 병원균을 탐색하고 대안을 만들어 대응하면서 면역력을 키우는 것에 비유할 수 있다. 변화에 적응하고 변화를 일으키는 자아에 대해 최종덕은 이렇게 설명한다.

> 그는〔메치니코프〕고정불변의 실체론적 존재론에서 벗어나서 변화를 수용하는 과정적 존재론이 면역학의 주체와 면역성을 이해하는 데 더 도움이 된다고 생각했다. (…) 메치니코프에게 자기란 스스로 변화하면서도 정체성을 잃지 않는 그런 존재이다.(303~304쪽)

쉽게 풀어서 설명하면 면역성이 높아지는 과정은 자신이 변화를 수용하는 과정이라는 것이다. 변화를 수용하지만, 변화에 매몰되어 자신을 잃는 것은 아니다. 다양한 변화 속에서 중심을 잡는 것, 그 중심을 잡는 주체가 자기 자신이라는 점, 그 자신은 끊임없이 변화를 수용하고 새로운 변화를 만들어가는 존재라는 점이 포인트다. 이런 관점에서 미래 자아효능감이 있는 개인은 변화와 더불어 성장하고 생존한다고 볼 수 있다. 변화에 적응하면서 새로운 관계와 네트워크를 만들고, 이를 통해 생존력을 높이며 성장하는 것이다. 어제의 나, 오늘의 나, 내일의 나는 다른 사람이다. 달리 말하면 다른 환경에 놓인 나를 인식하는 내가 나이고, 이는 나의 특성이 된다.

다양한 변화에 적응하는 나에게 중요한 문제는 얼마나 다양한 변화에 적응할 수 있으며, 얼마나 빠르고 효과적으로 그 변화에 적응할 수 있느냐다. 최종덕은 항원과 항체를 설명하면서 이 질문에 대답하는 듯하다.

> 현대 면역학 초기만 해도 그럴듯하게 논의되던 항원과 항체의 주형 모델은 심각한 난제에 직면하게 되었다. 새로운 항원이 생길 때마다 그에 적절한 항체가 생긴다는 주형 모델의 주장은 받아들여지기 어려웠다. 왜냐하면 과거부터 미래까지의 이 세상에 있을 수 있는 잠재적 항원, 즉 적군에 해당하는 미생물의 종류가 무한할 수 있고 따라서 내 몸의 항체도 무한으로 발생해야 하기 때문이다.(307쪽)

이 구절은 중요한데, 우리나라 사람들은 미래가 어떻게 되든 적응하게 돼 있다고 생각하는 경향이 있기 때문이다. 과거 수많은 변화가 있었지만 결국 생존하지 않았느냐는 것이다. 그러나

위 인용에 따르면 어떻게든 되겠지란 생각은 위험하다. 지금까지는 잘 버텼는지 모르지만 앞으로 닥칠 수많은, 특별히 전·불·원 변화에 대해서도 잘 대처하리란 보장은 없다. 그렇다면 어떻게 해야 전·불·원 미래에 대응하는 역량을 키울 수 있을까.

> 면역 작용은 수많은 비非자기를 인식하고 다양한 반응을 하는데, 이때 성공적인 방어를 위하여 반응의 속도를 높여야 한다. 여기에 기억 메커니즘이 작동된다. 모든 항원에 대하여 처음부터 면역 반응 메커니즘을 다시 시작하는 것이 아니라, 과거에 단 한 번이라도 침입한 적이 있었던 항원이 다시 침입했을 경우, 그것을 기억하고 있다가 저장되어 있던 면역 메커니즘을 재생하는 것이다. 그렇게 하여 신속하고 정확한 면역 반응을 재현한다. 이렇게 과거의 비자기를 기억하고 신속하게 반응하는 아주 독특한 현상을 면역기억이라고 한다.(321~322쪽)

우리는 미래워크숍에서 다양한 미래 시나리오를 참여자들에게 제공했다. 그 시나리오들은 미래를 예측하는 이론에 근거해 다양한 가정을 통해 도출한 모습들이다. 미래를 다양하게 상상해보면 어떤 것은 엉뚱하기도 하고, 비현실적으로 느껴지기도 하며, 쓸데없는 가정이라고 여길 수도 있다. 그러나 미래를 다양한 시각에서 예측하는 것은 면역학 관점에서 보면 다양한 바이러스를 내 몸에 투입하는 것과 같다. 미래 시나리오를 읽을 때는 그 미래가 낯설고, 불안하고, 불편할지 모른다. 그러나 다양한 미래 모습에 단련된 사람은 사회 변화에 좀더 침착하고 민첩하게 대응할 수 있다. 우리가 읽고 토론해야 할 미래는 낯설수록 좋다. 내가 미처 생각지 못한, 간과한, 무시한 미래의 모습을 경험할수록 우리의 미래 면역력은 높아질 수 있다.

⁣⁣⁣ 마을이 미래가 될 수 있을까

충청남도 홍성군 홍동면은 3600여 명이 거주하는 작은 마을이다. 이 작은 마을은 꽤 유명하다. 대안학교로 유명한 풀무학교가 있고, 국내에선 처음으로 신용협동조합을 만들고 지역 신문을 발간했으며, 오리를 논밭에 풀어놓고 농사짓는 오리농법을 창안해 퍼뜨린 혁신의 마을로 유명하다.

그러나 혁신의 마을 홍동도 고령화 추세에서 벗어나지는 못하고 있다. 홍성군의 고령화율(총인구 대비 65세 이상 인구 비율)은 21퍼센트가 넘어 초고령 사회로 분류된다. 홍동면은 이보다 더 높은 35퍼센트대여서 초초고령 사회다. 조금 과장하면 이 마을을 지나는 여행객들은 길거리에서 노인들만 만날 가능성이 크다. 이대로 20년쯤 지나면 20~30대의 젊은 세대는 가물에 콩 나듯 보일 것이고 아이들도 사라져 초등학교는 물론 중고교도 문을 닫을 것이다. 이들이 내다보는 미래는 불안하지 않을 수 없을 것이다.

　나는 혁신의 마을이 과연 최근의 부정적 변화의 흐름을 어떻게 극복하고 있는지 궁금했다. 2016년 직접 찾아가 보니, 40여 개의 다양한 주민자치 모임과 조직이 무척 인상적이었다. 역사가 오래된 풀무신협이나 풀무생협은 물론 마을활력소, 생각실천창작소, 경제협동체 도토리회, 창작놀이공간 갓골목공소, 마실통신, 의료생협 우리동네병원, 밝맑도서관, 토종 종자를 연구하는 씨앗도서관, 지역 현안을 협의하는 달모임, 햇살배움터교육네트워크, 논생태학교 논배미, 농생태원예조합 가꿈, 동네출판사 그물코, 여성농업인센터, 스스로 집짓는 얼뚝생태건축협동조합 등이 있으며 계속 새로운 모임이 만들어졌다. 마을에 무슨 위원회 같은 수직적 조직이 있어서 기존 것을 헐고 새로운 조직을 만드는 것이 아니라 그때그때 필요하다고 생각하면 주민들이 자발적으로 꾸린다.

　이들 중 몇 군데를 방문해봤다. 의료생협 우리동네병원에서 물리치료사로 근무하는 최인숙씨는 "의원은 치료하는 곳이지만 예방 차원에서 주민들의 건강도 관리한다"며 "매달 걷기 모임, 허리운동 모임 등 소모임 활동이 얼마나 증가했는지 확인하는 것도 의원의 목표"라고 전했다. 햇살배움터교육네트워크에서 운영하는 ㅋㅋ만화방의 최수영씨는 "ㅋㅋ만화방은 우리 아이들이 여기서 계속 살 수 있도록 진로를 함께 찾고, 친구들과의 좋은 추억도 만드는 곳"이라며 "이런 데가 있어야 아이들이 도시나 다른 지역으로 나가도 자신이 자랐던 마을에 자부심을 갖고, 다시 돌아오고 싶은 마음도 들 것"이라면서 활짝 웃었다.

국내는 물론 지역자치가 발달한 일본에서도 홍동마을을 찾는다. 그 이유는 끊임없이 새로운 모임을 만들고 실험하고 있어서다. 대안을 만든다는 것은 실험한다는 것인데, 누가 시켜서 하면 재미가 없다. 주민들이 자발적으로 필요에 따라 해야 진짜 실험이다.

그러나 주민들의 지식과 능력만으로 적절한 대안을 창조하지 못할 때가 있다. 그래서 홍동은 열린 지역주의open locality를 표방한다. 마을활력소에서 일하는 이동호씨는 "마을 주민들이 스스로 문제를 풀기도 하지만 외부인들을 받아들여 그들이 하고 싶어하는 것을 기반으로 자연스럽게 마을이 변화하는 접점을 만들어낸다"고 말했다. 젊은협업농장 정민철 이사는 "모래를 가장 많이 손바닥에 올려놓는 방법은 손바닥을 가장 많이 펴는 것인데, 열어놓는 게 핵심"이라며 "열어놓으면 불안하긴 해도 불안할 때 공부하게 되고 다른 뭔가를 찾아낸다"고 강조했다. 국내 마을 만들기 1세대 연구자로 불리는 충남연구원의 구자인 책임연구원은 "마을 만들기는 주민 주도의 상향식이 기본인데, 홍동은 다양한 민간 네트워크가 있고 또 풀무학교 선생님들이 상주하면서 지역사회에 책임감을 갖고 활동하는 것이 특징"이라고 말했다.[8] 구자인은 안팎이 서로 도움을 주고받으며 성장하는 신新내발적 발전론이 홍동의 혁신성을 설명하는 이론이라고 했다.

홍동마을은 풀무학교를 중심으로 성장했다. 풀무학교는 오산학교를 세운 이찬갑 선생이 한국전쟁 이후 월남해 1958년 홍동에 세웠으며 풀무농업고등기술학교로 불린다. 2001년엔 2년 전문과정 비인가학교로 풀무학교 전공부도 설립됐다. 법적으로는 고등학교의 부속과정인데, 대학 수준의 전문 교육을 받는다.

풀무학교는 설립 당시 모든 평민은 위대하다는 생각에서 '위대한 평민'을 학교의 비전으로 제시했으나 '위대한'이라는 말이 자칫 학생들에게 우월감을 심어주거나 배타적일 수 있겠다 싶어 몇 해 뒤 '더불어 사는 평민'으로 바꿨다. 1960년부터 이 학교 교사를 지냈고 지금도 마을 주민 교사로 활동하는 홍순명 밝맑도서관장은 "더불어 산다는 건 자기 재능을 발전시키면서 다른 사람의 재능이나 가능성, 잠재력도 존중한다"는 의미를 갖고 있다며 "자연과 공존, 다양한 나라의 사람들과 공존 등으로 그 실천이 확대된다"고 설명했다. 이 같은 비전 때문에 이 학교는 결코 가볍지 않은 포부를 교육의 목표로 밝힌다. 풀무학교의 열 가지 교육 목표에서 아홉 번째가 "평화로운 동북아시아 건설을 위해 중국어와 일본어를 선택하여 배우고 동북아의 중간 역할을 감당할 성실한 시민을 기른다"는 것이다.[9]

지역의 미래 비전은 지역학교의 교육철학뿐 아니라 마을도서관의 설립 목적에도 녹아 있다. 마을 주민들이 십시일반 돈을 모아 2011년 세운 밝맑도서관은 '6.15 남북공동선언과 일본 헌

법 9조 지지 구역'이라는 다소 독특한 선언을 한 바 있다. 이는 홍동마을 주민들이 남북 간 평화 공존을 약속한 6.15 공동선언과 일본 국민은 국제 평화를 성실히 희구한다는 일본 헌법 제9조를 지지한다는 의미다. 작은 마을도서관이 이런 국제관계의 미션까지 제시해야 할까 싶지만, 모든 것이 연결된 세상에서 '더불어 사는 평민'이라는 비전을 제대로 실천하자면 거시적인 측면부터 미시적인 부분까지 세심하고 균형 있게 살펴야 한다는 마을의 정신을 엿볼 수 있다. 국가의 미래와 시골의 미래가 다르지 않다는 것이다.

마을의 한 주민이 전하듯 "홍동은 한두 사람의 힘으로 좌지우지되는 마을이 아니다".[10] 수많은 주민의 자발적 참여로 만들어진다. 예컨대 학교 선생과 제자들을 들 수 있다. 홍순명 관장은 "처음 학교에 들어온 아이들이 지금 70세가 됐다"며 "이들은 여전히 지역에 남아 마을을 지키고 있다"고 했다. 졸업생이 1년에 두 명만 지역에 남아도 120명이고, 이들이 결혼해서 한 명의 아이를 낳는다고 해도 풀무학교 가족은 300명이 훌쩍 넘는다. 3600명 인구로 보면 이는 결코 적지 않은 숫자다. 실제 풀무학교 1회 졸업생이면서 지금도 『홍성신문』 기자로 활동하는 이번영씨는 "주민들이 모여 늘 마을 일을 논의한다"며 "1960년대에 전기가 들어오지 않았을 적에도 환한 보름달이 뜰 때를 기다려 마을 일을 상의했다"고 술회했다.

홍동에서 만난 젊은협업농장 정민철 이사는 지역사회의 마을 만들기에 대해 흥미로운 견해를 들려주었다. 마을 만들기는 마을 발전을 위해 주민들이 한마음으로 다양한 일을 추진하면서 문제를 풀어가는 활동이고 이를 통해 주민들의 연대의식은 강화되는 효과를 낳는다. 그런데 과거처럼, 예컨대 새마을운동 시절처럼 주민들에게 명확한 목표와 미래상이 있었을 때는 해야 할 일이 비교적 분명했다. 초가집을 헐고 벽돌집을 짓거나 황소 대신 경운기를 도입해 농촌을 산업화하고 기계화하는 것 등이었다.

그러나 이젠 경험해볼 수 있는 미래상이 불확실해졌다. 그 이유는 한국 사회가 선진국을 추격하지 않고 독자적인 노선을 창조해야 한다며 스스로 만드는 미래를 강조하기 때문이다. 게다가 지역사회도 과거처럼 서울 등 대도시들이 추구하는 생존 방식을 그대로 따라하지 않는 것이 지속 가능성에 더 유리하다고 자각하게 되었기 때문이다. 예컨대 소비 중심의 경제발전을 추구하는 대도시와 달리 보존 중심의 생태 발전을 추구하는 인근 지역사회도 있다.[11] 이는 주민 스스로 선호하는 미래사회의 모습을 상상하고 이를 실현해 주민 자치의식을 고양하며, 지역별로 다양하고 도전적인 미래 비전이 발굴된다는 측면에서도 바람직한 현상이다.

앞으로 농촌의 마을 만들기는 단지 농촌을 지속 가능하게 만드는 수준이 아니고 이전에 볼 수 없던 새로운 사회를 만드는 단계로 접어들 것이다. 그런데 새로운 사회를 상상하는 주민들의 생각은 모두 다르다. 새로운 사회를 경험해본 적이 없기 때문이다. 그렇게 서로 미래를 보는 포인트가 다르면 프레임이 달라진다. 같은 프레임을 공유하는 사람끼리 네트워크가 만들어지고 다양한 네트워크가 한 마을에 생긴다. 그러면 이들 네트워크끼리 미래를 보는 프레임이 다르다는 이유로 서로 밀쳐내지 않고 협력관계로 갈 수 있을까. 서로 다름을 인정하는 다층적인 농촌사회가 형성될까. 그래서 새로운 사회를 만들 수 있을까.

정민철의 문제 제기는 목적보다는 협력이 중요한 시대로 접어들었음을 암시한다. 목적은 다 중요해졌다. 누구의 목적이 더 중요하고 더 시급하다고 판단하기 힘들다. 그러면 초점은 어떻게 협력하고 양보할 것인가, 어떻게 변화를 만들고 책임질 것인가로 맞춰진다. 목적을 먼저 정하고 이를 성취하는 협력의 방법을 찾는 것이 아니라, 협력을 중심 가치로 두고 이를 잘 일궈낼 수 있는 목적을 찾아야 한다.

예컨대 협력이라는 가치를 발전시키기 위한 마을 사업을 도출할 때도 "미래엔 이게 필요할 거야"라고 접근하는 것보다 "지금 이런 게 있으면 서로 좋지 않을까"로 접근하는 것이다. 두 접근법에는 미묘하지만 분명한 차이가 있다. 둘 다 현재 없는 것을 추구한다는 측면에서 미래지향적 접근이지만 후자는 관계 지향적 관점에서 현재의 문제를 근거로 대안을 모색한다는 점이 다르다. 후자는 전자보다 문제가 풀렸을 때 혜택을 받는 대상도 분명하고 책임을 져야 하는 주체도 분명하다. 그래서 참여를 이끌어내기에도 좋다.

실제 1978년에 빵 공장으로 시작한 풀무생협은 아이들이 건강한 간식을 먹었으면 좋겠다는 바람에서 시작됐고, 풀무신협은 풀무학교 교사들이 돈을 모아 졸업생들이 농사를 짓는 데 필요한 돈을 저금리로 빌려주는 것이 좋겠다는 생각에서 비롯됐다. 이 생각은 2014년부터 무이자로 돈을 빌려주는 마을은행, 경제협동체 도토리회의 설립으로 발전했다. 종합해보면 당대의 문제를 풀려는 바람이 대안으로 구체화되고, 그 대안이 실현되는 과정에서 여러 난관을 겪지만, 주민들의 연대와 강력한 소망 때문에 실현되고, 실현된 대안은 국내에선 찾기 힘든 사례가 된다. 이 과정에서 주민들은 비록 미래를 만든다는 거창한 생각을 하지 않았더라도 실제 새로운 미래를 개척하고 있는 것이다.

홍동마을도 여느 마을처럼 불안하긴 마찬가지다. 청년들이 줄어 불안하고, 다양해진 주민들의 욕구를 제때 해결하지 못해 불안하고, 선배들처럼 혁신적인 아이디어를 내놓고 실행하지 못할까봐 불안하다. 그럼에도 마을을 움직이는 사람들은 이 불안을 직시하고 가감없이 드러낸다. 불안하니까 모여서 함께 배우고 대안을 논의한다. 어쩌면 이들은 미래의 불확실함을 즐기고 있는지도 모르겠다. 불확실하니까 개입해야 하고, 개입해서 바꿀 수 있다는 자유를 발견하는 듯했다.

이 마을을 가장 오래 지킨 한 분을 만나고 싶었다. 주민들에게 물어보니 홍순명 관장을 만나보라고 했다. 풀무학교에서 햇수로 56년 근무한 교사 홍순명은 여전히 마을 주민 교사로 활동한다. 풀무학교 50주년 개교 기념 사업으로 지은 밝맑도서관 관장이란 직함도 갖고 있다. 홍동마을의 큰 어른으로 통하는 홍 관장이 마을에서 어떤 존재냐고 주민들에게 물어보니 "그분이 어떤 아이디어를 제안하면 통상 10년 뒤에나 구체화된다"며 "그만큼 시대를 앞서간다"고 했다. 또 다른 주민은 "그분은 될 때까지 주민들을 설득한다"며 "홍 관장이 어떤 이야기를 시작하면 아이고 또 시작됐네 하면서 웃는다"고 전했다. 2016년 당시 진행했던 인터뷰 전문을 그대로 풀어보자.

학교 도서관인데 학교 밖에 따로 만든 취지가 궁금하다

'지역이 학교이고, 학교가 지역'이라는 창립자의 뜻에 따라 학교 밖에 도서관을 지었다. 마을 주민들의 평생학습센터 역할을 하고 있다.

주민 교사라고 본인을 소개하는데 어떤 의미인가

정년퇴직을 했어도 우리는 주민 교사다. 학교의 교사 정원은 9명이지만 우린 학생들의 개별 지도를 고려한다. 학생들이 다양한 취미와 관심사를 갖고 있어 이를 반영해야 한다. 여기는 주민 교사 제도가 있어서 30명쯤 되는 주민 교사들이 일주일에 한 시간 정도 학생들 가르쳐주는 거니까 어려울 것도 없다. 현장교실이라는 취지도 살리고.

홍동마을은 대안학교, 협동조합 설립, 오리농법의 창안 등 다른 지역보다 앞서 미래를 개척한 곳으로 유명하다

미래라고 하면 보통은 황당한, 공상 같은 걸로 생각하는데 그렇지 않다. 현재의 문제점들을 보고 이래선 안 되겠다는 바람이 생기고, 그래서 현재의 사정과 현재의 바람을 연결하면 그게 미래가 되는 것 아닌가 생각한다. 현실의 문제와 고민이 투영된 것이 미래다.

그래서 미래를 만든 사례를 하나 소개한다면

1970년대에 환경을 살리는 농법이 필요하다고 여기고 유기농업을 모색했다. 처음엔 방법을 몰라 힘들었는데 우리가 원하고 열려 있으니까 여러 아이디어가 들어왔다. 오리농법, 바이오 다이내믹, 농부 문화, 자연농법 등 우리가 나가서 배우기도 했다. 오리농법은 일본과 교류하면서 1994년에 시작했다. 아시아 오리농법 대회를 열어 중국, 베트남, 필리핀, 일본 등에서 온 농민들과 교류했다. 융합, 창조, 발전은 교류 없이 불가능하다.

풀무학교에서 오랫동안 학생들을 가르쳤는데 교육철학이 궁금하다

어린애들은 백지 같으니까 뭘 많이 주입해야 한다고 생각하면 그건 출발점부터 잘못된 거다. 학생들의 다양한 능력을 인정하고 자라도록 도와줘야 한다. 어린 시절부터 이념이나 틀에 학생들을 맞추려고 하면 그 틀에 들어간 사람과 떨어져서 비참하게 생각하는 사람으로 나뉠 수밖에 없다. 모든 학생을 있는 그대로 존중해서 그들이 하고 싶은 걸 찾고 할 수 있도록 도와주는 게 좋다.

홍동의 성공 사례가 다른 지역으로 확산되는 것에 대해서는

제2의 홍동을 만들어야 한다는데 그건 안 된다. 왜냐하면 그 지역의 역사, 자연, 스토리, 사람이 있고 그걸 찾아서 살려야지 특정 모델을 적용한다고 되는 것이 아니다. 또 하루아침에 되는 것도 아니다. 제2의 홍동을 만들지 말고 그 지역의 지역다움을 살려야 한다.

마을 주민들이 홍 관장을 10년쯤 앞서가는 분으로 평가한다. 그런 아이디어를 하나만 들려줄 수 있는가

초등학생들이 예전엔 꿈이 대통령이라더니 요새는 빌딩 임대업자라고 하더라. 가만히 앉아서 돈을 벌려는 심산인데, 큰일이다. 자기는 임대업하면 좋지만 다달이 그 피눈물 나는 돈을 내는 사람 생각은 하지 않는 거다. 땅에 대한 생각이 바뀌었으면 좋겠다. 땅이 정말 필요한 사람들에게 나눠주고 공동으로 관리할 수 있다. 땅 소유권은 토지은행이나 토지재단 형식으로 제3의 기관이 갖고, 시설 소유권은 협동조합이, 생산 운영권은 생산에 참여하는 사람들이 갖는 구조다.

그와 나눈 대화 중에서 "현재의 조건에서 현재의 바람을 실현하면 그게 미래"라는 말이 가장 기억에 남았다. 이 말을 개념화해보고 싶어 미래학적으로 <그림 7-4>와 같이 도식으로 표현해봤다. 개인 a는 현재의 조건에서 현재의 바람을 실현했으니 행운아다. 그러나 많은 경우 현재의 바람을 이루려면 새로운 조건이 필요하거나(개인 b), 현재의 조건에 맞는 새로운 바람이 필요하다(개인 c). 또는 새로운 바람을 실현할 새로운 조건이 필요한 개인 d도 있다.

자신의 상황이 b라면, 지금의 현실적 조건으로는 자신의 바람을 실현할 수 없다. 때가 오기를 기다리거나 새로운 조건을 만들어야 한다. 내 바람을 막는 요인을 제거하거나 피해야 한다. 신기술의 동향을 짚으면서 자신의 꿈을 이뤄줄 기술적 변화를 살펴야 한다. 비슷한 꿈을 꾸고 있는 사람을 찾아 함께 실현 방법을 고민할 수도 있다. 나보다 앞서 꿈을 실현하고 있는 사람을 찾아가 어떤 조건에서 가능했는지 배우는 것도 좋다.

자신의 상황이 c라면, 현재의 바람이 잘못된 경우다. 당신의 바람을 실현하다가는 현재 삶의 토대가 붕괴될 수 있다. 사회적인 예로 지금 세계가 당면한 기후변화 문제를 들 수 있다. 소비 증가를 기반으로 한 성장주의는 우리 삶의 터전을 망가뜨릴 수 있다. 이런 경우 새로운 비전을 찾아야 한다. 나와 관련 있는 다

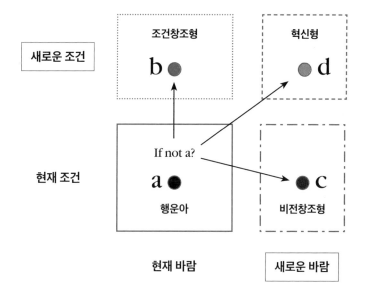

<그림 7-4> 미래가 형성되는 조건과 바람

양한 층위의 사람들을 만나 이들이 공감하는 미래 방향이 무엇인지 논의해야 한다. 새로운 비전의 실현으로 현재 어떤 문제가 개선될 수 있는지 예측하는 것도 중요하다.

d형은 좀 독특하다. 주위에서 엉뚱하다는 소리를 들었거나 몽상가로 간주될 수 있다. d의 꿈은 과거에 실현된 적이 없어 실현 여부를 판단하기가 어렵다. 그러나 이런 사람들이 성공하면 혁신가로 대접을 받는다. 1960년대 달 착륙에 성공한 우주선을 만든 미 항공우주국이 그랬다. 이들의 노력 덕분에 인류는 처음으로 지구를 떠나 우주로 나아가는 미래를 실현할 수 있었다.

앞서 언급했듯 미래를 부정적으로 인식해 변화를 위해 행동하지 않는 청년 세대가 다시 시작할 수 있도록 돕는다면 세 방향 모두 고려해야 한다. 이들의 꿈을 실현하는 새로운 사회적 토대를 만들어주는 것뿐 아니라 이들과 함께 그런 조건을 만들어야 한다. 이들의 꿈이 기성세대와 다르더라도 경청하고, 때론 이들이 무슨 일을 벌이더라도 내버려두는 선의의 무관심 또한 발휘해야 한다. 이들의 꿈이 선례를 찾을 수 없을 정도로 엉뚱하더라도 시도할 수 있는 사회적 실험실을 마련하고, 실패를 두려워하지 않는 사회적 분위기의 조성도 이뤄져야 한다.

한국인은 대단히 미래지향적이었다. 지난 1979년부터 2010년까지 30년을 두고 세 차례 실시한 한국인의 가치관 조사에서 과거와 미래 중 버릴 것을 묻는 질문에 1979년 89퍼센트, 1998년 92퍼센트, 2010년 88퍼센트가 미래보다 과거를 버린다고 응답했다(나은영, 차유리 2010). 두 번째 조사부터 추가한 '미래에 대비하느냐'는 질문에는 1998년 82퍼센트, 2010년 62퍼센트가 그렇다고 응답했다. 이 질문에 대한 긍정의 응답률은 감소했지만, 여전히 과반수 이상은 미래에 대비하고 있다고 믿었다.

2010년으로 조사가 멈춰진 까닭에 그 이후에 한국인의 미래지향성을 확인할 길은 없다. 그러나 짐작건대 이전만큼은 아닐 것이다. 과거와 비교하면 미래를 택할지는 몰라도 현재와 비교하면 미래를 택할 국민은 많지 않을 것이다. 현재에 집중하는 것은 요즘의 트렌드이기도 하다. 누가 불확실한 미래 따위에 오늘의 행복을 희생하겠는가.

　미래를 위해 현재를 희생해야 하느냐는 질문을 내게 한다면 나 역시 곤혹스러울 것이다. 대체로 나는 더 나은 미래가 기대된다면 오늘의 쾌락을 참아보겠다고 생각하지만, 그렇다고 매번 그래야 한다고 생각하지는 않는다. 오늘의 나는, 미래의 나만큼이나 소중하기 때문이다. 게다가 미래의 내가 존재할 확률은 매우 불확실하다. 현재와 미래 중에서 시간 선호를 묻는다면 나는 반반이라고 대답할 수밖에 없다. 미래를 선호하기도 하고, 현재를 선호하기도 한다. 때와 상황, 조건에 따라 다르게 답할 수밖에 없다.

　그럼에도 현재지향성과 미래지향성 중에 하나를 고르라고 한다면 미래지향성을 고를 것 같다. 미래지향성은 미래의 자신을 적극적으로 상상하는 태도다. 미래지향적 개인은 현재보다 더 나은 자신의 모습을 목표로 계획을 세우고, 그 목표의 실현 가능성을 끊임없이 탐색한다. 아직 태어나지 않은 미래 세대의 요구까지 예상하고 이를 현재 사회에 반영하려고 한다. 미래지향적이었던 우리 선조들은 교육은 백년지대계라며 후손들이 태어날 세상과 이들이 맞닥뜨릴 문제를 예상하고 이를 헤쳐나갈 능력을 키워주는 교육 과정을 설계하려고 했다. 이런 점에서 미래지향성은 인류의 보존과 진보를 위해 견지해야 할 중요한 태도다.

최근 10년 동안 미래지향성에 관한 해외 연구 추이를 보면 수준 높은 저널에 수록된 논문만 5000편이 넘는다. 논문이 발표된 학술 분야는 심리학, 행동과학, 청소년, 직업, 소비자학, 경영/마케팅, 삶의 질, 보건의료, 미래학, 윤리학, 과학기술학, 사회학, 환경학 등 다채롭고 다양한 분야에서 미래지향성을 다루고 있다.

그중 미래지향성 연구의 지평을 확장한 핀란드 헬싱키 대학의 누르미Nurmi 교수의 연구는 주목할 만하다. 그는 1991년 발표한 논문에서 미래지향성future-oriented은 동기→계획→평가의 3단계로 발현된다고 주장했다. 사람들은 미래에 대한 기대를 갖고 목표를 세운다. 이것이 미래지향성이 발현되는 첫 단계, 동기 부여다. 그다음 목표를 달성할 계획을 수립한다. 마지막으로 그 계획대로 실행할 경우 성공 가능성은 얼마나 될지 평가한다. 이런 과정을 거치면서 자신만의 미래 모습과 정체성을 확립해 간다.

사람마다, 사는 환경에 따라 미래지향성을 개발하는 정도는 달라진다. 누르미는 미래지향성을 개발하려면 세 가지 조건이 필요하다고 강조한다.

첫째, 미래에 대한 지식의 사회적 확산과 규범적 기대가 요구된다. 예를 들어 과학기술의 발달에 따라 사회가 어떻게 변할 것인지, 그 사회가 어떤 규범과 가치를 추구할 것인지, 앞으로 어떤 새로운 직업이 사회에 등장할지 논의하고 이에 대한 근거 있는 정보를 확산해야 한다.

둘째, 미래에 관한 관심을 부추기고 그에 따라 새로운 계획을 만들고 실현하는 데 도움을 줄 사회적 관계망이 필요하다. 더 좋은 미래사회가 도래한다는 믿음은 부모나 선생, 친구와의 대화를 통해 형성된다. 부모의 따뜻한 격려, 본받고 싶은 사회적 인물의 존재 등은 아이가 미래지향성을 갖추고 개발하는 데 도움이 된다.

셋째, 미래지향적 태도는 실제 미래를 실현해보는 경험이 축적되면서 향상된다. 부모가 아이들과 함께 문제를 풀어나가는 경험이 중요한데, 부모의 역할은 답을 찾아주는 것이 아니다. 아이가 목표를 설정하고 유지하는 일을 돕고, 답을 찾아나가도록 격려하며 실현 가능성을 스스로 가늠할 수 있도록 도와주는 데 그쳐야 한다. 많은 경우 인생의 중요한 장기적인 계획일수록 부모의 격려가 도움이 되는 반면, 덜 중요하면서 짧은 기간의 계획은 친구의 격려가 도움이 된다.

미래지향적 사회는 사회 안전성도 높다. 미국 미드웨스턴에 거주하는 850명의 흑인 청소년(14~18세)을 대상으로 수행한 한 연구는 미래지향성과 폭력적 행동 간의 상관성을 10년 동안 추적했다(Stoddard 외 2011). 연구에 참여한 학생들은 학교 성적이 하위권에 머물러 학업을 포기하기 직전에 있는 청소년들이었다. 미래에 어떤 직업이나 경력이 유리할지 자주 상상하는 미래지향적 청소년은 칼과 총을 휴대하거나 폭력으로 상대에게

해를 입히는 행동을 훨씬 덜 하는 것으로 나타났다.

반면 미래지향성이 낮은 청소년들은 감옥에 가거나 심지어 죽임을 당하는 경우도 있었다. 미래지향성이 낮은 청소년일수록 마약이나 술에 탐닉하며 학업 성적도 낮았다. 미래지향성이 높은 청소년은 자기 행동의 결과나 주변 환경의 변화를 예측하기 때문에 충동적인 행동을 삼가며 위험으로부터 자신을 더 보호한다(Horvath & Novaky 2016).

미래지향성은 종종 회복탄력성과 연결해 연구되고 있다. 불확실한 미래에 대비하려면 미래지향적 태도뿐 아니라 미래가 뜻대로 되지 않아도 견디는 태도가 필요하기 때문이다. 회복탄력성은 혼란스런 상황에서 안정을 찾아가는 능력을 말한다. 이탈리아 청소년을 대상으로 연구한 최근 논문에 따르면 미래지향성과 회복탄력성은 새로운 일에 도전하는 능력과 삶의 만족도 등에서 높은 관련성을 보였다. 즉 미래지향성과 회복탄력성이 높은 청소년들은 다른 일을 맡게 될 때 전환 기간을 잘 버티고 새로운 일에 도전하는 것에도 능동적이었다(Santilli 외, 2017).

|||||||||||||||||||||||||||||||||||||||||| **일곱 세대 앞을 내다봤던 인디언들**

아베 히로시, 노부오카 료크케라는 일본의 두 청년이 펴낸『우

리는 섬에서 미래를 봤다』는 매우 흥미로운 책이다. 미래에 관한 의식을 고양하면서 절망스러운 현재를 어떻게 희망의 현재로 바꿔놓았는지 생생한 경험을 전해준다. 이 책은 방황하던 젊은이들이 시마네현에서 북쪽으로 60킬로미터 떨어진 외딴섬, 아마정町으로 건너가 자신들은 물론 일본의 미래를 발견한 이야기를 담고 있다. 이들은 2300명이 사는 작은 마을에서 오랫동안 주민들이 터득한, 그러나 도시의 삶에선 잊힌 삶의 지혜, 미래지향적 의식, 지속 가능한 마을 만들기 실험 등을 배운다. 두 젊은이가 이 마을에서 배운 것을 창의적으로 실천한 경험들은 또 다른 스토리가 되고, 이를 전해 듣고 배우러 온 다른 젊은이들이 타지역에서 또 다른 희망을 만들어가는 선순환이 일어난다.

아마정은 인구의 40퍼센트가 65세 이상으로 저출산 고령화가 가속화되고 있는 곳이다. 인구 구조로 보면 우리 사회의 미래다. 이곳에서 태어나고 자란 젊은이들은 섬을 떠났고 인구는 감소했다. 인구가 줄자 재정 파탄의 위기도 겪었다. 마을 붕괴라는 현실에 직면하자 주민들이 나서서 행정과 재정을 개혁하고, 독자적인 산업 창출을 시도했다.

이들의 새로운 시작은 일본의 여타 도시에서 실행하는 방식과는 여러 면에서 달랐다. 섬 주민들의 독특한 생활양식을 보존하고, 각자의 일을 찾아 수행하면서, 관계지향적 거래 방식을 지키는 가운데 외부 세계와 조화롭게 공존하는 방법을 찾아냈다는 점에서 그렇다. 이들이 일본에서 가장 주목받는 섬으로 발전시킨 데에는 미래를 보는 시각의 공감대가 탄탄하게 자리잡고 있다. 섬의 한 주민은 "오랜 세월 자연과 공존해온 인디언은 일곱 세대 앞을 내다보고 산다"며 "일곱 세대 앞 미래에 펼쳐질 사회의 지속성을 생각하며 각자의 인생을 살아가려면 자연에 부담을 주지 않는 생활 방식이 옳다는 생각이 든다"고 말했다.

책 곳곳에서는 주민들의 수준 높은 미래지향적 의식이 발견된다. 일흔여섯의 한 노인은 "이 땅을 짊어지고 나갈 아이가 점점 줄어들고 있다"며 "더 나이 먹어 몸을 움직이지 못하기 전에 힘을 합쳐 이 땅을 아이들이 살기 좋은 곳으로 만들어야 한다"고 강조했다.

책의 저자나 주민들은 섬의 미래를 가꾸는 다양한 실험을 계획하기에 앞서 위에서 언급한 미래지향적 의식에 들어맞는지 꼼꼼히 따진다. 섬에서 재배한 채소와 바다에서 갓 잡은 생선을 온라인으로 타지에 팔려는 계획에도, 섬에 학교를 세워 섬의 생활 방식을 교육하는 데에도, 4억 엔을 투자해 최첨단 냉동 시스템을 들여올 때도 이들은 섬이 추구하는 미래상과 어울릴 수 있는지를 스스로 묻고 이웃과 토론을 벌였다. 새로운 기술에 적응하고 활용하면서도 섬사람들은 기술과 시스템이 섬에서 어떻게 작동해야 섬의 미래를 발전시킬 수 있는지 고민했다.

작은 마을에서 시도한 작은 변화였지만, 지역에 맞는 비전을 실천하는 것이 거시적으로 어떤 의미를 내포하는지 저자들은 다음과 같이 담담히 고백한다.

현재 일본은 미래에 대한 사고방식이 변화하는 과도기에 있다. 지금까지는 도쿄 중심의 사고방식이었다. 도쿄에 일본의 현재와 미래가 있다는 이미지였다. (…) 도쿄에 존재하는 미래 일본의 비전은 그리 밝다고만은 할 수 없는 분위기다. (…) 밝아 보이지 않는 것은 지금까지의 사고방식으로는 새로운 미래가 있을 수 없다는 표현일 것이다. 그리고 이런 인식을 통해 지역과 도시의 새로운 관계성이 발견될 수 있으리라고 본다.

두 젊은이는 붕괴되는 곳에서, 그동안 사회를 붕괴시킨 방식에서 벗어나, 새로운 대안으로 새로운 시작을 일궈낸 섬사람들의 노력을 목격했다. 누군가에게 대안이면 다른 누군가에게도 대안이 될 수 있다. 그래서 대안은 퍼지고 새로운 삶의 방식으로 정착되며, 한 사회가 붕괴하지 않고 발전한다. 붕괴하고 있는 상황에서, 무엇을 버릴 것인지가 중요하고, 과감하게 버려야 한다. 새로운 주체를 내세워 새로운 미래의 연결점을 찾아야 한다.

현재와 미래 사이의 나

나는 이 두 젊은이의 좌충우돌 대안 만들기 과정을 보면서 사회는 현재와 미래 사이의 팽팽한 긴장감 덕분에 성장한다고 생각했다. 이는 개인에게 적용해도 그렇다. 현재의 나와 미래의 나는 달라야 한다. 아니, 다를 수밖에 없다. 나와 세계는 늘 변화하기 때문이다. 나를 나답게 만드는 것은 현재의 나와 미래의 내가 싸울 때다. 현재의 나는 내게 주어진 '조건'을 강조한다. 한계를 고려하라고 말한다. 과욕을 경계하라고 조언한다. 미래의 나는 '꿈'을 강조한다. 한계를 돌파하라고 부추긴다. 그것은 과욕이 아니라 넘어야 할 산이라고 다독인다.

현재의 나는 나를 밀어내고, 미래의 나는 나를 끌어당긴다. 나는 중간에 끼어 늘 고민한다. 어느 쪽 말을 들어야 하나. 어느 쪽의 내가 현명한가. 현재에 만족할 것인가. 현재의 부족을 안타까워해야 하나.

그러나 양쪽의 긴장 관계에서 잠시 벗어나 생각해보면 둘 다 필요하다는 생각에 이른다. 현재의 나도 중요하고, 미래의 나도 필요하다. 나는 그 사이의 나다. 그 사이에 있지 않고 한쪽 편을 들 경우, 나는 조건과 맥락을 놓치거나, 재미와 역동성을 잃어버릴 것이다. 새로운 시작도 필요하고, 시작한 뒤 종종 성찰의 시간도 필요하며, 나의 시작이 누구에게 피해를 주지 않는지 주변을 돌아보는 세심함도 필요하다. 현재의 나와 미래의 내가 싸우면서 만들어내는 간극에서 나는 늘 다시 태어난다.

당신은 미래에 대해
어떤 세계관을 갖고 있나요?

주위 사람들과 대화를 하다보면 말이 안 통할 때가 있다. 각자 다른 세계관으로 현실을 보고 있어서 그렇다. 상대의 성격이 답답한 면도 있겠지만, 대부분 세계를 보는 시각이 달라서 소통이 어렵다. 미래를 보는 세계관도 각자 다르다. 이 다름을 이해할 수 있다면 상대와 의미 없이 다투기보다는 상대의 한계를 인식하고 다른 각도에서 현실의 문제를 논의할 수 있다. 나는 어떤 미래관을 갖고 있을까. <그림 1>을 보면서 한번 테스트해보자.

당신은 미래사회가 현재보다 나을 것으로 보는가, 아니면 더 못할 것으로 보는가. 어떤 선택을 해야 할지 마음을 정했다면, 두 번째 질문에 답해보자. 당신은 미래의 변화가 어떤 패턴이나 규칙에 따라 움직인다고 생각하는가, 아니면 변화의 방향에 변칙이 많아 예측하기 힘들다고 생각하는가. 미래가 패턴과 규칙 안에서 변화한다고 생각하는 사람들은 미래를 자신의 의지대로 바꾸기 어렵다고 생각한다. 거대한 흐름을 막을 수 없다고 보기 때문이다. 예를 들어 봄이 가면 여름이 오고, 여름이 가면 가을이 오는 계절의 변화를 어떻게 막을 수 있겠는가. 반면 미래의 변화는 변칙이 많고 예측하기 힘들지만 사람들의 의지에 따라 미래를 바꿀 수도 있다고 믿는 사람들 역시 있다. 인종차별이 극심한 미국 사회에서 흑인 인권운동이 지속적으로 일어나고 흑인 대통령까지 탄생한 사례가 그렇다. 당신은 어느 쪽인가? 미래는 구조와 패턴으로 움직인다고 보는가, 아니면 인간의 의지로 미래를 바꿀 수도 있다고 믿는가?

<그림 1>

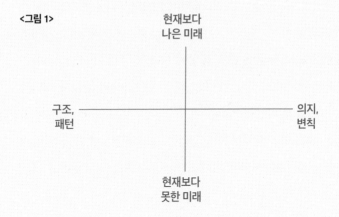

두 질문에 대한 생각을 결정했다면, 자신의 미래관이 어떤 특징을 가졌는지 살펴보자. 나는 개인적으로 이 틀을 갖고 수많은 사람을 대상으로 어떤 부류의 사람들이 어떤 미래관을 가졌

는지 알아보았다. 첫 번째로, 미래는 현재보다 나을 것이며, 미래의 변화는 의지에 따라 바꿀 수 있다고 믿는 사람들은 <그림 2>에서 '개선주의자'에 속한다. 다양하고 급격한 변화에서도 이들은 의지로 버티며, 원하는 미래를 만들 수 있다고 믿는다. 회사에서 이런 성격을 가진 사람들은 문제가 생겼을 때, "호들갑 떨지 말고 각자 자신의 자리에서 최선을 다하라"고 말한다. 경험적으로 보면 우리 사회에서 4·19세대 또는 산업화세대가 이 미래관을 갖고 있다. 연령별로는 60대 이상이다. 이들은 매우 실용적인 태도를 지니고 있다. 개인적인 의견을 전제한다면, 이들은 이념적으로도 자유롭다. 흔히 60대 이상은 공산주의, 사회주의를 싫어하는 것으로 알려져 있으나, 실용적인 태도를 가진 이들에게 더 중요한 이념은 어제보다 나은 오늘의 삶이다. 어제보다 오늘이 더 나은 방법이 있다면, 그게 사회주의적이든 자본주의적이든 상관하지 않는다. 4·19세대들과 만나서 얘기해보면 이들의 이념적 자유성에 놀랄 때가 한두 번이 아니다. 이들을 지배하는 이념은 실용주의다. 효율성을 중시한다. 물질적 진보를 믿으며, 여기엔 개개인의 노력이 뒷받침되어야 한다고 주장한다.

두 번째 유형을 살펴보자. 이들에게 미래는 현재보다 못할 것으로 예측된다. 그러나 인간의 의지로 그 미래를 바꿀 수 있다고 믿는다. 이들은 개혁주의자로 부를 수 있다. 이들에게는

<**그림 2**>

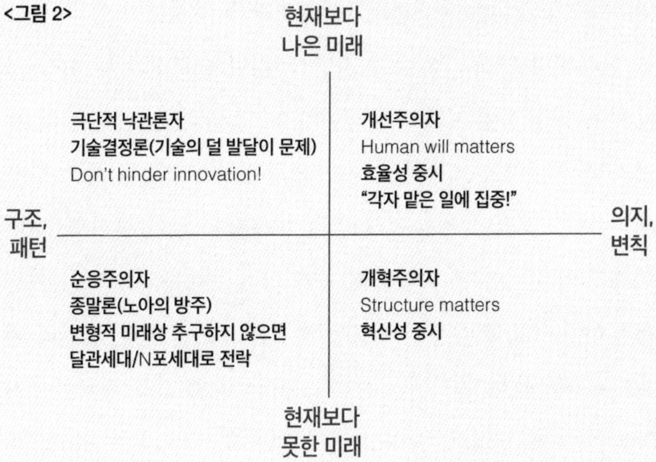

```
                              현재보다
                              나은 미래

   극단적 낙관론자                      개선주의자
   기술결정론(기술의 덜 발달이 문제)       Human will matters
   Don't hinder innovation!           효율성 중시
                                      "각자 맡은 일에 집중!"
구조,                                                      의지,
패턴  ─────────────────────────┼─────────────────────── 변칙

   순응주의자                          개혁주의자
   종말론(노아의 방주)                  Structure matters
   변형적 미래상 추구하지 않으면          혁신성 중시
   달관세대/N포세대로 전락

                              현재보다
                              못한 미래
```

사회적, 경제적 구조가 중요하다. 구조를 바꿀 수 있다면 미래를 바꿀 수 있다고 믿는다. 내가 만나본 사람들 중에는 이른바 '386세대', 그러니까 1960년대에 태어나 1980년대에 대학을 다녔던 40~50대가 이 미래관으로 현실의 문제를 보고 있었다. 1980년대 정치 민주화는 이들 덕분에 성취했다고 봐도 과언은 아니다. 이들은 장밋빛 미래를 믿지 않는다. 더 정확하게 말한다면 투쟁과 혁신적 노력이 없으면 미래는 암울하다고 본다. 끊임없이 사회를 발전시키는 아이디어와 실천적 전략을 내놓아야 한다. 다른 세대나 그룹이 자신들이 동의할 수 있는 미래 비전과 대안을 제시하지 못한다면, 자신의 자리를 절대 내놓지 않는다. 물러서지 않는다.

세 번째 유형은 좀 독특하다. 우리 사회에서는 소수에 속한다. 주로 공과대학 출신들이 이 미래관을 지지하곤 한다. 미래는 현재보다 나을 것으로 믿지만, 의지나 노력이 아닌 미래 자체의 추동성 덕분이라고 생각한다. 달리 말하면, 이들은 이 세계가 끊임없이 진보한다고 믿는다. 구조개혁이니 사회적 투쟁이니 하는 말들은 이들에게 별로 설득력을 주지 못한다. 이미 인류는 충분히 밝은 미래를 만들기 위해 노력하고 있다. 동기는 충분하기 때문에 이들의 행보를 막지만 않으면 된다. 극단적 기술낙관론자들이 여기에 속한다. 이들은 종종 정부 관료들에게 제발 아무 일도 하지 말라고 주장한다. 혁신을 각종 규제로 가로막지 말라고 주장한다. 기술을 덜 발달시키는 정부의 간섭이 늘 문제라고 지적한다.

마지막 네 번째 유형은 최근 등장하고 있다. 미래는 현재보다 낫지 않으며, 낫지 않은 미래를 바꿀 수도 없다고 믿는다. 미래는 이미 구조화되어 바꿀 수 없다. 패턴으로 움직이기 때문에 원하는 변화는 일어나지 않는다. 그저 미래에 적응하는 것이 이들에게 큰 숙제다. 개인적으로 만나본 사람들 중에는 20~30대 청년들이 이 미래관을 갖고 있다. 미래 순응주의자로 부를 수 있으며, 이 순응주의는 다소 극단적으로 말한다면 종말론적 세계관이다. 생각해보라. 다가오는 미래는 현재보다 못하다. 내가 바라는 미래도 아니다. 그런데 바꿀 수 없다. 이렇게 생각하면 종말론이다. 기독교적 종말론으로 빗대 말한다면, 죄악이 많은 이 세상에 예수가 재림하지 않는다면 그건 지옥이다. 이들에게 부정적 미래를 피할 수 있는 유일한 방법은 성경의 노아처럼 대홍수 시대를 맞아 방주를 만드는 것이다. 방주를 만들어 자신의 뜻과 잘 맞는 사람들을 태워 이 사회를 떠나 자신들만의 사회를 만들어 그 안에서 사는 것이다. 소국주의小國主意, 도가적 태도라고도 할 수 있다. 소국주의는 지배적인 세계의 질서를 부정하거나 전복시키는 노력보다 지배적인 질서가 다소 미치지 않는 곳을 찾아 작은 공동체를 이뤄 자신들의 가치를 실현하면서 사는 삶의 형태를 말한다.

이 네 가지 미래관 중 어느 것이 더 좋고 나쁘다고 평가할 순 없다. 각자 삶의 환경과 역사, 삶의 조건들이 각자의 미래관, 세계관을 만드는 것이기에 그렇다. 다만, 시대에 따라 어느 미래관이 더 힘을 발휘하느냐 마느냐는 따져볼 수 있다. 1960~1970년대 산업화 시대를 이끌어간 미래관이 개선주의라면, 1980~1990년대 민주화 시대에는 개혁주의자들이 이 사회의 변화를 이끌었다. 앞으로는 어떤 미래관을 갖고 있는 사람들이 이 사회의 변화를 이끌어갈까. 예측하기는 쉽지 않지만, 과거의 경험과 성공담이 미래에도 잘 맞을 것으로 볼 수는 없다. 과거는 과거일 뿐이다. 그러나 미래관에 대한 세대적 다양성은 유지되는 것이 좋을 듯싶다. 앞으로 다가올 시대가 어떤 시대이든 이전의 세대가 겪으면서 쌓아놓은 지혜는 마치 오래된 미래used future처럼 쓸모 있을 때가 있을 테니까. 그러자면 세대 간 소통은 기본일 것이다.

1장

1 피에르 왝에 대한 이야기는 다음의 전기를 주로 참고했다. Thomas Chermack, Foundations of Scenario Planning: The Story of Pierre Wack. New York & London: Routledge Taylor & Francis, 2017.

2 왝의 강의 동영상을 보려면 옥스퍼드대의 다음 사이트를 방문해보라. http://oxfordfutures.sbs.ox.ac.uk/pierre-wack-memorial-library/ video/index.html

3 Thomas Chermack, Foundations of Scenario Planning: The Story of Pierre Wack. New York: Routledge Taylor & Francis, 2017.

4 미국의 민간 예측 기관 밀레니엄 프로젝트The Millenium Project에서는 미래 연구 방법론Futures Research Methods으로 서른아홉 가지를 소개하고 있다.

5 최정호.「무사상無思想의 사회, 그 구조와 내력」, 『계간 사상』 창간호, 1989. 18~19쪽.

6 실제는 예상보다 빠른 1973년에 테헤란 조약이 시행되었다.

7 https://www.ted.com/talks/tim_harford_how_messy_problems_can_

inspire_creativity

8 https://www.strategy-business.com/article/8220?gko=0d07f

2장

1 『신동아』 2009년 10월호.

2 『동아일보』 2013년 1월 26일자, 정호재 기자.

3 스티븐 스필버그, "어른이 된 피터팬". 『신동아』 2009년 10월호. 580-591
쪽.

4 Stuart Brown. Play: How it shapes the brain, opens the imagination
and invigorate the soul. New York: Avery, 2009.

5 김시준·김현준·박재용 등. 『짝짓기: 생명진화의 은밀한 기원』. MID. 2015.

6 박성원 외. 「청소년 참여 미래 연구: 사례 및 시사점」. 『동향과 이슈』 제15
호. 과학기술정책연구원. 2014.

7 https://www.stem.org.uk/resources/collection/4015/young-foresight

8 박성원 외. 「한국인의 미래 인식과 미래적응력 측정」. 과학기술정책연구원.
2013.

9 박성원 외. 「한국인의 미래 인식과 미래 적응력 측정 연구와 2014년 한국인
의 미래 인식, 사회분위기」. 2013. 미래 적응력 조사에서 인용.

3장

1 김광웅. 「문명국의 비전을 세울 때다」, 『Future Horizon』제16호, 과학기술
정책연구원, 2013. 6-7쪽.

2 국무조정실 온실가스종합정보센터 홈페이지

3 남정호. "생명 살리며 돈도 벌자는 게 생명자본주의". 『중앙일보』, 2013년
12월 15일자.

4 시나리오 검증 작업을 위해 하와이 대학의 짐 데이터 교수, 카이스트 문술

미래 전략대학원 서용석 교수, 이화여대 최재천 교수(현 생태연구원 원장), JTBC 이규연 국장에게 네 가지 시나리오를 보냈고, 의견을 받았다. 이들은 미래사회의 모습을 다양하고 균형 있게 예측할 수 있다고 믿어지는 전문가들이다.

5 지난 2015년 10월~12월까지 경향신문 주최로 천안, 전주, 경주 등 광역시가 아닌 중소도시에 거주하는 20대 참여자들을 대상으로도 미래워크숍을 개최한 적이 있다. 이 미래워크숍의 결과는 경향신문 2016년 1월1일자 1~3면에 걸쳐 "부들부들 청년: 우리는 붕괴를 원한다"에 게재됐다. 이 워크숍 결과는 우리 연구의 결과와 같았다. 이들도 '붕괴와 새로운 시작'을 선호 미래상으로 꼽았다.

6 박성원 외. 「한국인의 미래인식과 적응력 측정」. 과학기술정책연구원, 2013. 172쪽.

7 박성원 외. 2013. 177쪽

8 박성원 외. 2013. 178쪽

9 이규연, "국제시장에는 미생이 없다". 『중앙일보』(2015. 1. 16)

10 박종훈. 「벼랑 끝에 몰린 청년, 왜 붕괴를 택했나」, 『KBS』(2015. 2. 12)

11 이혜리·김상범. "미래 없는 청년들, 통기타 민주화 X세대… 시대의 주인공이던 청년, 시대의 낙오자로", 『경향신문』(2015. 10. 7)

12 강준만. "죽창 앞에선 모두가 평등하다". 『한겨레』(2015. 10. 26)

13 박재현·송윤경·이혜리·이효상·정대연·김서영·김원진. "우린 붕괴를 원한다" 『경향신문』[부들부들 청년] 1부. 2016년 1월1일자. 이 기사는 사회적으로 많은 반향을 일으켰다. 그 결과 그해 3월 한국언론재단에서 수여하는 이달의 기자상을 수상했고, 11월에는 한국천주교 주교회의 매스컴위원회에서 수여하는 대상을 받기도 했다. 한국천주교 매스컴위원회는 대상 선정의 이유로 "부들부들 청년은 그동안의 청년 담론에서 소외된 고졸 청년과 지방 청년에도 주목하게 했으며, 청년 개개인의 문제가 아니라, 한국 사회전반에 깔린 모순과 현상이라는 사실을 강조"했음을 언급했다.

14 우리 사회에서 각종 만성질환은 지속적으로 증가 추세(2001~2009년). 예컨대 비만율은 29.2퍼센트에서 31.3퍼센트로, 당뇨병은 8.6퍼센트에서 9.6퍼센트로, 고콜레스테롤혈증은 9.1퍼센트에서 11.5퍼센트로 증가했다. (김은

정, 「도시계획에서 건강도시의 의미와 경험」, 『서울대 보건대학원 보건정책관리
세미나』(2004.5.28) 발표자료)

15 서현원. 2009.

16 박성원. "도처에 방화광이 숨어 있다". 『신동아』. 2005년 6월호.

17 앞의 글에서 인용

18 강덕지. "사람들 속의 섬, 경계성 인격장애 외면하면 걸어다니는 살인무
기".『신동아』 2006년 2월호.

19 앞의 글에서 인용

4장

1 한스 요아힘 슈퇴리히, 『세계 철학사』. 박민수 옮김. 자음과모음. 2008.

2 저부제. 『고로, 철학한다』. 허유영 옮김. 시대의창. 2016.

3 앞의 책.

4 영어 번역과 내용은 다음의 텍스트를 참조: *Burton Watson. Chuang
Tzu: Basic Writings*. New York: Columbia University Press, 1996. 95쪽.

5 장자의 소요에 대한 철학적 탐색은 Roger T. Ames가 1998년 편집한
Wandering at Ease in the Zhuangzi, 신영복이 2004년 펴낸 『강의: 나의
동양고전독법』에서 살펴볼 수 있다.

6 필자는 장자를 미래학적 관점에서 재해석한 논문을 미래학 저널에 발표
했다. Park, S. Exploring the Possibility of East Asian Futures Studies:
Reinterpreting Dator through Zhuangzi. *Journal of Futures Studies,*
2013. 18(2): 13-32. 2013.

7 Wu, Kuang-Ming. *The Butterfly as Companion: Meditations on the
First Three Chapters of the Zhuangzi*. NewYork: State University of
New York Press. 1990.

8 Wang, Youru. The Strategies of "Goblet Words": Indirect Communicationin
the Zhuangzi. *Journal of Chinese Philosophy,* 2004. 31(2), 195-218.

9 이다혜. 「발터 벤야민의 산보객Flâneur 개념 분석: 아케이드 프로젝트를 중

심으로」. 서울대학교 사회학과 대학원 석사 논문. 2007.

10 국민대통합위원회는 같은 내용에 대해 1206명을 대상으로 대면면접 조사
를 실시했다. 그 결과 지속적인 경제성장을 바라는 응답자가 47.2퍼센트,
탈성장 사회를 바라는 응답자는 36.5퍼센트로 나타나 온라인 조사 때와
다른 결과를 보여주었다. 특이한 것은 온라인 조사에서는 60세 이상이 지
속적인 경제성장을 희망했지만, 대면면접 조사에서는 51.7퍼센트가 탈성
장 미래를 희망한다고 밝혔다는 점이다. 면접조사와 온라인조사의 결과가
달라진 것에 대해서는 논의의 필요가 있지만 특기할 만한 점은 대면조사든
온라인조사든 탈성장에 대한 선호가 꽤 높은 비중으로 나타났다는 점이다.
또 하나 대면조사를 할 경우 50대와 60대 등 이른바 가장 연령층이 높은
세대에게서 탈성장의 선호가 높았다는 점이다.

11 http://shindonga.donga.com/Library/3/06/13/105310/5

12 스리니 필레이. 『멍 때리기의 기적』. 안기순 옮김. 김영사. 2018. 본문 발췌.

13 이진순. 채현국 인터뷰: "노인들이 저 모양이란 걸 잘 봐두어라" 『한겨레』.
2014년 1월 3일자.

14 채현국. "남에게 배운 길로 따라가지 마라." 『시사IN』 2015년 10월 7일자.

15 http://m.newsfund.media.daum.net/episode/456?page=1#

16 이계삼. 민주화 운동의 스승, 채현국 선생과의 만남. 녹색당. 2016년 2월 22
일자.

17 주선영. 요르겐 랜더스 교수 인터뷰 "더 나은 미래는 쉽게 오지 않는다". 더
나은미래. 2015년 4월 14일자.

18 황수현. "프로 딴짓러들, 연남동에 판을 깔다. 월세는 30!". 『한국일보』
2018년 10월 2일자.

5장

1 Seongwon Park. From Experience to Relation: Laszlo and Inayatullah,
Two Futurists Compared. *World Futures*, 2009. 65:7, 447-463.

2 리쩌허우. 『논어금독』. 임옥균 옮김. 북로드. 2006. 126쪽

3 리쩌허우. 『논어금독』. 임옥균 옮김. 북로드. 2006. 129쪽

4 B. Worthen. Future Results Not Guaranted. CIO, 2003. 16(9), 1-7.

5 Jungk, R. *Three Modes of Futures Thinking*. Chaplin & Paige eds., Hawaii 2000. University of Hawaii Press.(1973).

6 박영서. 「혁신의 미래상, 그리고 과학기술」. 제18회 원정포럼 자료집. 2015.

7 오태광. 「바이오산업 활성화를 위한 핵심이슈와 발전전략」. 2015 미래직업 세계 포럼(한국고용정보원 주최). 2015.

8 앞의 오태광 문헌에서 인용.

9 박가열. 「기술 혁신이 일자리에 미치는 영향」. 제19회 원정포럼 자료집. 2015.

10 UK Ministry of Defense. The Fourth Edition of Global Strategic Trends - Out to 2045. 2014.

11 시나리오 예측법의 토대를 이루는 이론들로는 행동 이론behavioral theory, 학습 이론learning theory, 의사결정 이론decision theory, 시스템 이론system theory, 구조 이론structuration approach 등이 있다. 시나리오의 줄거리와 결론을 제시하는 과정으로는 구체적 사실에서 이론을 드러내는 귀납적 방법, 이론과 보편적 사실에서 특수하고 개별적인 사실을 도출하는 연역적 방법 등을 들 수 있다.

6장

1 이재인. 인구문제 해결하려면 혼외자녀 편견 버려야. 『파이낸셜뉴스』 2014년 12월 2일자; 기획재정부 대외경제총괄과, 주요 아시아국의 결혼 관련 통계 및 시사점, 2011년 9월 15일

2 인용: http://blog.daum.net/jjc4012/15972763

3 곽노필. "올해 지구 생태예산, 7월말 바닥난다". 미래 창. 2018년 6월 6일. http://plug.hani.co.kr/futures/3272469

4 https://www.youtube.com/watch?v=mTPJI9ghzAk(2017.4.12.)

5 오주현, 「신체는 고루하다(The human body is obsolete)」, 『topclass』

(2015.11), http://topclass.chosun.com/board/view.asp?catecode=J&tnu=201511100016(2017.4.15.)

6 Whipps and Britt, 2009

7 인간중심주의의 탈피, 육체이탈의 환상을 깨려는 시도로서 포스트휴먼을 주장하는 학자들도 있다(Wolfe, 2010; Haraway, 2008). 이들은 트랜스휴먼의 욕망이 인간중심주의에 갇혀 있으며 인간을 물질화하는 데 일조하고 있다고 비판한다.

8 Alan Turing이 1950년에 펴낸 논문 "Computing Machinery and Intelligence"에서 Turing은 "기계도 생각할 수 있을까?"라는 질문을 제기한다(National Science and Technology Council, 2016, p. 5).

9 John Searle, Our shared condition - consciousness, https://www.ted.com/talks/john_searle_our_shared_condition_consciousness(2018.04.26 검색)

미래
공부

7장

1 미래 예측을 통한 자기효능감 향상 연구 결과는 수차례 논문을 통해 발표했다. 다음은 2018년에 펴낸 논문: Park, S. A possible metric for assessing self-efficacy towards postulated futures. *Foresight,* 2018. 20(1), 50~67.

2 Peter Ho. "The RAHS Story." 2008. 이 글은 Tan Hong Ngoh, Hoo Tiang Boon이 편집한 *Thinking about the Future: Strategic Anticipation and RAHS*(published in conjuction with the second International Risk Assessment and Horizon Scanning Symposium 2008)의 서문이다.

3 앞의 글 xviii.

4 앞의 글 xix.

5 National Security Coordination Center, Singapore. "Explaining the RAHS Programme." 앞의 책 4-5쪽.

6 Humera Khan. The RAHS System: Current and Future Capabilities.

3
0
6

2008. 이 글은 앞서 언급한 책, *Thinking about the Future: Strategic Anticipation and RAHS* pp. 9-20.

7 이를 밝힌 최근의 논문으로는 Park, S. *A Possible Metric for Assessing Self-Efficacy toward Postulated Futures*. *Foresight,* 2018. 20(1), 50~67.

8 농촌경제연구원 2015년 제1차 현장토론회 자료집에서 일부 발췌.

9 풀무학교 홈페이지에서 인용: http://www.poolmoo.cnehs.kr/sub/info. do?m=010102&s=poolmoo

10 2016년 3월 24일 마을활력소 이동호씨 인터뷰에서 발췌.

11 박성원. 「담양에서 본 미래」. 『과학기술정책』, 2016. 46~49쪽.

주

참고문헌

권택영. (2018). 『생각의 속임수』. 글항아리.

김시준, 김현준, 박재용. (2015). 『짝짓기: 생명진화의 은밀한 기원』. MID.

김은정. (2004.5.28.). 「도시계획에서 건강도시의 의미와 경험」. 서울대 보건대
  학원 보건정책관리 세미나.

폴 뇌플러, 김보은 옮김. (2016). 『GMO 사피엔스의 미래』, 반니.

도넬라 메도즈, 데니스 메도즈, 요르겐 랜더스. 김병순 옮김. (2016). 『성장의 한
  계. 갈라파고스』.

라투슈, 세르주. (2014), 『탈성장 사회: 소비사회로부터의 탈출』. 오래된생각.

러미스, 더글라스. (2002). 『경제성장이 안되면 우리는 풍요롭지 못할 것인가』.
  녹색평론사.

리쩌허우. 임옥균 옮김. (2006). 『논어금독』. 북로드.

롤프 옌센. 서정환 옮김. (2014). 『드림 소사이어티: 꿈과 감성을 파는 사회』. 리
  드리드출판.

박성원, 황윤하. (2013). 『한국인의 미래 인식과 미래적응력 측정』. 과학기술정
  책연구원.

미
래
공
부

박성원, 황윤하, 조규진, 서지영, 송민. (2014).「한국인의 미래 인식, 사회분위기, 미래 적응력 조사」(2차년도). 과학기술정책연구원.

박성원, 황윤하, 이혜진, 박재현, 임형수, 이애희, 강경균. (2014).「청소년 참여 미래 연구: 사례 및 시사점」.『동향과 이슈 제15호』. 과학기술정책연구원.

박성원, 황윤하, 조규진, 서지영, 송민. (2014).「한국인의 미래 인식, 사회분위기, 미래 적응력 조사」(2차년도). 과학기술정책연구원.

박성원, 진설아, 황윤하, 조규진, 송민. (2015).「한국인의 미래 인식, 사회분위기, 미래 적응력 조사 (3차년도). 과학기술정책연구원.

서현원. (2009).「부정적 외부효과 어떻게 개선할까?」『경제교육 21』, May, p. 20.

신영복. (2004).『강의: 나의 동양고전독법』. 돌베개.

스리니 필레이. 안기순 옮김. (2018).『멍 때리기의 기적』. 김영사.

아베 히로시, 노부오카 료스케. 정영희 옮김. (2015).『우리는 섬에서 미래를 보았다』. 남해의봄날.

애덤 그랜트. 홍지수 옮김. (2016).『오리지널스』. 한국경제신문사.

엔리코 코엔. 이유 옮김. (2015).『세포에서 문명까지』. 청아출판사.

이다혜. (2007).「발터 벤야민의 산보객Flaneur 개념 분석: 아케이드 프로젝트를 중심으로」. 서울대학교 사회학과 대학원 석사 논문.

이어령. (2013).『생명이 자본이다』. 마로니에북스.

임창환. (2017).『바이오닉맨, 인간을 공학하다』. MID.

임현진·이재열. (2005).「한국사회의 역동적 전환: 위험사회에서 안전사회로」. 광복60년기념 4차 종합학술포럼.

저부제. 허유영 옮김. (2016).『고로, 철학한다』. 시대의창.

조지프 나이. 홍수원 옮김. (2004).『소프트 파워』. 세종연구원.

진설아. 박성원. (2018).「트랜스휴먼 사회에서 몸과 마음의 미래」.『미래의료인문사회과학회』 1, 1-20.

최정호. (1989).「무사상(無思想)의 사회, 그 구조와 내력」.『계간 사상』 창간호, 18~19쪽.

최종덕. (2014). 『생물철학』. 생각의힘.

한스 요아힘 슈퇴리히. 박민수 옮김. 『세계 철학사』. 2008. 자음과모음.

히라카와 가쓰미. 장은주 옮김. (2015). 『골목길에서 자본주의의 대안을 찾다』. 가나출판사.

Ames, R. T. (Ed.). (1998) *Wandering at Ease in the Zhuangzi*. Albany: State University of New York Press.

Bainbridge, W. S. (2006). *God from the Machine: Aritificial Intelligence Models of Religious Cognition*. New York: Altamira Press.

Bandura, A. (1993). Perceived Self-Efficacy in Cognitive Development and Functioning. *Educational Psychologist*, 28(2), 117 - 148.

Bostrom, N. (2013). Existential risk prevention as global priority. *Global Policy, 4*(1), 15-31.

Bouwmeester, D., Pan, J. W., Mattle, K., Eibl, M., Weinfurter, H., and Zeilinger, A. (1997). Experimental Quantum Teleportation. Nature 390, 575-579.

Bowyer, A. (2010). Human 2.0 holiday highlights. Available at: http://www.human20.com

Brown, Stuart. (2009). *Play: How it shapes the brain, opens the imagination and invigorate the soul*. New York: Avery.

Chaplin, G., Paige, G. (eds.). (1970). *Hawaii 2000: Continuing Experiment in Anticipatory Democracy*. Honolulu: University Press of Hawaii.

Chermack, Thomas. (2017). *Foundations of Scenario Planning: The Story of Pierre Wack*. New York & London: Routledge Taylor & Francis.

Dator, J. A. (2009). Alternative Futures at the Manoa School. *Journal of Futures Studies, 14*(2), 1-18.

Elgammal, A. & Saleh, B. (2015). Quantifying Creativity in Art Networks. ICCC, June 29-July 2nd.

Fuller, S.(2011), *Humaity 2.0: What it Means to be Human, Past, Present and Future,* Palgrave Macmillan.

Haraway, D.(2008), *When Species Meet,* Minneapolis: University of Minnesota Press.

Horváth, Zsuzsánna E. & Nováky, Erzsébet. (2016). Development of a Future Orientation Model in Emerging Adulthood in Hungary. *Social Change Review,* 14(2), 69-95.

Inayatullah, Sohail & Na, Lu. (2018). Asia 2038: *Ten disruptions that change everything.* Tmasui, Taiwan: Tamkang University.

Jungk, R. (1973). *Three Modes of Futures Thinking.* Chaplin & Paige eds., Hawaii 2000. University of Hawaii Press.

Jungk, R. (1977). *The Everyman project: Resources for a humane future.* New York: Liveright.

KPMG International. (2013). Future State 2030: The global megatrends shaping governments.

McCarthy, J. J., Canziani, O. F., Leary, N. A., Dokken, D. J. and White, K. S. (eds). (2001). IPCC, 2001: *Climate change 2001: impacts, adaptation and vulnerability.* Cambridge University Press.

McGray, Douglas.(2002). Japan's Gross National Cool. *Foreign Policy,* 130, 44-54.

National Science and Technology Council(2016), Request for Information: Preparing for the Future of Artificial Intelligence. US White House.

Nurmi, J-E. (1991). How do adolescents see their future? A review of the development of future orientation and planning. *Developmenal Review,* 11, 1-59.

Park, Seongwon. (2009). From Experience to Relation: Laszlo and Inayatullah, Two Futurists Compared. *World Futures,* 65(7), 447-463.

Park, Seongwon. (2013). Exploring the Possibility of East Asian Futures

Studies: Reinterpreting Dator through Zhuangzi. *Journal of Futures Studies,* 18(2): 13-32.

Park, Seongwon. (2018). A possible metric for assessing self-efficacy towards postulated futures. *Foresight,* 20(1), 50~67.

Ramirez, R., Wilkinson, A. (2013). Rethinking the 2×2 scenario method: Grid or frames? *Technology Forecasting and Social Change,* 86, 254-264.

Rejeski, D., and Wobig, C. (2002). Long-term goals for governments. *Foresight,* 4(6), 14-22.

Rohrbeck, R. & Kum, M. E. (2018). Corporate foresight and its impact on firm performance: A longitudinal analysis. *Technology Forecasting and Social Change,* 129, 105-116.

Santilli, Sara ; Ginevra, Maria C. ; Sgaramella, Teresa M. ; Nota, Laura ; Ferrari, Lea ; Soresi, Salvatore. (2017). Design My Future: An Instrument to Assess Future Orientation and Resilience. *Journal of Career Assessment,* 25(2), 281-295.

Stoddard, S.A. & Zimmerman, M. A. (2011). Thinking about the future as a way to succeed in the present: A longitudinal study of future orientation and violent behaviors among African Americal youth. Am. J. Community Psychol. 48, 238-246.

Tetlock, P. & Gardner, D. (2015). *Superforecasting: The Art and Science of Prediction.* New York; Broadway Books.

UK Ministry of Defense. (2014). The Fourth Edition of Global Strategic Trends - Out to 2045.

Vinge, V. (1993). The coming technological singularity: How to survive in the post-human era. NASA Conference Publication, 10129, 11-22.

Wack, Pierre. (1985). Scenarios: Unchartered Waters Ahead. *Harvard Business Review,* Sep.-Oct. 73~89.

Wang, Youru. (2004). The Strategies of "Goblet Words": Indirect Communicationin the Zhuangzi. *Journal of Chinese Philosophy* 31(2), 195-218.

Watson, Burton. (1996). *Chuang Tzu: Basic Writings*. New York: Columbia University Press.

Whipps, H., & Britt, R. (2009). Humans 2.0: Replacing the mind and body. *Live Science,* Aug. 2, 2009.

Wolfe, C. (2010), *What is posthumanism?* (Vol. 8). University of Minnesota Press.

Worthen, B. (2003). Future Results Not Guaranted. *CIO,* 16(9), 1-7.

Wu, Kuang-Ming.(1990). *The Butterfly as Companion: Meditations on the First Three Chapters of the Zhuangzi*. NewYork: State University of New York Press.

참고문헌

찾아보기

미래 공부

ⓒ 박성원

초판 인쇄	2019년 7월 29일
초판 발행	2019년 8월 5일
지은이	박성원
펴낸이	강성민
편집장	이은혜
편집	권예은
마케팅	정민호 정현민 김도윤
홍보	김희숙 김상만 오혜림
펴낸곳	(주)글항아리	출판등록 2009년 1월 19일 제406-2009-000002호
주소	10881 경기도 파주시 회동길 210
전자우편	bookpot@hanmail.net
전화번호	031-955-8891(마케팅) 031-955-1936(편집부)
팩스	031-955-2557
ISBN	978-89-6735-651-4 03300

•이 도서의 국립중앙도서관 출판시도서목록(CIP)은 서지정보유통지원시스템 홈페이지
 (http://seoji.nl.go.kr)와 국가자료공동목록시스템(http://www.nl.go.kr/kolisnet)에서
 이용하실 수 있습니다. (CIP제어번호 : CIP2019027597)

www.geulhangari.com